Axel Klausmeier, Günter Schlusche (Hg.)
Denkmalpflege für die Berliner Mauer

BEITRÄGE ZUR GESCHICHTE VON MAUER UND FLUCHT

Herausgegeben von der Stiftung Berliner Mauer

Axel Klausmeier und Günter Schlusche (Hg.)

Denkmalpflege für die Berliner Mauer

Die Konservierung eines unbequemen Bauwerks

Ch. Links Verlag, Berlin

Die Deutsche Nationalbibliothek verzeichnet diese Publikation
in der Deutschen Nationalbibliografie; detaillierte bibliografische
Daten sind im Internet über www.dnb.de abrufbar.

1. Auflage, Mai 2011
© Christoph Links Verlag GmbH
Schönhauser Allee 36, 10435 Berlin, Tel. (030) 44 02 32-0
www.christoph-links-verlag.de; mail@christoph-links-verlag.de
Umschlagfoto: Jürgen Hohmuth, 2010. Von ihm stammen auch
die Kapiteleingangsfotos.
Redaktion: Margret Kowalke-Paz und Tina Schaller
Bildbearbeitung: Margret Kowalke-Paz
Satz und Layout: Michael Uszinski, Berlin
Druck und Bindung: Bosch-Druck, Landshut

ISBN 978-3-86153-624-6

Inhalt

Axel Klausmeier, Günter Schlusche

Statt einer Einführung

Zu den Herausforderungen des denkmalpflegerischen Umgangs mit einer weltpolitischen Ikone aus Stahlbeton

Die Berliner Mauer ist ohne Zweifel ein Denkmal von Weltrang. Nichts hat die kommunistische Diktatur weltweit nachhaltiger charakterisiert als diese aus zahlreichen Sperrelementen bestehenden Grenzanlagen, die der Weltöffentlichkeit die menschenverachtende Brutalität des Unterdrückungssystems des SED-Staates vor Augen führten.

So avancierten die mittlerweile fast gänzlich verschwundenen Grenzanlagen ungewollt zum international berühmtesten Bauwerk der DDR. Sehr wahrscheinlich ist der einstige »Antifaschistische Schutzwall« auch viel bekannter als die meisten derjenigen baulichen Anlagen, denen universelle kulturhistorische Bedeutung zugewachsen ist und die sich auf der Liste des UNESCO-Welterbes der Menschheit befinden.

Zugleich ist die Überwindung und Zerstörung des Bauwerks Berliner Mauer konstitutiver Bestandteil des Denkmals Berliner Mauer. Mit dem Fall der Mauer sind auch die ikonenhaften Bilder vom 9. November 1989 verbunden und damit dessen internationale Medienpräsenz sowie eine weltweite Anteilnahme an diesem glücklichen Ereignis. Das Phänomen, dass ein ganz erheblicher Teil der erhaltenen Überreste der Berliner Grenzanlagen heute in aller Welt als Sammlerstück, Reliquie oder Denkmal aufbewahrt und vorgezeigt wird, gibt dem Gesamtmonument Berliner Mauer zudem eine ganz eigene, absolut einzigartige Bedeutungsdimension: denn welches andere Bauwerk, welches Monument wäre sonst noch in vergleichbarer Weise weltweit physisch präsent.[1] So ist der Denkmalwert der Berliner Mauer heute nicht nur international, sondern ebenso in Berlin völlig unhinterfragt: Im Berliner Denkmalschutzgesetz heißt es dazu unter § 2, Absatz 2 unter anderem:

Ein Baudenkmal ist eine bauliche Anlage oder ein Teil einer baulichen Anlage, deren oder dessen Erhaltung wegen der geschichtlichen, künstlerischen, wissenschaftlichen oder städtebaulichen Bedeutung im Interesse der Allgemeinheit liegt. Zu einem Baudenkmal gehören sein

Zubehör und seine Ausstattung, soweit sie mit dem Baudenkmal eine Einheit von Denkmalwert bilden.

War die Situation in Berlin in den ersten rund zehn bis fünfzehn Jahren nach dem Mauerfall von einer gänzlich anderen, die Mauer aus dem Stadtbild wünschenden Stimmung geprägt,[2] so wird nun längst schon nicht mehr darum gerungen, *ob* man überhaupt Reste der einstigen Berliner Grenze unter Denkmalschutz stellen sollte – Reste einer Grenze, die nicht nur eine Stadt in zwei ungleiche Hälften teilte, sondern die zugleich den Inbegriff und das Symbol einer politischen, militärischen und wirtschaftlichen Systemgrenze materiell verkörperte und an der mindestens 136 Menschen sterben mussten, weil sie sich ihr auf unterschiedlichste Weise näherten oder sie zu überwinden suchten.[3] Vielmehr geht es heute um das *Wie* der historisch-politischen Vermittlung ihrer Bedeutung, um die museale Inszenierung bzw. Präsentation der wenigen Mauerreste sowie um Fragen der Funktionsweise dieses tödlichen Bauwerks. Vor allem aber stehen die Auswirkungen auf die Menschen, die auf

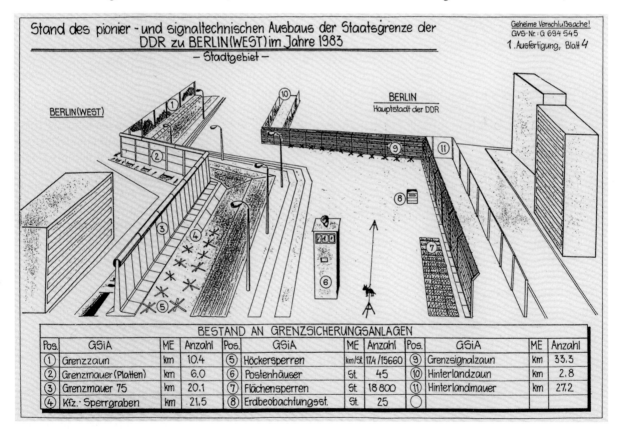

Abb. 1 – Schema der Grenztruppen

beiden Seiten der Mauer lebten, im Mittelpunkt des Vermittlungsinteresses und somit die Schicksale und das Leid der Menschen, die mit dieser Grenze leben mussten.

Das vorliegende Buch widmet sich nun erstmalig Aspekten und Methoden der Konservierung dieses nach Norbert Huse »unbequemen Baudenkmals«,[4] dem neben den nicht zuletzt bereits durch Alois Riegl definierten »klassischen« Denkmalwerten auch ein gehöriger »Streitwert« innewohnt.[5] Zugleich handelt es von einer der größten aktuellen denkmalpflegerischen Herausforderungen, ist Stahlbeton doch ein vergleichsweise »junges« Material, das – nicht viel älter als 150 Jahre – seine Bedeutung für das Bauwesen erst auf der Grundlage ingenieurwissenschaftlicher Forschung erhielt. Doch sind auch die wichtigsten (klassisch) »modernen« Bauten aus der ersten Hochzeit dieses Baustoffes längst in die Jahre gekommen und harren einer konservatorischen Behandlung, die in den letzten Jahren in der Denkmalpflege-Fachwelt ausführlich debattiert worden ist.[6] Erscheinen grundsätzliche konservatorische Fragestellungen an und für Betonbauten etwa der klassischen Moderne als selbstverständlich, seien diese etwa in Dessau oder auf dem Weißenhof in Stuttgart, so muss man für eine ähnliche denkmalpflegerisch sensible Herangehensweise an einem politisch so belasteten Bauwerk wie der Berliner Mauer noch immer werben. Vorschnelle politische Vereinnahmung und Instrumentalisierung, die, um den Schrecken der Mauer anschaulich zu machen, eher ihr »Bild« denn die überkomme, fast immer fragmentierte Bausubstanz in den Mittelpunkt rücken möchten, ohne den Quellenwert der materiellen Substanz ernst zu nehmen und ihn als authentisches, wahrhaftiges Geschichtszeugnis zu akzeptieren,[7] behindern häufig um minimale Eingriffe bemühte denkmalpflegerische Konzeptionen. Unhinterfragt ist jedoch, dass die konservatorischen

Maßnahmen dazu dienen müssen, auch zukünftigen Generationen Elemente der materiellen Überlieferung dieses menschenverachtenden Herrschaftssystems zu überliefern.

Erst jetzt, mehr als zwanzig Jahre nach der Friedlichen Revolution und dem Fall der Mauer, wird die Frage des langfristigen Erhalts dieses einzigartigen Geschichtszeugnisses besonders augenfällig. Selbstverständlich gab es bereits in den vergangenen Jahren unterschiedliche Erfahrungen mit der praktischen Umsetzung der Konservierung von einzelnen Teilen und Abschnitten dieses politisch und emotional aufgeladenen Bauwerks, etwa an der Berliner East Side Gallery, der »längsten Galerie der Welt«, an der 1990 118 Künstler aus 21 Ländern spontan mitwirkten. Auch ein Teil der Mauerreste in der Bernauer Straße wurde im Zuge des Baus des 1998 eingeweihten sogenannten Denkmals der Stuttgarter Architekten Kohlhoff und Kohlhoff bereits – leider wenig substanzschonend – saniert. Die Hinterlandmauer auf dem Invalidenfriedhof in Berlin-Mitte sanierte man nach 2002 umfassend – wiederum einer anderen Sanierungsphilosophie folgend. Und an der erhaltenen, von Mauerspechten stark malträtierten Grenzmauer auf dem Areal der in Berlin-Mitte gelegenen Topographie des Terrors führt man seit mehreren Jahren ein regelmäßiges, sehr präzises Monitoring der Bausubstanz durch, ohne jedoch umfänglich konservatorisch tätig zu werden. So wird an diesen wenigen Beispielen deutlich, dass jeder Ort unterschiedlichen Gesetzmäßigkeiten folgt und es demnach – wie im Übrigen niemals in der Denkmalpflege – keine Patentrezepte geben kann.

Man konnte also bei der Stiftung Berliner Mauer, der unter anderem die Reste der Mauer in der Bernauer Straße anvertraut sind, auf keine allgemein verbindlichen, längst einhellig akzeptierten Konservierungs- und Reparaturmethoden zurückgreifen, als im Frühjahr 2009 Ingenieure attestierten, dass die Standsicherheit der verschiedenen Elemente der Grenz- und Hinterlandmauer rechnerisch nicht mehr nachweisbar war. Unverzüglich beauftragte die Stiftung Berliner Mauer daraufhin eine erste Bestandsdokumentation auch an weiteren Elementen der einstigen Sperranlagen, etwa den Lampen der Lichttrasse im Grenzstreifen.

Alle diese Bauelemente wurden einst seriell gefertigt, und doch zeigte sich das ernüchternde Ergebnis von Bauteil zu Bauteil unterschiedlich. Das Gutach-

ten charakterisierte an einer Stelle mittels weniger Schlagworte die Schäden am Bestand der Mauerteile in der Bernauer Straße treffend:

»Löcher in der Betonwand«; »Fehlende Verfugungen«; »Fehlende Betondeckung über der Bewehrung«; »Risse im Beton«; »Freiliegende Bewehrung ohne Kontakt zum Beton«; »Stark reduzierter Betonquerschnitt« und schließlich »Gefährdungen durch abstehende Bewehrungen«.

All diese Vokabeln sind für Bau- und Prüfingenieure nicht nur Schadensbilder mit Alarmfunktion, son-

Abb. 2 – Bernauer Straße/Wolliner Straße, 1987

dern auch Mängel, die die Gebrauchstauglichkeit und Dauerhaftigkeit der baulichen Strukturen ebenso in Frage stellen wie sie gravierende Beeinträchtigungen der Standsicherheit der einzelnen baulichen Elemente nach sich ziehen (können). Die oberflächigen Risse im Beton erlauben zudem im Winter Feuchteeintritt und Volumenzunahme, die wiederum sehr schnell zu weiteren Betonabplatzungen führen. Kurzum: Zwar variierte das Schadensbild von Mauerelement zu Mauerelement, doch konnte man generalisierend von einem sehr ernsten denkmalpflegerischen Problem

am baulichen Hauptelement der Gedenkstätte Berliner Mauer sprechen.

Die Konservierung, Reparatur und Sanierung der Mauerelemente ist jedoch nicht allein eine ingenieurstechnische Frage und Herausforderung – das ist sie ohne Frage auch. Vielmehr aber sind die Mauerreste zugleich – und damit ist eine weitere Bedeutungsebene angesprochen – ganz wichtige Angelpunkte und materielle Bestandteile der Gedenkstätte, die auf ihren Zeugnis- und Denkmalwert befragt werden müssen. Und es ist wohl gerade eben dieses Bild der

Abb. 3 – Schadensbild (freiliegende Bewehrungseisen, fehlende Betonabdeckung) der Mauer an der Bernauer Straße, 2010

Grenzmauer, das unendlich viele Menschen in aller Welt mit der Mauer verbinden. Es muss davon ausgegangen werden, dass bei zahlreichen Besucherinnen und Besuchern beim Anblick der von den Mauerspechten bearbeiteten Mauerteile mitgebrachte Erwartungen enttäuscht werden, weil man bekannte und erinnerte Bilder der bunten, besprayten Grenzmauer mit Mauerkunst etwa von Thierry Noir und anderen namhaften Künstlerinnen und Künstlern aus allen Winkeln der Welt mit nach Berlin brachte und diese nun realiter nicht vorfindet. Zugleich gilt

es jedoch zu berücksichtigen, dass – sicherlich häufig ganz unbewusst – der eigentliche Anlass für den Gedenkstättenbesuch gerade auch die Faszination über den sowie die Bedeutung des Mauerfalls ist. Denn die eigene Anschauung des überwundenen Monuments der Unfreiheit und damit die mit den eigenen Augen erlebte Vergewisserung ist ohne Zweifel eine starke Antriebsfeder für den Besuch. Und gerade diese friedlich überwundene Mauer mit all den Zerstörungen der Nachwendezeit finden die Besucherinnen und Besucher aus nah und fern in der Bernauer Stra-

Abb. 4 – Schadensbild (Löcher, Risse) der Mauer an der Bernauer Straße, 2010

ße eben auch. Daher liegt die besondere kulturgeschichtliche Bedeutung der vorhandenen baulichen Reste der Grenzanlagen – neben deren schierer Existenz – gerade in der Fragmentiertheit, erzählt diese doch von den einstigen Funktionen der Sperren im Grenzsystem wie von der friedlichen Überwindung der Mauer durch das mutige Auftreten der Bevölkerung der DDR gegen das diktatorische Herrschaftssystem.

Was resultiert nun aus diesen unterschiedlichen Aspekten für das angesprochene ingenieurstechnische und bauphysikalische Erhaltungsproblem? Ein weiterer zu berücksichtigender Blickpunkt sei hier angesprochen.

Da wir – wie es eine Passage des Stiftungsgesetzes der Stiftung Berliner Mauer definiert – »die historischen Orte und authentische Spuren bewahren« sollen, stellt sich automatisch die Frage nach dem Wie. Denkmalkategorial gesprochen, handelt es sich ohne Zweifel um ein »unbequemes Denkmal«, das über eine ebenso komplizierte wie für viele Menschen schmerzvolle Geschichte verfügt. Die baulichen Reste, die in der Bernauer Straße überkommen sind, stammen vorwiegend aus den frühen achtziger Jahren. Die bekannten L-förmigen »Grenzmauer 75«-Elemente etwa fanden in der Bernauer Straße erst seit März 1980 Verwendung und waren somit gerade einmal neun Jahre für den Zweck, für den sie ursprünglich produziert und an Ort und Stelle gesetzt wurden, in Betrieb.

Seit dem Bedeutungswandel vom Sperrwall zum Denkmal[8], den sie durch den unerwarteten Fall der Mauer im November 1989 erfuhren, sind allerdings mittlerweile mehr als zwanzig Jahre vergangen. Seitdem tragen sie – man muss in diesem Zusammenhang sagen: glücklicherweise! – deutliche Gebrauchs- und Veränderungsspuren dieser im Sinne der Erbauer »Zweckentfremdung« durch die Mauerspechte.

Feststellungen wie diese gilt es zu berücksichtigen und abzuwägen bei der Bestimmung des Denkmalwertes und den daraus resultierenden Konservierungs- und Erhaltungsstrategien. Nach der Bewertung und Definition der Substanz- und Denkmalbedeutung muss es bei der denkmalpflegerischen Zielstellung darum gehen, abzuwägen zwischen dem technisch Möglichen einerseits und der Bewahrung der Besonderheit des »Geschichtszeugnisses Berliner Mauer« andererseits.

Der konservatorische Umgang mit jüngerer Bausubstanz hat in der Vergangenheit und vielerorts gezeigt, dass es gilt, gewappnet zu sein gegenüber den verführerischen Verlockungen des technisch Möglichen. Leitfaden bei allen Überlegungen zur Konservierung der fragilen Reste muss also eine Methode sein, die so substanzschonend wie nur eben möglich und zugleich reversibel ist. Substanzschonend und reversibel, damit auch kommenden Generationen Handlungsmöglichkeiten für ein Denkmal offenstehen, das wir in der Gegenwart nur treuhänderisch für die Zukunft pflegen, ohne systematisch in seine materielle Beschaffenheit und Aussagekraft einzugreifen.[9] In Gedenkstätten kommt zudem hinzu, dass ein ganz wesentlicher Punkt ihrer Akzeptanz die Glaubwürdigkeit der überlieferten Substanz ist. Die in den Gedenkstätten vorhandenen materiellen Quellen verfügen über Urkundencharakter und entsprechen somit den schriftlichen Quellen, die für die Arbeit der Historiker unabdingbar sind. Dabei sind sie häufig ebenso wie Palimpseste nicht eindeutig und nicht leicht lesbar. Doch sind sie authentisch, wenn auch häufig nur noch fragmentiert erhalten. Sie sind wichtige Erinnerungs- und Sehhilfen, machen sie doch deutlich, wie sehr das menschliche Erinnerungsvermögen tatsächliche Orte braucht, da diese die Bezugspunkte herstellen und Geschichte und Geschichtlichkeit lebendig werden lassen.

Theoretische Hilfestellungen für diese Handlungsgrundsätze finden sich in den unterschiedlichsten nationalen und internationalen Denkmalpflegechartas, insbesondere in denen von Venedig (1964) und Burra (1982, 1989, 1992 und 1999), aber auch in der für die Ingenieure wichtigsten, nämlich der von Victoria Falls aus dem Jahre 2003[10]. Zudem hilft ein Blick in die Geschichte der Denkmalpflegetheorien bei der Entwicklung von Lösungsvorschlägen, denn bereits die Denkmalpflegepioniere der britischen »Society for the Protection of Ancient Monuments«

formulierten – aufbauend auf den Arbeiten John Ruskins – in ihrem 1877 veröffentlichten »Manifesto« grundlegende Handlungsrichtlinien, die noch heute dienlich sein können. Dort heißt es beispielsweise, bezogen auf die Bewertung und Behandlung historischer und damit gealteter, auch veränderter Architekturoberflächen:

Moreover, in the course of this double process of destruction and addition, the whole surface of the building is necessarily tampered with; so that the appearance of antiquity is taken away from such old parts of the fabric

Abb. 5 – Schadensbild (freiliegende Bewehrungseisen, fehlende Betonabdeckung) der Mauer an der Bernauer Straße, 2010

as are left, and there is no laying to rest in the spectator the suspicion of what may have been lost; and in short, a feeble and lifeless forgery is the final result of all the wasted labour (…). It is for all these buildings, therefore, of all times and styles, that we plead, and call upon those who have to deal with them, to put Protection in the place of Restoration, to stave off decay by daily care, to prop a perilous wall or mend a leaky roof by such means as are obviously meant for support or covering, and show no pretence of other art, and otherwise to resist all tampering with either the fabric or ornament of the building as it stands; if it has become inconvenient for its present use, to raise another building rather than alter or enlarge the old one; in fine to treat our ancient buildings as monuments of a bygone art, created by bygone manners, that modern art cannot meddle with without destroying.

Thus, and thus only, shall we escape the reproach of our learning being turned into a snare to us; thus, and thus only can we protect our ancient buildings, and hand them down instructive and venerable to those that come after us.[11]

Abb. 6 – Schadensbild der Mauer an der Bernauer Straße, 2010

Und John Ruskin formulierte, beinahe seherisch die stark angegriffenen Oberflächen der Berliner Mauer vorausahnend:

What copying can there be of surfaces that have been worn half an inch that is gone; if you attempt to restore that finish, you do it conjecturally; if you copy what is left, granting fidelity to be possible, (and what care, or watchfulness, or cost can secure it,) how is the new work better than the old?[12]

Das Erscheinungsbild der gealterten Oberflächen war für frühe Denkmaltheoretiker ein ganz wesentlicher Indikator für die Entwicklung des theoretischen Konzeptes vom »Alterswert« und damit des Denkmalwertes, den John Ruskin bereits in der zweiten Hälfte des 19. Jahrhunderts definiert hatte und Alois Riegl zu Anfang des 20. Jahrhunderts aufnahm, um die Patina des endlichen Gegenstandes zu beschreiben.[13]

Riegl definierte den Alterswert als denjenigen Denkmalwert, der die Geschichte wie die Geschichtlichkeit des Objektes illustriert: also die Spuren des Lebens, die sich über die »Altersrunzeln« des zu behandelnden Objektes vermitteln. In diesen Zusammenhängen kam die Idee des Nur-Reparierens auf: einer Methode, die die Standfähigkeit des Bauwerks gewährleistet, zugleich aber den »Alterserscheinungen« Respekt zollt. Kein Zweifel: Trotz ihres geringen Alters verfügen die Reste der Mauer über ein erhebliches Maß an »Alterswert«.

Die Tagung im Februar 2010

Um Handlungsempfehlungen und schließlich auch um Entscheidungen, die nachhaltig tragfähig sind und die die überkommene Denkmalsubstanz in größtmöglichem Umfang respektieren und sichern und zugleich Handlungsoptionen auch für zukünftige Generationen offenlassen – sollten diese sich anders entscheiden als wir heute – zu entwickeln, richtete die Stiftung Berliner Mauer im Februar 2010 eine interdisziplinäre Fachtagung aus.

Es war ausdrückliche Intention dieser Tagung, Denkmalpfleger und Fachleute mit einem eher denkmalkundlichen Hintergrund, also Experten mit einem Schwerpunkt in den Theorien, ethischen Grundfragen und Kategorien der Denkmalpflege mit solchen ingenieurtechnischer Ausrichtung zusammenzubringen – Fachleuten, die um innovative Möglichkeiten, in Frage kommende, auch neue Materialien wissen ebenso wie um die technische Machbarkeit und Umsetzung von Vorschlägen und Empfehlungen. Diese beiden nicht zwingend, aber möglicherweise divergierenden Ansätze zu harmonisieren, definierte eine große Herausforderung wie auch eine ungeheure Chance für den sensiblen Umgang mit der in jeder Hinsicht schwierigen Denkmalsubstanz.

Bereits während der Tagung wurde in zahlreichen Beiträgen deutlich, etwa am Beispiel des von Julian Harrap vorgestellten Konservierungskonzeptes des Berliner Neuen Museums, aber auch des ehemaligen sowjetischen Gefängnisses in Potsdam (Sabine Ambrosius und Thomas Drachenberg), dass die Spuren der verstrichenen Zeit einen großen Reiz ausüben und dass sie Interesse zur Auseinandersetzung mit der Geschichte wecken können. Eng damit zusammen hängt die Einsicht, dass diese Geschichte an der Berliner Mauer immer mit den Ereignissen und menschlichen Tragödien sowie mit dem Leid der Menschen verbunden ist.

Als eines der Leitthemen für die Tagung wurde die Frage nach dem Stellenwert des Schutzgutes im Gesamtkontext der Gedenkstätte vorweggestellt, denn selbstverständlich musste sich danach auch der zu wählende Konservierungsansatz richten. Ferner ging es aber über den Kontext der Gedenkstätte hinaus, denn es musste auch darum gehen, die Gedenkstätte erneut im Zusammenhang des dezentralen Gedenkstättenkonzeptes des Berliner Senates zu verorten, da auch diese Positionierung etwas über die Denkmalbedeutung aussagen kann wie auch darüber, wie sich dies möglicherweise auf den zu wählenden Konservierungsansatz auswirken muss.

Da den Veranstaltern bewusst war, dass auch unser heutiges Tun von einem gewissen Zeitgeist geprägt ist, galt es von vornherein auszuschließen, leichtfertig einer im Trend liegenden, neuerlichen Ruinenromantik bzw. einer ästhetischen Vorliebe für das Fragmenthafte das Wort zu reden. Eine dem Bauwerk unangemessene »Ästhetisierung des Fragments« musste verhindert werden bei gleichzeitiger Forderung nach einem möglichst behutsamen Umgang mit der fragilen Denkmalsubstanz.

So sollte die Tagung, deren Redebeiträge in der nun vorliegenden Publikation einer breiteren Öffentlichkeit zugänglich gemacht werden, Vorschläge im Sinne von Handlungsempfehlungen entwickeln, die wiederum als Grundlage eines Denkmalpflegekonzeptes und Denkmalpflegeplans dienen sollten; einer »guideline« also für die zukünftige denkmalpflegerische Konservierung, Reparatur, Sanierung und nachhaltige Behandlung wie für den Unterhalt dieser fragilen Denkmalsubstanz.

Die vorliegende Publikation folgt im Wesentlichen der Tagungsstruktur, jedoch wurde das Buch durch die Einbeziehung der Ergebnisse und Konservierungsempfehlungen, die die nach der Tagung eingerichtete interdisziplinäre Arbeitsgruppe zur Konservierung der einstigen Sperrelemente im Laufe des Jahres 2010 gemeinsam erarbeitete, ganz wesentlich ergänzt und erweitert.

Das vorliegende Buch gliedert sich in vier Teile, die unterschiedliche Aspekte des Problems der nachhaltigen Konservierung der Mauerreste thematisieren. Zunächst wird die Gedenkstätte Berliner Mauer in das Berliner Gesamtkonzept zur Erinnerung an die Teilung eingebettet (Rainer E. Klemke), und Leitgedanken und wesentliche Gestaltungsprinzipien des Ausbaus der Gedenkstätte werden vorgestellt (Günter Schlusche), um ein Gefühl für das räumliche Umfeld der zu konservierenden Denkmalsubstanz zu entwickeln. Denkmalwerte und Leitgedanken sowie Hauptströmungen aktueller Denkmalpflegedebatten diskutiert Leo Schmidt in seinem Beitrag, um zu zeigen, dass auch ein historisch, aber auch emotional so belastetes Denkmal wie die Berliner Mauer letztlich in Denkmalwert- und Denkmalpflegetraditionen steht, die sich in keiner Weise von Handlungsrichtlinien für »normale« Denkmale wie etwa Bauernhäuser, Schlösser oder Kathedralen unterscheiden.

Werner Koch lenkt mit dem Blick des Restaurators die Aufmerksamkeit auf Behandlungsstrategien und -praktiken von gealterten Architekturoberflächen, finden sich doch auch in dieser konservatorischen Disziplin wichtige ethische wie praktische Empfehlungen für den Umgang mit den Oberflächen des »Bauwerks« Berliner Mauer.

Volkhard Knigges Aufsatz arbeitet heraus, wie wesentlich der Zeugniswert der authentischen Denkmalsubstanz zur Glaubwürdigkeit und zur Akzeptanz einer Gedenkstätte beiträgt und wie bedeutungsvoll diese Qualität für die alltägliche Gedenkstättenarbeit ist. Spätestens bei der Lektüre dieses Beitrages wird deutlich, dass die jeweils angewandte Konservierungsmethode ganz unabdingbar Einfluss auf die Glaubwürdigkeit der materiellen Überlieferung nimmt.

Um auch der überregionalen und internationalen Bedeutung der Mauer gerecht zu werden, wurden Referentinnen und Referenten gebeten, aktuelle Konservierungs- und Denkmalpflegeerfahrungen

Abb. 7, 8, 9, 10 – Impressionen der Tagung vom Februar 2010

und -ansätze nicht nur aus Berlin und Brandenburg (Thomas Drachenberg, Sabine Ambrosius), sondern ebenso aus England (Andrew Barber, Julian Harrap) vorzustellen. Gabi Dolff-Bonekämper lenkt den Blick mit ihrem Vortrag zu Denkmalen der Zeitgeschichte in unterschiedliche europäische wie außereuropäische Länder. Bei allen Fallbeispielen wurde deutlich, wie schwierig und zugleich wie vergleichbar Methoden, Strategien, aber auch Zweifel und heftig geführte Debatten das Ringen um die substanzschonendste Methode der Lebenserhaltung von Denkmalen prägen.

Die baulichen Bestandteile der ehemaligen Berliner Grenzanlagen setzten sich zum überwiegenden Teil aus Stahlbeton zusammen, und so rückt der dritte Teil des vorliegenden Buches – um nachhaltige Empfehlungen für die konservatorische Behandlung der Berliner Mauer zu erhalten – praktische Berichte zum restauratorischen Umgang mit Stahlbeton in den Mittelpunkt des Interesses. Norbert Heuler und Franz Stieglmeier stellen in der Vergangenheit bereits durchgeführte konservatorische Behandlungen der Mauer an verschiedenen Orten in Berlin vor, und Rainer Auberg analysiert das Schadensbild der Grenz- und Hinterlandmauer an der Bernauer Straße vor dem Hintergrund anderer großer Restaurierungen mit vergleichbarer internationaler Denkmalbedeutung (Olympiastadion Berlin und Zeche Zollverein, Essen). Juristische wie praktische Aspekte der Betonsanierung und -konservierung werden von Rolf P. Gieler, Bärbel Arnold und Jörg Freitag diskutiert und in Hinblick auf ihre Anwendbarkeit bei den anstehenden Maßnahmen an der Berliner Mauer betrachtet.

So prägte der Erhalt des Geschichtszeugnisses Berliner Mauer »im Zustand seiner Überwindung« (Andreas Nachama) und als materielles »Hauptexponat« der Gedenkstätte Berliner Mauer das Ringen um einen Konservierungsansatz, der den Verfallsprozess verlangsamt und die fragile Denkmalsubstanz ertüchtigt und erhält. Zugleich ging es darum, einen Weg zu beschreiten, der es auch kommenden Generationen möglich macht, die materielle Quelle neu und jeweils zeitgemäß zu interpretieren.

Vor dem Hintergrund dieser interdisziplinär zusammengetragenen Material-, Wissens- und Informationssammlung fasste der Berliner Landeskonservator Jörg Haspel am Ende der Tagung die einhellig formulierten Diskussionsergebnisse in ersten Handlungsempfehlungen zusammen. Diese bildeten dann im weiteren Verlauf des Jahres 2010 die Basis der Arbeit einer interdisziplinären Arbeitsgruppe, die ein Konservierungskonzept für die streitbare Denkmalsubstanz erarbeitete. Die Zusammenfassung der wichtigsten Ergebnisse, Strukturen, Empfehlungen und Handlungsanweisungen dieses Konzeptes, zusammengetragen von den Mitgliedern der Arbeitsgruppe, bildet den Abschluss des vorliegenden Bandes.

Dank

Dass all dies in diesem Umfang möglich wurde, ist dem Land Berlin zu danken, das sowohl die Tagung im Februar 2010 als auch die vorliegende Publikation – die 2011 und somit 50 Jahre nach dem Bau der Berliner Mauer erscheinen wird – sowie die Planung und Umsetzung der Gesamtmaßnahme ermöglichte. Es ist eine Ironie der Geschichte, dass die bereitgestellten finanziellen Sondermittel ausgerechnet aus dem früheren Vermögen der Partei- und Massenorganisationen (PMO) der DDR stammen. Diese Mittel wurden gemäß § 20 b Abs. 2 des Gesetzes über Parteien und andere politische Vereinigungen (PartG) zur Sicherung von Vermögenswerten von Parteien und der ihnen verbundenen Organisationen, juristischen Personen und Massenorganisationen der ehemaligen DDR (PMO) unter treuhänderische Verwaltung gestellt. Sie werden nach einem unter den Neuen Bundesländern festgelegten Schlüssel an diese ausgeschüttet. So sorgt die im Jahre 2008 errichtete Stiftung Berliner Mauer mit den Mitteln der früheren Sozialistischen Einheitspartei Deutschlands (SED) für den denkmalgerechten Erhalt der Reste dieser menschenverachtenden Grenze, an der zwischen dem 13. August 1961 und dem 9. November 1989 mindestens 136 Menschen ihr Leben verloren.

Unser besonderer Dank gilt Rainer E. Klemke von der Senatskanzlei für Kulturelle Angelegenheiten, dem unermüdlichen Beförderer wie stets freundschaftlichen Ratgeber des faszinierenden dezentralen Berliner Erinnerungs- und Gedenkprojektes, an dem sich auch die Bundesrepublik Deutschland, die Europäische Union sowie die Deutsche Klassenlotterie Berlin finanziell wie ideell ganz wesentlich beteiligen. Rainer E. Klemke hat auch die Antragstellung der Mittel initiiert und sehr maßgeblich unterstützt.

Abb. 11 – Hinterlandmauer an der Bergstraße, 2009

Schließlich gilt unser Dank allen Referentinnen und Referenten, die alsbald zu Autorinnen und Autoren avancierten. Sie erklärten sich bereit, Erkenntnisse und Erfahrungen aus ihren Tätigkeitsfeldern vorzustellen, damit gemeinsam Lösungsvorschläge entwickelt werden konnten. Diese Reparatur und Konservierung nun umgehend durchzuführen ist der nächste Schritt, um die Reste der Grenzanlagen nachhaltig zu konservieren.

Die Organisation dieser praktischen Umsetzung obliegt der GrünBerlin GmbH und hier insbesonde-

re der Projektmanagerin Dörte Fritzsche. Auch Dörte Fritzsche gehörte der regelmäßig tagenden »AG Mauerkonservierung« an und garantierte durch ihre Genauigkeit und grenzenlose Zuverlässigkeit die zügige Umwandlung des theoretischen Konzeptes in eine bewilligungsfähige Bauplanungsunterlage (BPU). Ihr gilt unser herzlicher Dank ebenso wie Tina Schaller von der Stiftung Berliner Mauer, die die Manuskripte akribisch bearbeitete und alle redaktionellen Schritte professionell koordinierte. Mit außerordentlich großem Engagement sorgte sie für

Abb. 12 – Schadensbild der Mauer an der Bernauer Straße, 2010

die termingerechte Fertigstellung der vorliegenden Publikation. Gedankt sei auch den Mitarbeiterinnen und Mitarbeitern des Ch. Links Verlages, die überaus kooperativ und konstruktiv die Herstellung des Bandes garantierten.

Noch einmal zurück – und zugleich als Überleitung in den vorliegenden Band – zu den konservatorischen Fragen im Umgang mit der Berliner Mauer. Die Zürcher Denkmalpflegerin Marion Wohlleben stellt fest, dass »im Unterschied zur Geschichte, die wir als strukturierte, bearbeitete Vergangenheit ansehen, in der Erinnerung jene Vergangenheit präsent ist, die der Bearbeitung, Bewertung und Objektivierung durch die Zeitgenossen und spätere Generationen noch harrt. Das Erinnerte stellt sozusagen ein Potential dar, das noch angereichert werden oder aber in Vergessenheit geraten kann. Aus Erinnerung kann potentiell Geschichte werden, muss es aber nicht. Das meiste wird vergessen.«[14]

Welch eine ernüchternde Botschaft: Das meiste wird vergessen! Die Mauer sei für heutige Schülerinnen und Schüler, so auch die Berliner Geschichtslehrerin Regina Wessendorf, »ferne Geschichte«.[15] Kein Wunder, dass auch der amerikanische Historiker und Geograph David Lowenthal sein Fazit, demnach die Vergangenheit ein fremdes Land sei, auch mehr als zwanzig Jahre nach dem Erscheinen seines gleichnamigen Buches nicht revidieren muss.[16]

Die Reste der einstigen Berliner Grenzanlagen sind für alle deutlich sichtbar in die Jahre gekommen. Mehr als zwanzig Jahre nach ihrem politischen Fall werden sie nun mit denkmalpflegerischen Methoden konserviert, denn der einstige Tatort wurde in der Berliner Bernauer Straße zum Ort der historisch-politischen Bildung und somit zu einem Ort der Demokratieerziehung umgewandelt. Ein Ort, den erfreulicherweise vornehmlich junge Menschen aus Deutschland wie aus aller Welt besuchen, die (glücklicherweise) keine persönlichen Erinnerungen mehr an die Zeit der Teilung und des durch sie verursachten Leids haben. Bald deckt sich die Länge der Zeit, die die Mauer tatsächlich stand und ihren Schrecken ausübte, mit der Zeitspanne seit ihrem Fall. Auch deshalb ist es so wichtig, das materielle Zeugnis mit all seinen Zeitschichten so authentisch wie möglich für zukünftige Generationen zu bewahren, damit die Erinnerung und die Geschichte wach bleiben. Aber auch und vor allem, um ein würdiges Gedenken an die Opfer, die diese Mauer forderte, am historischen Ort ermöglichen zu können.

Berlin, im Dezember 2010

Bildnachweise

Abbildung 1: Schema der Grenztruppen, Sammlung Hagen Koch
Abbildung 2: Bernauer Straße/Wolliner Straße, 1987, Jürgen Ritter, ullstein bild
Abbildung 3: Schadensbild (freiliegende Bewehrungseisen, fehlende Betonabdeckung) der Mauer an der Bernauer Straße, 2010, Jürgen Hohmuth
Abbildung 4: Schadensbild (Löcher, Risse) der Mauer an der Bernauer Straße, 2010, Jürgen Hohmuth
Abbildung 5: Schadensbild (freiliegende Bewehrungseisen, fehlende Betonabdeckung) der Mauer an der Bernauer Straße, 2010, Jürgen Hohmuth
Abbildung 6: Schadensbild der Mauer an der Bernauer Straße, 2010, Jürgen Hohmuth
Abbildung 7, 8, 9, 10: Impressionen der Tagung vom Februar 2010, im Besucherzentrum der Gedenkstätte Berliner Mauer, Peter Drendel
Abbildung 11: Hinterlandmauer an der Bergstraße, 2009, Axel Klausmeier
Abbildung 12: Schadensbild der Mauer an der Bernauer Straße, 2010, Jürgen Hohmuth

Anmerkungen

1 Siehe hierzu ausführlicher: Leo Schmidt: Die Botschaft der Mauersegmente; in: Anna Kaminsky (Hg.) im Auftrag der Bundesstiftung zur Aufarbeitung der SED-Diktatur, Berlin 2009, S. 228–236.

2 Siehe hierzu etwa Gerhard Sälter: Das Verschwinden der Berliner Mauer; in: Klaus-Dietmar Henke (Hg.): Revolution und Vereinigung 1989/90. Als in Deutschland die Realität die Phantasie überholte, München 2009, S. 353–365.

3 Siehe hierzu: Stiftung Berliner Mauer und Zentrum für Zeithistorische Forschung Potsdam (Hg.): Die Todesopfer an der Berliner Mauer 1961–1989. Ein biographisches Handbuch, Berlin 2009.

4 Norbert Huse: Unbequeme Baudenkmale. Entsorgen? Schützen? Pflegen?, München 1997.

5 Gabi Dolff-Bonekämper entwickelte im Umgang mit »unbequemen Denkmalen« und analog der traditionellen Denkmalwerte den sogenannten »Streitwert«. Sie misst damit Denkmalen, die aufgrund ihrer politischen, historischen und/oder emotionalen Verfasstheit immer wieder zur Auseinandersetzung anregen, besondere Bedeutung zu. Siehe hierzu: Gabi Dolff-Bonekämper: »Der Streitwert der Denkmale«. Vortrag auf der Jahrestagung der Vereinigung der Landesdenkmalpfleger vom 17.–21. Juni 2002 in Wiesbaden.

6 Vereinigung der Landesdenkmalpfleger in der Bundesrepublik Deutschland; Landschaftsverband Westfalen-Lippe, Westfälisches Amt für Denkmalpflege, Münster/Westfalen (Hg.): Denkmal an Beton. Material, Technologie, Denkmalpflege, Restaurierung; in: Berichte zu Forschung und Praxis der Denkmalpflege in Deutschland, Bd. 16, Petersberg 2008. Und unlängst: Uta Hassler (Hg.): Was der Architekt vom Stahlbeton wissen sollte. Ein Leitfaden für Denkmalpfleger und Architekten (mit Beiträgen von Hartwig Schmidt, Alexander Kierdorf, Hubert K. Hilsdorf, Harald S. Müller, Martin Günter, Eugen Brühwiler), Zürich 2010.

7 Zum Begriff des Authentischen als Wahrhaftigem vgl.

Michael Wetzel: Artefaktualitäten. Zum Verhältnis von Authentizität und Autorschaft; in: Susanne Knaller, Harro Müller (Hg.): Authentizität. Diskussion eines ästhetischen Begriffs, München 2006, S. 36–55.

8 Siehe hierzu: Deutsches Nationalkomitee für Denkmalschutz, Lehrstuhl Denkmalpflege der BTU Cottbus und Stiftung Berliner Mauer (Hg): »Die Berliner Mauer. Vom Sperrwall zum Denkmal« (DNK-Schriftenreihe, Bd. 75), Bühl 2009; Deutsches Nationalkomitee für Denkmalschutz, Lehrstuhl Denkmalpflege der BTU Cottbus und Stiftung Berliner Mauer (Hg): »Tagungsband: Mauer und Grenze – Denkmal und Gedenken« (DNK-Schriftenreihe, Bd. 76), Bühl 2009.

9 Der englische Denkmaltheoretiker John Ruskin formulierte in dem der Denkmalpflege gewidmeten Kapitel »The Lamp of Memory« seiner »Seven Lamps of Architecture« in diesem Zusammenhang folgendermaßen: »We have no right whatever to touch them (die Bauten, AK/GS). They are not ours. They belong partly to those who built them, and partly to all the generations of mankind who are to follow us.« – Siehe hierzu: John Ruskin: The Seven Lamps of Architecture, Reprint of the Edition of 1880, Sunnyside, Orpington, Kent 1989, S. 197.

10 ICOMOS Charter-Principles for the Analysis, Conservation and Structural Restoration of Architectural Heritage, Victoria Falls, Zimbabwe, 2003. Siehe: http://www.saia.org.za/documents/icomos%20charter-principles%20Vic%20Falls%202003.pdf

11 The Society for the Protection of Ancient Buildings (SPAB). The Manifesto. 1877. Siehe auch: http://www.spab.org.uk/what-is-spab-/the-manifesto/

12 John Ruskin: The Seven Lamps of Architecture, Reprint of the Edition of 1880, Sunnyside, Orpington, Kent 1989, S. 195.

13 Georg Dehio: Der moderne Denkmalkultus, sein Wesen und seine Entstehung, Wien und Leipzig 1903.

14 Marion Wohlleben: Bauten und Räume als Träger von Erinnerung; in: Hans-Rudolf Meier und Marion Wohlleben (Hg.): Bauten und Orte als Träger von Er-

innerung. Die Erinnerungsdebatte und die Denkmalpflege, Zürich 2000, S. 9 – 21, hier S. 18.
15 Der Tagesspiegel, 9. November 2004, S. 16. »Für den
Jahrgang 89 ist der Mauerfall nur ferne Geschichte«.
16 David Lowenthal: The Past is a Foreign Country, Cam-
bridge 1985.

Teil 1

Prinzipien denkmalpflegerischen Handelns

Denkmale sind als lebendige Zeugnisse von Geschichte und Kultur Vermittler zwischen Vergangenheit und Gegenwart. Sie erzählen in ihrer materiellen Beschaffenheit vom Umgang der Menschen mit ihnen, von deren Wertvorstellungen und Wünschen, aber auch von Versäumnissen, von Vernachlässigungen und Unterlassungen. Der Denkmalpflege kommt die schwierige Aufgabe zu, die Denkmaleigenschaft und den Denkmalwert zu bestimmen, diese zu bewahren und Verfallsprozesse zu verhindern bzw. zu verlangsamen. Dafür aber gibt es keine festgeschriebenen Gesetze, und die Entscheidung über die anzuwendende Methode kann nicht schematisch erfolgen, sondern hängt davon ab, wie die Denkmaleigenschaft des jeweiligen Objektes begriffen wird.

Rainer E. Klemke

Das Gesamtkonzept Berliner Mauer

I. Die Vorgeschichte

»Niemand hat die Absicht, eine Mauer zu errichten …«, sagte der Erste Sekretär des ZK der SED, Walter Ulbricht, anlässlich einer Pressekonferenz am 15. Juni 1961 auf die Frage der Korrespondentin der *Frankfurter Rundschau*, Annemarie Doherr. Fast genau zwei Monate später wurde das, womit sich die Gedanken Walter Ulbrichts seit langem intensiv beschäftigten, in der Nacht zum 13. August 1961 schreckliche Wirklichkeit und überdauerte 28 Jahre und drei Monate. In diesen Jahren ging der von der SED ausgerufene Wettlauf des »Überholens, ohne einzuholen« gegenüber dem Westen verloren, die Weltlage änderte sich u. a. durch den KSZE-Prozess entscheidend, die den Ostblock beherrschende UdSSR setzte den Prozess der Perestroika um, und in der DDR entfaltete sich nach dem Vorbild Polens eine friedliche Revolution, die der Herrschaft der alten Männer an der Spitze des SED-Staates durch die

des Volkes ein Ende setzte. Damit hatte sich der von Willy Brandt geprägte und als ceterum censeo immer wiederholte Satz »… und die Mauer muss weg!« erfüllt, und Brandt konnte davon sprechen, dass nun zusammenwächst, was zusammengehört.

Schon auf der großen Kundgebung am 10. November 1989 richtet Brandt den Blick nach vorn und fordert als Erinnerung an diese einschneidende Phase der Geschichte:

Übrigens, ein Stück von jenem scheußlichen Bauwerk, ein Stück davon können wir dann von mir aus sogar als Erinnerung an ein geschichtliches Monstrum stehen lassen. So wie wir seinerzeit nach heftigen Diskussionen in unserer Stadt uns bewusst dafür entschieden haben, die Ruine der Gedächtniskirche stehen zu lassen.[1]

Wie weise und vorausschauend diese frühe Aufforderung des langjährigen Regierenden Bürgermeisters von Berlin war, zeigte sich in den frühen neunziger Jahren:

Politiker aus Ost und West und die Medien überboten sich in der Eile und Begeisterung, die Mauer niederzulegen und einen Straßenübergang nach dem anderen zu öffnen. Die NVA bewies ihre Leistungsfähigkeit, indem sie die Grenzbefestigungen schnell abräumte.

Wie ein Sträfling, der sich bei seiner Befreiung die Häftlingskleidung vom Leibe reißt, entkleidete sich Berlin seiner Mauer, die die Stadt so lange geprägt hatte. Der einstige Todesstreifen wurde zu einer wertvollen innerstädtischen Ressource für die Stadtentwicklung, von der alle Stadtplaner träumten, die u. a. den Potsdamer Platz, vormals der ödeste Stadtraum der geteilten Stadt in ihrem Zentrum, mit einem schon vor der Wiedervereinigung geplanten neuen Stadtquartier besetzten.

Denkmalpfleger, Zeithistoriker und Gedenkstättenmitarbeiter hatten es schwer, sich gegen diesen Trend zu behaupten, und selbst in einem Bereich wie dem der Bernauer Straße, den der Runde Tisch als Mahnmal komplett erhalten wollte, wurde die Mauer weitgehend abgetragen, teilweise auch vom Deutschen Historischen Museum zu Sicherungszwecken eingelagert. Nur wenige Abschnitte der Berliner Mauer konnten unter Denkmalschutz gestellt werden und die Euphorie der Planungen für das »Neue Berlin« überstehen.

Das Bewusstsein über den historischen und auch touristischen Wert der Berliner Mauer als einmaliges Zeitdokument bildete sich erst in der zweiten Hälfte der neunziger Jahre heraus, als immer mehr Berliner und ihre Gäste die berühmte Frage stellten: »Wo war denn die Mauer eigentlich?« In diesen Jahren begann die öffentliche, politische und fachliche Diskussion über den Umgang mit den verbliebenen Mauerstücken und über die Frage, wie man deren Erhaltung und Präsentation zu gestalten habe. Im Zuge der Bildung der ersten rot-roten Regierungskoalition ge-

wann diese Diskussion an Fahrt, wurde sie doch vom Argwohn der Opposition begleitet, das negative SED-Erbe zu negieren und sich nicht für eine aktive Erinnerungskultur einzusetzen. Diese Landesregierung war es dann, die im Jahre 2005 das erste Gesamtkonzept zum Umgang mit der Berliner Mauer und dem Gedenken an die Opfer von Mauer und Schießbefehl der SED vorlegte, damit in eine breite öffentliche Diskussion ging und das überarbeitete Konzept schließlich am 20. Juni 2006 verabschiedete. Dabei konnte sie sich schließlich ebenso auf eine breite fachliche Zustimmung stützen wie auch auf die Zustimmung der konservativen Bundesregierung, die das Berliner Mauerkonzept in ihr eigenes Gedenkstättenkonzept übernahm und an den Punkten des nationalen Interesses, wie z. B. bei der Finanzierung der Gedenkstätte Berliner Mauer, die später mit der Erinnerungsstätte Notaufnahmelager Marienfelde in die Stiftung Berliner Mauer überführt wurde, eine 50%ige Finanzierung übernahm.

Das Gesamtkonzept Berliner Mauer[2] basiert auf den Untersuchungen von Axel Klausmeier und Leo Schmidt[3], die im Auftrag des Senats erstellt wurden und die erste umfassende Aufnahme der Mauerspuren seit der Wiedervereinigung waren. Die Bilanz war erschütternd für alle, die das zeithistorische Dokument Berliner Mauer auch für die Zukunft sichtbar und verstehbar halten wollten. Deren Zahl wuchs von Jahr zu Jahr. Zugleich stützte sich der Senatsbeschluss auf eine Dokumentation der über 100 Gedenktafeln und Erinnerungssteine sowie anderer Erinnerungszeichen, die im Auftrag des Senats vom Berliner Forum für Geschichte und Gegenwart zusammengestellt worden war, hatten sich doch unmittelbar nach Mauerzwischenfällen während der Mauerzeit und auch zu den Mauerjahrestagen danach Bürger und Politiker aufgerufen gesehen, einzelner Ereignisse zu gedenken, ohne dass es ein einheitliches inhaltliches bzw. gestalterisches Konzept dafür gegeben hätte.

Ziel des Senatsbeschlusses war es nun, auch von der eigenwilligen Installation der schwarzen Kreuze von Alexandra Hildebrandt am Checkpoint Charlie angeregt, den Berliner Mauertoten ein einheitliches und individuelles ehrenhaftes Gedenken zu ermöglichen, die zentralen Orte der Berliner Mauer zu identifizieren und ihr spezifisches Thema hier sichtbar zu machen und dabei die jeweiligen Mauerreste zum Sprechen zu bringen. Mit der Perspektive des 50. Jahrestages des Mauerbaus (mit einer Zwischenetappe zum 20. Jahrestag des Mauerfalls) sollte das ins Werk gesetzt werden, was in der Öffentlichkeit hinsichtlich der aus damaliger Sicht langen Perspektive durchaus auf heftige Kritik stieß. Angesichts der objektiv schwierig zu lösenden Probleme, wie z. B. des Grunderwerbs für die Grundstücke im Mauerstreifen der Bernauer Straße, der wegen Anwohneransprüchen erforderlichen, jedoch immer noch nicht abgeschlossenen Änderung des Bebauungsplans sowie angesichts der erforderlichen Ausschreibungs- und Planungsprozesse für die mit 4,5 ha flächenmäßig größte Gedenkstätte des Landes ist dieser Zeitplan aus fachlicher Sicht sehr ehrgeizig. Hier musste die Landesregierung die ganze Ungeduld der Öffentlichkeit ertragen, die sich unter der Untätigkeit der Vorgänger angestaut hatte und nun sofort befriedigt werden wollte.

II. Die Mauer und deren Überreste als zeithistorisches Dokument

Zum Zeitpunkt der Erarbeitung des Mauerkonzepts waren nur noch wenige zusammenhängende Teile der Mauer erhalten. Die Grundstücke des ehemaligen Todesstreifens (und damit auch die Mauerteile) befanden sich nur zu einem minimalen Teil in der Hand des Landes. Der Bund war nicht bereit, die im Eigentum

seiner Immobiliengesellschaft BIMA befindlichen Mauergrundstücke zur Verfügung zu stellen, und der Beauftragte für Kultur und Medien der Bundesregierung war gehalten, die für die Gedenkstätte Berliner Mauer notwendigen Grundstücke aus dem BIMA-Eigentum zur Abdeckung seines 50%igen Finanzierungsanteils aus seinen Etatmitteln zu erwerben. Die zentralen Grundstücke des ehemaligen Checkpoints Charlie waren bereits unter dem CDU-geführten Senat in der Hoffnung auf ein Welthandelszentrum an einen amerikanischen Investor veräußert worden (der dann aber in Konkurs ging und die Grundstücke doch nicht bebaute). Im Bereich der Hauptstadtregion hatte sich der Bund im Bebauungsplan gesichert, dass die Grundstücke im Zentrum der Stadt uneingeschränkt bebaut werden konnten, und der Erhalt der vom Künstler Ben Wagin geretteten und gestalteten Mauerteile im Bereich der Bundestagsbibliothek war nur nach heftigsten öffentlichen Protesten ermöglicht worden. Auch das noch verbliebene kleine Areal seines »Parlaments der Bäume« am Schiffbauerdamm befindet sich auf einem Baugrundstück des Bundes, um dessen dauerhaften Schutz nach wie vor gerungen wird. Ansonsten blieb in diesem zentralen Bereich nichts von der Mauer und dem Todesstreifen erhalten.

Mit diesen und weiteren Problemen war die Konzeptentwicklung für das Sichtbarmachen von ehemals 156,4 km Berliner Mauer mit einstmals 186 Beobachtungstürmen und 31 Führungsstellen[4], von denen nur noch marginale Spuren erhalten waren, belastet.

Angesichts des die ganze Stadt prägenden Charakters der Berliner Mauer entschloss man sich schon sehr früh zu einem dezentralen Konzept mit einem besonderen Schwerpunkt:

Dezentral bedeutete, den Bereich zwischen der East Side Gallery im Süden und dem ehemaligen

Grenzübergang Bornholmer Straße im Norden an den zentralen Orten des Mauergeschehens zu kennzeichnen und informativ zu entwickeln. Den besonderen Schwerpunkt sollte die Gedenkstätte Berliner Mauer in der Bernauer Straße bilden. Hier an der größten noch erhaltenen innerstädtischen Mauerbrache mit den meisten Mauerereignissen und den meisten Mauerspuren sollte die große Open-Air-Präsentation zur Mauer entstehen und die vorhandene Trias aus Dokumentationszentrum Berliner Mauer, Mauerdenkmal von Kohlhoff und Kohlhoff sowie die Kapelle der Versöhnungsgemeinde einbinden und ergänzen.

Inhaltlicher Gedanke bei der Auswahl der Orte war deren geschichtliche Bedeutung bzw. deren Rolle in der Mauergeschichte, die sie dem Publikum mit ihrer speziellen Authentizität vermitteln sollen:

1. Der Checkpoint Charlie

Wie kein anderer Ort ist dieser Brennpunkt des Kalten Krieges, wo sich weltweit einmalig die beiden Supermächte in der Panzerkonfrontation vom 28. Oktober 1961 gegenüberstanden, der internationale Ort der Geschichte der Berliner Mauer, den man weltweit kennt und wo sich das touristische Interesse konzentriert, obwohl sich wegen der Planungen und der Bebauungen der neunziger Jahre hier keine authentischen Mauerspuren erhalten haben.

2. Das Brandenburger Tor

Mit dem Wort von Altbundespräsident Richard von Weizsäcker »Solange das Brandenburger Tor verschlossen ist, ist die deutsche Frage offen« wurde das Brandenburger Tor zum Symbol des Ringens um die Wiedervereinigung des deutschen Volkes in Frieden und Freiheit. Die Bilder von der Abriegelung des Tores durch die Betriebskampf- und Grenztruppen der DDR sind ebensolche zeitgeschichtlichen Ikonen

Abb. 1 – Gedenkstätte Berliner Mauer an der Bernauer Straße, 2010

wie die tanzenden Menschen auf der Mauerkrone am 9. November 1989 und die darauf folgenden gemeinsamen Silvesterfeiern mit Gästen aus aller Welt. Das Tor ist das nationale Symbol für den Fall der Mauer und die Wiedervereinigung Berlins und Deutschlands.

3. Die Bernauer Straße

Die Bernauer Straße ist der berlinische Ort der Mauergeschichte. Er symbolisiert die Trennung eines Stadtquartiers, wo der Todesstreifen über Friedhöfe und Bahnhöfe geführt wurde, wo zehn Maueropfer zu beklagen waren und Tunnel gegraben wurden, wo ganze Häuserzeilen abgerissen und Tausende Menschen von heute auf morgen ihre Wohnungen verlassen mussten, wo eine Kirche dem Todesstreifen weichen musste, später die Mauer als Erstes geöffnet und mit deren Abriss begonnen wurde.

4. Die Niederkirchnerstraße

Hier ist der Ort der historischen Schichten, wo sich Kaiserzeit, NS- und DDR-Zeit überlagern. Hier steht die Mauer auf dem Gelände der Topographie des Terrors, hier kamen Flüchtlinge vom Haus der Ministerien, dem ehemaligen Reichsluftfahrtministerium, über die Mauer, hier ist in der Verbindung vom Potsdamer Platz zum Checkpoint Charlie ein besonderes historisches Erlebnisfeld mit der erhaltenen Mauer im Zentrum.

5. East Side Gallery und Parlament der Bäume

Beide Orte repräsentieren den künstlerischen Umgang mit der Mauer und die Freude über deren Fall. Wie eine Perlenkette sind diese Orte am ausgeschilderten und über einen multimedialen MauerGuide erschlossenen Berliner Mauerweg (der insgesamt um das ehemalige West-Berlin herumführt) aufgereiht, ergänzt durch die viersprachigen Infotafeln der »Geschichtsmeile Berliner Mauer« sowie achtsprachige audiovisuelle Infosäulen an den zentralen Orten. Ausgangspunkt für die Erkundungstour ist der am 9. November 2010 fertiggestellte Platz des 9. November, weil hier der Mauerfall seinen Anfang nahm. Von hier aus geht es über den Mauerweg und den Mauerpark zur Gedenkstätte Berliner Mauer mit der Dauerausstellung zur Geschichte der Geisterbahnhöfe im Nordbahnhof am Eingang der Gedenkstätte vis-á-vis des Besucherzentrums.

Über den Leitturm am Kieler Eck, der dem Ge-

Abb. 2 – Mauer auf dem Gelände der Topographie des Terrors, 2009

denken des Maueropfers Günter Litfin gewidmet ist, und den im Mauerstreifen gelegenen Invalidenfriedhof gelangt man zum Parlament der Bäume und zum U-Bahnhof Brandenburger Tor, der zu einem zentralen und medialen Informationsort zur Mauergeschichte ausgestaltet wurde.

Entlang der Bodenkennzeichnung (Doppelpflastersteinreihe) zum ehemaligen Mauerverlauf wird man zur Mauer in der Niederkirchnerstraße und weiter zum Checkpoint Charlie geführt, wo auf 360 m Galeriewand die Geschichte des Ortes und seiner internationalen Bedeutung erzählt wird, bis dies dort künftig im Rahmen einer Bebauung der privaten Grundstücke in einer ständigen Ausstellung präsentiert werden wird. Südlich der East Side Gallery

Abb. 3 – East Side Gallery, 2009

Abb. 4 – Parlament der Bäume, 2009

im Schlesischen Busch befinden sich ein weiterer Führungsturm, der mauerbezogen künstlerisch bespielt wird, und die Kunstfabrik am Flutgraben, in der durch Führungen die spezifische Situation dieser ehemals mitten im Todesstreifen gelegenen Fabrik verdeutlicht wird: Sie war zugleich Arbeitsort und Grenzfestung an der Spree.

III. Sicherung der Mauerreste für die Zukunft

Während in der Planungsphase des Mauerkonzepts die Kennzeichnung und Erschließung der Orte (alle sind über den ÖPNV hervorragend erschlossen und über das sechssprachige Internetportal[5] kommuniziert) im Vordergrund stand, rückte in der Umsetzungsphase der Zustand der erhaltenen Mauerteile in den Fokus. Wenn auch Erich Honecker am 19. Januar 1989 im Staatsratsgebäude die These aufstellte, dass »die Mauer auch in 50 oder 100 Jahren noch bestehen wird«, ist deren Erhaltungszustand doch sehr viel schlechter als bisher angenommen. Das ist das Ergebnis der umfangreichen und kostenaufwendigen

Rekonstruktionsmaßnahmen an der East Side Gallery, aber das wurde auch von Statikern bei den Bauarbeiten in der Bernauer Straße festgestellt, wo man schon die Bauarbeiter mit Schutzzäunen vor möglichen Schäden durch die Mauer schützen musste. Der Senat hat daher aus Mitteln des Vermögens der Parteien und Massenorganisationen der DDR Gelder bereitgestellt, um Verfahren zu entwickeln und zu erproben, die geeignet sind, das Denkmal Berliner Mauer auf Dauer zu sichern. Zwar geht es nicht darum, im Sinne Honeckers die Mauer zu erhalten oder wieder aufzubauen, wie es sich nach einer *Spiegel*-Umfrage[6] zum 20. Jahrestag des Mauerfalls 12 % der Deutschen im Westen und 13 % im Osten wünschten. Es bleibt aber eine ständige Aufgabe der Stiftung Berliner Mauer und ihrer Träger, das zeithistorische Monument zu erhalten und kommenden Generationen als Zeugen für eine prägende Epoche deutscher Geschichte zu bewahren. Dabei gilt es, jede Überformung zu vermeiden und Verfahren zu finden, die dicht am Ausgangsmaterial bleiben und dessen Anmutung und Materialität nicht verfälschen. Dass dies andere

Abb. 5, 6 – Platz des 9. November 1989 an der Bornholmer Straße, 2011

Verfahren sein müssen als bei der East Side Gallery, bei der die künstlerischen Aussagen im Vordergrund stehen, erklärt sich aus der Sache selbst. Was darüber hinaus bleibt, sind die Fragen der Entscheidung und Finanzierung zu Mauerteilen an anderen Orten in der Stadt und auf dem Brandenburger Abschnitt im Außenbereich: ob man deren Verfallsprozess naturwüchsig fortschreiten lassen möchte oder ob man auch hier zu erhaltenden Maßnahmen kommt – und wie man die Mauerspuren dort dann auch nachhaltig vor Vandalismus schützen kann, den wir bei den Denkzeichen für die Maueropfer im Außenbereich feststellen müssen.

Bildnachweise

Abbildung 1: Gedenkstätte Berliner Mauer an der Bernauer Straße, 2010, Jürgen Hohmuth
Abbildung 2: Mauer auf dem Gelände der Topographie des Terrors, 2009, Axel Klausmeier
Abbildung 3: East Side Gallery, 2009, Axel Klausmeier

Abbildung 4: Parlament der Bäume, 2009, Axel Klausmeier
Abbildung 5, 6: Platz des 9. November 1989 an der Bornholmer Straße, 2011, Axel Klausmeier
Abbildung 7, 8: Ausstellung im U-Bahnhof Brandenburger Tor, 2009, Axel Klausmeier

Anmerkungen

1 Aus der Ansprache von Willy Brandt vor dem Schöneberger Rathaus in Berlin am 10.11.1989 – im Internet unter: http://www.hdg.de/lemo/html/dokumente/DieDeutscheEinheit_redeBrandt1989/index.html.
2 »Gesamtkonzept Berliner Mauer« Senatsbeschluss vom 20. Juni 2006, im Internet unter: http://www.berlin.de/Mauer.
3 Axel Klausmeier, Leo Schmidt: Mauerreste und Mauerspuren, Berlin 2004, im Internet unter: http://www.berlin.de/Mauer.
4 Angaben nach Hans-Hermann Hertle, Die Berliner Mauer, Bonn 2009, S. 18.
5 http://www.berlin.de/Mauer.
6 Spiegel vom 8.11.2010.

Abb. 7, 8 – Ausstellung im U-Bahnhof Brandenburger Tor, 2009

Günter Schlusche

Leitgedanken des Ausstellungs- und Gestaltungskonzepts für die Erweiterung der Gedenkstätte Berliner Mauer

Die Berliner Mauer als den Stadtraum prägende Struktur

Die Mauer um das damalige West-Berlin hatte eine Länge von 156,4 km, von denen 64 km durch bebautes Gebiet, 32 km durch Wald, 23 km durch Felder und landwirtschaftliche Flächen und 38 km durch Wasser verliefen.[1] Wenn man heute einen nüchternen Blick auf den innerstädtischen Abschnitt der Grenzanlagen wirft – also auf den 44 km langen Abschnitt zwischen dem früheren West- und Ost-Berlin, der ein gutes Viertel dieser 156 km langen Grenzanlagen umfasst – dann erstaunt erst einmal seine schiere Fläche: 330 Hektar, also 3.300.000 m², das ist die 1½-fache Größe des Fürstentums Monaco, wurden bis 1989 allein vom innerstädtischen Abschnitt der Sperranlagen der Grenze eingenommen.[2]

Diese Zahl macht zum einen die Dimension und Rigorosität des stadtstrukturellen Eingriffs deutlich, den der Bau und Ausbau der Grenzanlagen bedeutete. Um diesen Grenzstreifen, der an der Bernauer Straße 30 bis 50 Meter, an anderen Stellen bis zu 250 Meter tief war, frei zu machen, wurden viele Häuser abgerissen und ca. zweitausend Menschen aus ihren Wohnungen vertrieben.

Zum anderen unterstreicht diese Zahl, wie irreführend es ist, die Grenzanlagen auf die 16 Zentimeter starke Betonwand der Grenzmauer zu reduzieren. Die auf DDR-Seite entlang der eigentlichen Staats-

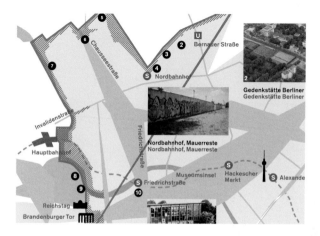

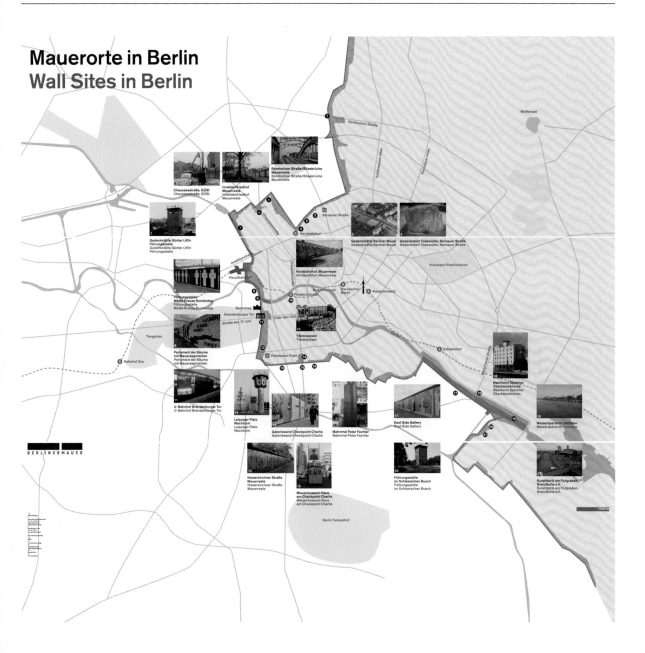

Mauerorte in Berlin
Wall Sites in Berlin

Abb. 1 – Innerstädtischer Mauerstreifen

grenze errichtete Grenzmauer, die das Bild der Mauer aus Sicht der West-Berliner und ihrer Besucher prägte und bis heute prägt, war nur das finale Element einer komplexen, tief gestaffelten und im Lauf ihrer 28-jährigen Existenz immer perfekter ausgebauten Grenzanlage, deren Hauptzweck nach innen, also gegen die eigene Bevölkerung gerichtet war.

Für die Ost-Berliner und DDR-Bürger war es ein hochriskantes Unternehmen bzw. unmöglich, einen vollständigen Überblick über die Grenzanlagen zu bekommen. Ihr Blick auf die Grenze endete – wenn überhaupt – an der sogenannten »Hinterlandmauer«. Die Annäherung an die »Staatsgrenze«, auch das Fotografieren der Grenzanlagen waren streng verboten, und so existieren nur ganz wenige Dokumente, Fotos oder Bilder der Ost-Berliner Sicht auf die Mauer, die – wenn sie zustande kamen – meist beschlagnahmt wurden und in den Archiven des Ministeriums für Staatssicherheit (Stasi) landeten.[3] Die wahre Komplexität der Grenzanlagen – und damit auch die

Abb. 2.1 – Grenzstreifen Märkisches Viertel, 1985

tödliche Gefahr, die von ihnen ausging – blieb den meisten DDR-Bürgern verborgen – auch das war ein Grund, warum viele Fluchten tödlich endeten.

An der Bernauer Straße wird der Raum des ehemaligen Grenzstreifens zukünftig von der üblichen, hier bis 2006 ebenfalls vorgesehenen städtebaulichen Nutzung dauerhaft freigehalten und zu einer grün geprägten Gedenkstätte umgestaltet, die im Endzustand ca. 5 Hektar groß sein wird. Aber was soll eigentlich mit den übrigen Abschnitten des innerstädtischen Grenzstreifens geschehen? Die gemäß dem gültigen Berliner Flächennutzungsplan vorgesehene Nutzung der Flächen des innerstädtischen Grenzstreifens stellt sich folgendermaßen dar:

– Ca. 20 Prozent sind für eine Bebauung vorgesehen,
– ca. 25 Prozent sind für Straßen vorgesehen,
– ca. 6 Prozent sind für Bahnflächen vorbehalten,
– ca. 38 Prozent sollen als Grünflächen genutzt werden,

Abb. 2.2 – Blick auf das Brandenburger Tor, 1964

– ca. 11 Prozent sollen als Wasserflächen genutzt werden.[4]

Die geplante Nutzung ist jedoch – das wissen alle Stadtplaner nur zu gut – keinesfalls identisch mit der tatsächlichen Nutzung. Heute lassen sich drei Typen des realen städtebaulichen Zustands der innerstädtischen Grenzgebietsflächen unterscheiden. Der erste Typus sind diejenigen Flächen, die im Einklang mit entsprechenden Planungskonzepten baulich und nut-

zungsstrukturell radikal überformt wurden. Meist wurde dabei an die Nutzung dieser Flächen vor dem Bau der Mauer oder sogar vor 1945 angeknüpft. Beispiele dieses Typs sind zentral gelegene Bereiche mit Kerngebietscharakter wie der Potsdamer Platz mit seinen Bürohäusern oder der durch die Regierungsbauten geprägte Spreebogen, die durch neue städtebauliche Konfigurationen geprägt sind und heute zum Synonym für das »Neue Berlin« geworden sind. Hierzu gehören aber auch innerstädtische Wohnge-

Abb. 3 – Erster Bauabschnitt der Erweiterung der Gedenkstätte Berliner Mauer, 2010

biete etwa an der Dresdener Straße oder Mischgebiete entlang der Zimmerstraße im Bezirk Kreuzberg, deren Überformung so vollständig und rasant verlaufen ist, dass selbst »Vorwende-Berliner« jetzt oft große Schwierigkeiten haben, sich hier den Verlauf der Mauer noch vorzustellen.

Der zweite Typus sind diejenigen Abschnitte des ehemaligen Grenzstreifens, die in ihrem offenen, unbebauten Charakter gezielt belassen und eher behutsam weiterentwickelt wurden. Beispiele hierfür sind Freiflächen wie der 2009 fertiggestellte Park am Nordbahnhof oder der bereits 1995 eröffnete Mauerpark an der Schwedter Straße zwischen den Stadtteilen Prenzlauer Berg und Wedding, der als großer innerstädtischer Park schon in seinem Namen, aber auch in seiner Gestaltung Bezug auf die frühere Grenzgebietsnutzung nimmt. Einen Sonderfall dieses Typs stellt das Denkmal für die ermordeten Juden Europas dar, das mit seinen über 2.700 Stelen als abstrakt gestaltete Großplastik einen Erinnerungsort neuartiger Prägung darstellt und dennoch seine Historie als unbebaute Teilfläche des ehemaligen Grenzgebiets nicht verleugnet und damit die geschichtlichen Brüche der deutschen Entwicklung gestaltet.

Der dritte Typus sind Flächen, die trotz planerischer Vorgaben und Konzepte ungenutzt und bis heute Brachflächen geblieben sind – in erster Linie mangels Investitionsdrucks oder aufgrund immer noch ungeklärter Eigentumsverhältnisse. Zu diesem Typus von Flächen – meist in innerstädtischen Randlagen – gehört auch der ehemalige Grenzgebietsstreifen entlang der Bernauer Straße. Aus heutiger Sicht muss dies als glückliche Fügung angesehen werden, denn nur deswegen war es mit dem Beschluss des Berliner Senats zum Gedenkkonzept Berliner Mauer von 2006 möglich, diese Entwicklung zu ändern und das Gelände an der Bernauer Straße in eine unbebaute »Fläche für den Gemeinbedarf« mit der

Abb. 3.1 – Denkmal und Sophienfriedhof, 2010

Zweckbestimmung »Gedenkstätte Berliner Mauer« umzuwandeln. Damit wurden auch die langjährige Initiative und das hartnäckige bürgerschaftliche Engagement einiger weniger Personen – stellvertretend seien hier der Pfarrer Manfred Fischer von der Versöhnungsgemeinde und die Historikerin Dr. Gabriele Camphausen genannt – anerkannt und auf eine breite Grundlage gestellt.

Leitgedanken der Erinnerung an die Berliner Mauer

Vor dem Hintergrund dieser prägenden Erfahrungen ist auch das Konzept für die Gedenkstätte Berliner Mauer und ihrer Erweiterung entstanden, das gegen anfänglichen Widerstand seit mehreren Jahren jedoch in enger und sehr guter Zusammenarbeit mit der Berliner Verwaltung erarbeitet wurde. Dieses Konzept kann in den folgenden Thesen zusammengefasst werden:

1. Leitendes Motiv der Gedenkstättenerweiterung ist die Rückbindung der historischen Ereignisse an den authentischen Ort. In der kollektiven und

individuellen Erinnerung sind zahlreiche mauerbezogene Ereignisse und Bilder der Mauer, die ebenso zahlreich in der Bernauer Straße passierten und entstanden (so etwa der über den Stacheldraht flüchtende Grenzsoldat Conrad Schumann; die aus den Häusern der Bernauer Straße flüchtenden Menschen sowie die Bilder der Tunnelfluchten) nach wie vor präsent. Sie haben sich jedoch weitgehend vom realen Entstehungszusammenhang gelöst und sind durch Auswahl und Idealisierung beeinflusst oder sogar verfälscht. Ziel ist die präzise Verortung und Kontextualisierung der Geschehnisse durch Aufklärung und Sachinformation.

2. Die authentischen Reste und Spuren der Grenzanlagen sind das bedeutendste Exponat der Gedenkstätte. Sie sind von allergrößtem Wert, sie müssen gesichert, dauerhaft erhalten und denkmalgerecht präsentiert werden. Nur die Authentizität der originalen Substanz schützt vor Pathos und Verfälschung und verfügt über den Zeugniswert, der die Dauerhaftigkeit und Überzeugungskraft der Gedenkstättenarbeit gewährleistet. Spätere Hinzufügungen müssen als solche identifizierbar und vom Original unterscheidbar sein. Deshalb haben die Gestalter der Gedenkstätte – die Landschaftsplaner des Büros sinai, die Ausstellungsgestalter des Büros ON architektur und die Architekten Mola/Winkelmüller – in ihrem 2007 preisgekrönten Entwurf das Prinzip der zwei- bzw. dreidimensionalen Nachzeichnung entwickelt, die alle in einem anderen Material, nämlich in Cortenstahl, ausgeführt werden.

3. Geschichte, Auswirkung und Bedeutung von Mauer und Teilung werden durch individuelle Schicksale und Biografien deutlich. Die Gedenkstätte muss dem individuellen Gedenken an die Opfer der Mauer Raum geben. Im Mittelpunkt steht daher die Würdigung der mindestens 136 Todesopfer, die von 1961 bis 1989 an der Berliner Mauer starben, in Gestalt des »Fensters des Gedenkens«, das auf dem Gelände des ehemaligen Sophienfriedhofs seinen Platz gefunden hat.

4. Der komplexe strukturelle Charakter der Grenzanlagen und die mit ihrem Ausbau verbundene stadträumliche Zäsur und physische Stadtzerstörung müssen deutlich werden. Dazu gehört die Entwicklung der Mauer vom rohen, improvisierten Bauwerk zu einem nüchtern-funktionalen, aber in seiner Perfektion tödlichen »System Grenze«, das praktisch alle Ebenen des städtischen Lebens erfasste. Mauer und Teilung sind daher kein »one-stop-event«, sondern ein nur im städtischen Raum auf mehreren Ebenen vermittelbares Thema.

5. Das denkmalpflegerische Prinzip im Umgang mit der Mauer sollte nicht die Rekonstruktion eines Status quo ante, sondern das Prinzip der »conservation as found« sein. Auch eine perfekte Rekonstruktion wäre nicht in der Lage, den tödlichen Charakter und die lähmende Omnipräsenz der Tag und Nacht bewachten und beleuchteten Grenzanlagen und der ständig schussbereiten Grenzsoldaten wiederherzustellen. Jeder Versuch einer Rekonstruktion stieße zudem auf das Problem, welcher Status quo ante denn rekonstruiert werden soll: der vom 8. November 1989, der vom 13. August 1961 oder der eines Jahres dazwischen.

6. Die Geschichte der Mauer hört nicht mit ihrer Öffnung im November 1989 auf. Zur Erfahrung der Mauer gehörten nicht nur ihr authentischer Zustand, sondern auch ihre Überwindung und physische Durchlöcherung z.B. durch die Mauerspechte, ihr Abriss 1990/91 und die durchaus kontroversen Auseinandersetzungen über ihren

Abb. 4 – Gelände zwischen Potsdamer und Pariser Platz (das Gelände des ehemaligen Grenzstreifens ist gelb markiert), 2008

Denkmalschutz. Daher entschied sich die Gedenkstätte für die Beibehaltung der 1997 auf Betreiben der Sophiengemeinde in die Mauer gerissenen Lücke, nicht nur weil die Sophiengemeinde dies wünschte, sondern auch, weil diese Auseinandersetzungen zeigen, dass die Bewahrung und der Denkmalschutz für die Grenzmauer noch vor zehn oder zwölf Jahren keinesfalls öffentlicher Konsens waren. Daher wird übrigens auch die im Jahr 2000 fertiggestellte Kapelle der Versöhnung mit dem sie umgebenden Roggenfeld in die Neugestaltung integriert, das als Metapher für die Kultivierung des Geländes des ehemaligen Todesstreifens eine große Bedeutung hat und zudem Ausdruck des Respekts vor dem nach 1989 stattgefundenen Aneignungsprozess ist.

7. Mauer und Grenzanlagen sowie ihre jeweiligen politischen Interpretationen waren (und sind) überaus vielschichtig. Die Ost- und die Westsicht auf Mauer und Teilung müssen gleichrangig präsentiert werden. Die Grenzmauer mit ihren Bildern bzw. Graffiti und den auf der Mauerkrone tanzenden Menschen ist die weltweit bekannte Ikone, verkörpert aber eher die Westsicht und den befreienden Umgang mit der Mauer nach ihrem Fall. Der eigentliche Zweck der Mauer war jedoch nicht nach Westen, sondern nach Osten gegen die eigene Bevölkerung gerichtet, die durch ein tief gestaffeltes und kaum einsehbares Grenzsystem physisch und psychisch eingeschüchtert werden sollte. Nur wenn dieser eigentliche Zweck der Mauer erkennbar wird, können auch die Men-

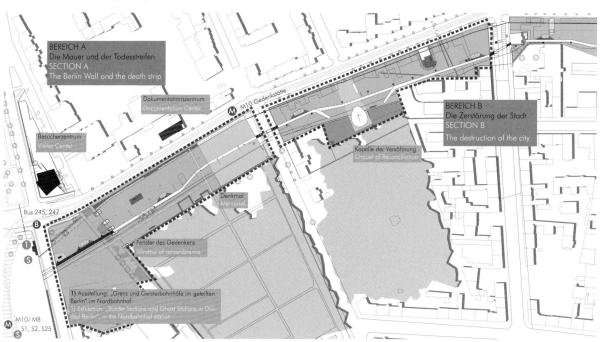

Abb. 5.1 – Kernbereich der Gedenkstätte Berliner Mauer

schen in 20 oder 30 Jahren noch verstehen, dass die Mauer kein »Antifaschistischer Schutzwall« war.

Die Gedenkstätte soll ein Gedenkraum neuer Prägung[5] werden, der weder auf »schwarze Pädagogik« noch auf leichten »Fast-Food«-Konsum setzt, sondern der sich an den aktiven und nachdenklichen Bürger richtet. Die gesicherten Reste und Spuren sowie die sorgfältig dosierten Informationsangebote wollen die Reflexion des Besuchers anregen, aber nicht erzwingen. Sie sind Teil eines zurückhaltend gestalteten Freiraums, der nicht alles ausdeutet und zu Ende erzählt, sondern den Besucher nachdenklich stimmt und in seiner Offenheit und Mehrdeutigkeit dazu bringt, selbst weiterzudenken. Die künstlerisch gestaltete Nachzeichnung der Grenzmauer mit ihren unregelmäßig aufgestellten Stahlstäben bildet deren Verlauf nach, aber sie zeigt in ihrer Transparenz auch, dass die Mauer durchlässig geworden ist und überwunden wurde.

Heutige Erinnerungskultur steht auf drei Säulen: der rational-kognitiven Säule, die objektive Fakten nennt bzw. Zusammenhänge aufzeigt und dabei die klassischen Mittel der Informationsvermittlung, also vor allem Bild, Text und Dokument einsetzt; der emotional-künstlerischen Säule, die mit ästhetisch-gestalterischen Mitteln arbeitet und das subjektive Gefühl des Einzelnen mit ungewohnten Formen, Materialien und Konstellationen anspricht, und schließlich der edukativ-pädagogischen Säule, die das Begreifen und die Aneignung von komplexen historischen Sachverhalten in den Mittelpunkt stellt und beim heutigen Menschen Empathie, moralische Sensibilität und Handlungsfähigkeit erzeugen will. Bei jedem Erinnerungsprojekt muss die Balance zwischen diesen drei Säulen jeweils neu definiert und ggf. auch nachträglich erneut austariert werden.

Die Gedenkstätte Berliner Mauer an der Bernauer Straße will die Erinnerung an Mauer und Teilung zum Bestandteil einer Alltagskultur machen, die auf die Stärkung von Freiheit und individueller Verantwortung zielt. In der »postheroischen Gesellschaft«[6] werden Gedenkstätten und Gedenkorte sukzessive zu Bestandteilen des alltäglichen Lebensraums unterschiedlicher Generationen und haben keine abgesonderten Standorte mehr, sondern sind öffentliche Bewegungsräume mit einer spezifischen gestalterischen Qualität, die zum Verweilen und zur Kontemplation anregt. In diesen Kontext sollen auch die heute so unscheinbaren, ja fast schäbigen Reste der Berliner Mauer gestellt werden, deren Konservierung Gegenstand der vorliegenden Publikation ist.

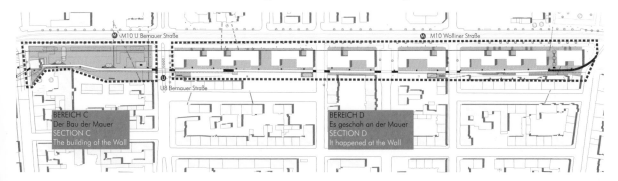

Abb. 5.2 – Erweiterter Bereich der Gedenkstätte Berliner Mauer

Bildnachweise

Abbildung 1: Innerstädtischer Mauerstreifen, Grafik Weidner

Abbildung 2.1: Grenzstreifen Märkisches Viertel, 1985, Senatsverwaltung für Stadtentwicklung – Luftbildservice

Abbildung 2.2: Blick auf das Brandenburger Tor, 1964, Klaus Lehnartz, photonet

Abbildung 3, 3.1: 1. Bauabschnitt der Erweiterung der Gedenkstätte Berliner Mauer, Denkmal und Sophienfriedhof, 2010, Jürgen Hohmuth

Abbildung 4: Gelände zwischen Potsdamer und Pariser Platz, 2008, CD-Rom »Luftbildatlas. Entlang der Mauer«, Hans Wolfgang Hoffmann und Philipp Meuser

Abbildung 5.1, 5.2: Pläne der Gedenkstätte Berliner Mauer, sinai

Abbildung 6: Bereich C der Erweiterung der Gedenkstätte Berliner Mauer zwischen Strelitzer und Brunnenstraße, 2010, Jürgen Hohmuth

Abbildung 7: Kapelle der Versöhnung, 2010, Jürgen Hohmuth

Abb. 6 – Bereich C der Erweiterung der Gedenkstätte Berliner Mauer zwischen Strelitzer und Brunnenstraße, 2010

Anmerkungen

1 Siehe hierzu: Hans-Hermann Hertle: Die Berliner Mauer/The Berlin Wall, Bonn 2007, S. 18.

2 Siehe hierzu: Manfred Zache, Helmut Zempel: Stadtplanerische Dokumentation zum ehemaligen Grenzstreifen der Mauer in Berlin, Gutachten im Auftrag der Senatsverwaltung für Stadtentwicklung, Berlin 2000 und Axel Klausmeier, Leo Schmidt: Mauerreste – Mauerspuren, Berlin, Bonn 2005.

3 Siehe hierzu: Udo Hesse: Als noch Osten war, Berlin 2007; Konrad Knebel: Stadtlandschaften, Berlin 2002; ders.: Die Sprache der Steine, Berlin 2009; Anke Kuhrmann: Grenzsituationen – Die »Berliner Mauer« in der Kunst; in: Deutsches Nationalkomitee für Denk-malschutz, Die Berliner Mauer – Vom Sperrwall zum Denkmal, Bd. 76/1, Berlin 2009, S. 118 ff.; Gerhard Sälter, Tina Schaller und Anna Kaminsky (Hg.): Weltende – Die Ostseite der Berliner Mauer, Berlin 2011.

4 Manfred Zache, Helmut Zempel, a. a. O., S. 2.

5 Siehe hierzu: Axel Klausmeier: Ein Memorialort neuer Prägung. Die Erweiterung der »Gedenkstätte Berliner Mauer« an der Bernauer Straße; in: Deutschland-Archiv: Zeitschrift für das vereinigte Deutschland 42 (2009), 5, S. 892–900.

6 Herfried Münkler: Militärisches Totengedenken in der postheroischen Gesellschaft; in: Manfred Hettling/ Jörg Echternkamp (Hg.): Bedingt erinnerungsbereit – Soldatengedenken in der Bundesrepublik, Göttingen 2008, S. 22 ff.

Abb. 7 – Kapelle der Versöhnung, 2010

Leo Schmidt

»… walls that have long been washed by the passing waves of humanity …«

Denkmalwerte und denkmalpflegerische Leitgedanken von Ruskin bis heute

Seit über 200 Jahren gibt es die Denkmalpflege als Fachdisziplin, und seit über 200 Jahren streiten sich Denkmalpfleger darüber, wie man mit wertvollen Bauwerken umgehen soll, die schadhaft geworden sind.

Meistens nennt man diesen Vorgang »restaurieren«: ein alles andere als eindeutiger Begriff, wie wir an der Gegenüberstellung zweier Definitionen erkennen können.

Von dem französischen Architekten Eugène-Emmanuel Viollet-le-Duc (1814–1879) stammt diese berühmte Definition:

Ein Bauwerk zu restaurieren bedeutet nicht, es zu unterhalten, zu reparieren oder zu erneuern, sondern es in einen Zustand der Vollständigkeit zurück zu versetzen, der so möglicherweise zu keiner Zeit existiert hat.[1]

Die Charta von Burra, das modernste Instrument der Denkmalpflege, hält dem entgegen:

Restaurierung meint die Rückführung der bestehenden Substanz eines Objektes in einen bekannten, früheren Zustand durch das Entfernen von Anlagerungen oder durch erneute Zusammenfügung der Komponenten ohne die Einführung neuen Materials.[2]

Letztlich geht es um eine Frage, die als das Problem von *Locke's socks* bekannt ist.[3] Im 17. Jahrhundert sinnierte der Philosoph John Locke (1632–1704) über seine Lieblingssocken. Wenn sie ein Loch bekämen, und dieses Loch würde geflickt, wären sie dann immer noch dieselben Socken? Falls ja, wären sie auch nach dem Flicken eines zweiten Lochs noch dieselben? Und was ist Jahre später, wenn nach und nach das gesamte ursprüngliche Material ausgetauscht worden wäre? Beruht die Identität auf der Substanz oder auf der Form?

Der Unterschied zwischen der Auffassung von Viollet-le-Duc und der Definition der Charta von Burra entsteht durch die unterschiedliche Wertung dieser beiden Bestandteile eines Objektes: Substanz und

Form. Viollet-le-Duc hat ganz offenkundig kein Problem damit, die materielle Substanz zu ersetzen, um die ideale Form zu erreichen. Sein Grundgedanke ist klar: Für ihn gibt es jeweils das eine, richtige, klar definierbare Denkmal – jedenfalls als Idee, als Konzept, als Entwurf – und die Aufgabe der Denkmalpflege ist es, dieses wahre Denkmal zu erkennen, sich zu erarbeiten und es dann in dieser Form zu erstellen und dauerhaft zu fixieren.

Viollets Hauptwerk ist die Restaurierung der mittelalterlichen Stadt Carcassonne, insbesondere ihres Befestigungsrings. So eindrucksvoll das Ergebnis dieser Restaurierung ist – immerhin ist Carcassonne eine *World Heritage Site* – so zeigt dieses Monument doch auch die Achillesferse von Viollets Ansatz. Diese Achillesferse liegt im Mangel an Selbstreflexion. Einer jeden Restaurierung, ja überhaupt jedem Handeln am Denkmal geht ja ein (mehr oder weniger intensiver und erfolgreicher) intellektueller und kreativer Akt voraus: der Akt, das Denkmal zu begreifen und seine Denkmalwerte zu definieren. Sowohl das Begreifen als auch das Handeln sind zeitgebunden, hängen mit der Gegenwart des Denkenden und Handelnden zusammen. Er fügt dem vorgefundenen Objekt daher eine – oft sehr dominante – neue Schicht hinzu: die des handelnden Restaurators. Damit widerspricht sich dieser Ansatz selbst, wird *self-defeating*: Er erreicht das Gegenteil dessen, was er will, nämlich das Objekt auf seine Ursprünglichkeit oder Wahrheit zurückzuführen.

An Carcassonne sieht man das besonders gut, denn es steht zwar heute auf der Liste des Welterbes: aber nicht etwa allein als Monument mittelalterlicher Stadtbaukunst, wie es Viollet-le-Duc sich zweifellos gewünscht hätte, sondern ausdrücklich auch als Zeugnis des 19. Jahrhunderts.[4]

Viollet-le-Ducs Zeitgenosse John Ruskin (1819–1900) sah diese Art von Restaurierung mit Grauen:

Weder die Öffentlichkeit noch die für die öffentlichen Monumente Zuständigen begreifen die wahre Bedeutung des Wortes Restaurierung. Es beschreibt die vollständigste Zerstörung, die ein Bauwerk erleiden kann: eine Zerstörung, aus der keine Überreste geborgen werden können, eine Zerstörung, die überdies mit einer Verleumdung des Zerstörten verbunden ist ... Sprechen wir also nicht von Restaurierung. Die Sache ist eine Lüge von Anfang bis Ende.[5]

Ruskin sieht in der Substanz den Träger aller relevanten Botschaften eines Bauwerks. Die ursprünglich vielleicht einmal gewollte Form, auf die sich Viollet-le-Duc konzentriert, ja kapriziert, der Architekturentwurf und die gestalterische Qualität scheinen ihn nur am Rande zu interessieren:

Denn wahrlich, die größte Herrlichkeit eines Bauwerks liegt nicht in seinen Steinen, oder seinem Gold. Seine Herrlichkeit liegt in seinem Alter, und in diesem tiefen Gefühl, daß die Dinge sprechen können, daß sie einen beobachten und einem geheimnisvolles Mitgefühl, ja sogar Zustimmung oder Missbilligung entgegenbringen, welches wir in Mauern fühlen, die über lange Zeit von den Wellen der Menschengenerationen umspült worden sind.[6]

Mit seinen ausgetretenen Stufen und der honigfarbenen Patina des Natursteins veranschaulicht ein Treppenhaus in der Kathedrale von Wells diese unmittelbar wahrnehmbare Wirkung der vergangenen Zeit und der Nutzung durch viele Generationen, wobei es naiv wäre, anzunehmen, dass dieser Charakter des »pleasing decay« einfach durch Vernachlässigung entstanden sei. In Wahrheit sind viele der Stufen immer wieder ersetzt und überarbeitet worden, um sowohl den Alterswert als auch die Nutzbarkeit der Treppe zu bewahren. Das Geheimnis des Erfolges liegt offenbar im kontinuierlichen Charakter der Pflege bei gleichzeitig immer nur graduellen Eingriffen und Ergänzungen.

Ein anderes Beispiel für die Spuren der Menschengeschlechter, die ein Bauwerk bereits genutzt und sich mit ihm auseinandergesetzt haben, ist etwa die Kollektion der Graffiti an den Strebepfeilern des Doms von Halberstadt. Obwohl man sie aus heutiger Sicht durchaus als Akte des Vandalismus begreifen könnte, werden sie durch die verstrichene Zeit geadelt, und wir nehmen sie als eher anrührende Botschaften längst vergangener Menschen wahr.

Abb. 1 – Inschriften an den Strebepfeilern des Doms von Halberstadt, 2009

Ruskins Ansatz führt die Dimension der Zeit in die Betrachtung und Bewertung eines Objektes ein: ein Phänomen, das er auch anspricht, wenn er sagt »Don't look at buildings, watch them«. Wir sollen Bauwerke also nicht *an*schauen, sondern ihnen *zu*schauen: Das impliziert, dass sich da etwas tut, dass ein Bauwerk nicht statisch ist und unveränderlich, sondern seiner Natur nach prozesshaft, in ständiger Veränderung begriffen.

Und heute? Geht es uns um die Bewahrung der Form oder der Substanz? – Bei genauerem Hinsehen geht diese alte Frage am Kern der Angelegenheit vorbei. So spricht die Burra Charter weder von Form noch von Substanz, wenn sie Denkmalpflege definiert, sondern letztlich von Werten:

Denkmalpflege umfasst alle Verfahren der Fürsorge für ein Objekt mit dem Ziel, dessen kulturelle Bedeutung zu bewahren.[7]

Es geht also weder allein um die Erhaltung der Form noch der Substanz, sondern um die Bewahrung der Denkmaleigenschaft eines prozesshaften Objektes – im Sinne von »managing change«, auch wenn manche Denkmalpfleger Probleme mit dieser Vorstellung haben.

Darin trifft sich die Burra Charter durchaus mit Locke, denn der sinnierte ja nicht nur über die Identität seiner Socken, sondern auch über seine eigene. Wieso glaube ich eigentlich – so fragte er sich – dieselbe Person zu sein wie der zehnjährige oder zwanzigjährige John Locke, obwohl ich doch offenkundig ganz anders aussehe? Die Antwort war: Weil ich mich erinnere, was ich als Zehn- oder Zwanzigjähriger getan und gedacht habe.

Identität beruht also auf Erinnerung, auf Zeit, auf Geschichtlichkeit – nicht in erster Linie und platterdings auf Substanz oder Form. Diese sind allerdings als Träger der Denkmaleigenschaft unverzichtbar. So formuliert denn auch Tilmann Breuer: »Der materielle Gegenstand ist nichts; erst dadurch, dass bewusst gemacht wird, welche Botschaft er auf welche Weise in die Gegenwart trägt, wird er zum Denkmal«[8] und unterstreicht damit, dass wir selbst es sind, die die Denkmale »machen«, indem wir etwas in ihnen sehen, indem wir mit ihnen und über sie kommunizieren.

Auch dieses Verständnis enthebt den Denkmalpfleger nicht der Notwendigkeit, im jeweiligen konkreten Fall eigene Entscheidungen zu treffen und Wertungen vorzunehmen, ja es unterstreicht sie. Die entscheidende Ausgangsfrage ist: Worin liegt für uns der Denkmalwert eines Objektes? Geht es uns beispielsweise um den künstlerischen Wert eines Objektes, so erfordert dies eine Handlungsweise, die die ästhetischen Qualitäten erhält. Da kann auch eine Rekonstruktion (im Sinne der Burra Charter[9]) gerechtfertigt sein. Ein Beispiel ist Le Corbusiers Villa Savoye in Poissy, deren Substanz erbärmlich verkommen war, ehe sie bis 1997 auf ihren Ursprungszustand zurückgeführt wurde. Ähnliches gilt, wenn es um die Verständlichkeit von Inhalten und Zusammenhängen geht: Hierin liegt beispielsweise die denkmaltheoretische Legitimation für die Rekonstruktion des Wachturms im Mauerdenkmal in der Bernauer Straße durch Aufrichtung eines baugleichen Ersatzes für den 1990 abhandengekommenen Turm, war doch nur so der entscheidende Aspekt zu veranschaulichen, dass die Grenze erst durch die Überwachung und den Schießbefehl der Grenztruppen zur tödlichen Grenze wurde.

Aber es gibt auch Objekte, bei denen der unmittelbare, eigene Zeugniswert im Mittelpunkt steht, den die Substanz bietet: Hier geht es um die Geschichte(n), die das Objekt erzählt. Das reicht von der forensischen Evidenz, also dem eher nüchternen Wert als Beweismittel, bis zur Emotionalität, die im Vis-à-vis mit dem Echten, Unverfälschten, wenn auch Ruinösen liegt, das wir als unbelebten Augenzeugen von bewegenden Momenten begreifen: den Ort und die Szenerie von zurückliegenden, aber historisch bedeutsamen und insbesondere auch emotional berührenden Ereignissen.

Die Mulberry Harbours – riesige künstliche Häfen, die die Alliierten im Meer vor der Invasionsfront an der Normandie anlegten, um den unabdingbaren Nachschub der angreifenden Truppen zu sichern – sind ein Beispiel für solche Strukturen. Natürlich sahen die Caissons der Mulberry Harbours am Tag der Invasion, am 6. Juni 1944, gänzlich anders aus als ihre heutigen Fragmente und Reste. Dennoch wäre nichts zu gewinnen, würde man sie auf diesen Zustand zurück restaurieren – denn dies würde das auf Neuwert getrimmte Objekt von dem inzwischen weit in der Vergangenheit liegenden historischen Ereignis trennen, sich der Erinnerung in den Weg stellen. Dasselbe gilt für die Baracken im Vernichtungslager Birkenau.

Von den Holzbaracken sind heute nur die aus Ziegeln gemauerten Bestandteile erhalten, vor allem deren Kamine. Doch der entsprechend vorinformierte Betrachter, der sich intellektuell und emotional auf die Situation einlässt, vermag die Ruinenlandschaft mit der Vorstellung der Menschen zu füllen, die hier vor über sechs Jahrzehnten gequält und ermordet wurden. Eine Rekonstruktion der Holzbaracken würde die jeweils eigene, individuell zu leistende Seelenarbeit, sich in die Situation hineinzuversetzen, blockieren.

Bei der Berliner Mauer sprechen die Verfallsspuren nicht nur von der Geschichtlichkeit des Objektes, sie sind geradezu Teil der Denkmaleigenschaft, belegen sie doch die Überwindung der Mauer durch eine friedliche Revolution; eine Überwindung, die sich – wie 200 Jahre zuvor beim Sturm auf die Bastille – in der Schleifung der Zwingburg manifestieren musste. Solche Ruinen stellen eigene Anforderungen an die denkmalpflegerische Herangehensweise, denn anders als bei *Locke's socks* geht es nicht darum, sie in ihrer ursprünglichen Funktion immer weiter zu nutzen und anzupassen. Es geht vielmehr um das anschauliche Nachvollziehen des Geschichtlichen, und zu dieser Nachvollziehbarkeit tragen die Spuren der Zerstörung und die Spuren der vergangenen Zeit bei.

Der objektive und emotionale Zeugniswert, der gerade auch in den Zerstörungs- und Verfallsspuren solcher Objekte liegt, erfordert und begründet auch Verfahren der Dokumentation und der Substanzerhaltung, die auf die hier vorliegenden Charakteristika der *cultural significance* abgestimmt sind. Das verformungsgetreue, porträtierende Bauaufmaß von Johannes Cramer trägt dieser emotionalen Qualität der baulichen Reste Rechnung: Dadurch, dass die Dokumentation der Mauer dieselben Maßstäbe anwendet wie bei einer Bauaufnahme in Olympia oder

Baalbek, wird den ruinenhaften Resten der Berliner Mauer implizit derselbe Rang zuerkannt wie diesen archäologischen Monumenten.[10]

Was kann man an Leitlinien für den praktischen Umgang mit den ruinösen Abschnitten der Berliner Mauer geben? Ruskin gibt dazu folgende Hinweise:

Bewacht ein altes Gebäude mit ängstlicher Sorge, zählt seine Steine wie die Juwelen einer Krone; stellt Wachen um es auf wie an den Toren einer belagerten Stadt. Gürtet es mit eisernen Ringen wo es auseinander geht; stützt es mit einem Balken wo es sich neigt. Macht euch nichts aus der Unansehnlichkeit dieser Hilfen: besser eine Krücke als ein verlorenes Glied. Tut all das mit Zärtlichkeit und Respekt und ohne Unterlass, und noch manche Generation wird in seinem Schatten aufwachsen, leben und vergehen. Sein letzter Tag muss einmal kommen, aber lasst ihn eindeutig und klar sein und ohne die Verfälschung durch unredlichen Ersatz – lasst dem alten Gebäude die letzte Ehre der unverfälschten Erinnerung.[11]

Abb. 2 – Ruinen der Baracken im Vernichtungslager Birkenau, 2002

Solche »Krücken« sind immer wieder mit Erfolg eingesetzt worden, wie das Beispiel der Stadtmauer von Visby in Schweden zeigt, an der verschiedene Bereiche, die vom Einsturz bedroht wären, seit langer Zeit durch speziell geformte Eisenträger abgestützt werden. Aber in der Praxis ist immer wieder aufs Neue zu fragen, wie der jeweilige Denkmalwert am besten zu bewahren ist und durch welche lebensverlängernde Maßnahme – oder Kombination verschiedener Maßnahmen – er am wenigsten beeinträchtigt wird.

Ein letzter Gedanke zum Schluss. Wie auch immer wir mit einem Denkmal umgehen – ob als Jünger von Viollet-le-Duc oder von Ruskin oder als Vertreter einer weiterentwickelten, werteorientierten (»value-based«) Denkmalpflege[12] – unsere Spuren, unsere Zeitschicht hinterlassen wir in jedem Fall: in dem Sinne, dass eine spätere Zeit ablesen kann, wie wir zu dem Objekt standen, was es uns bedeutet hat, welche Qualitäten wir in ihm gesehen haben, was wir verstanden und was wir nicht verstanden haben. Auch die Verweigerung von jeglicher Handlung wäre eine solche Zeitschicht; sie hinterließe Verlust aufgrund von Nichtachtung – so wie es mit den Mauerresten außerhalb der geschützten Reservate jetzt passiert.

Der Unterschied einer Herangehensweise, die allein lebensverlängernd wirken soll, zur Methode von Viollet-le-Duc liegt vor allem darin, dass wir uns darüber klar sind, dass wir eine neue Schicht hinzufügen, und es so tun, dass die Nachkommen deutlich unterscheiden können, was der historisch wertvolle Bestand und was die hinzugefügte Schicht ist.

Bildnachweise

Abbildung 1: Inschriften an den Strebepfeilern des Doms von Halberstadt, 2009, Leo Schmidt
Abbildung 2: Ruinen der Baracken im Vernichtungslager Birkenau, 2002, Leo Schmidt

Anmerkungen

1 Eugène-Emmanuel Viollet-le-Duc: Dictionnaire raisonné de l'architecture française. Paris 1854–1868, s. v. »Restauration«.

2 The Australia ICOMOS Charter for the Conservation of Places of Cultural Significance, 1999 (Burra Charter), Article 1.7.

3 Ernsthaftere Philosophen bevorzugen das Schiff des Theseus als Beispiel für dieselbe Fragestellung.

4 Carcassonne »is of exceptional importance by virtue of the restoration work carried out in the second half of the 19th century by Viollet-le-Duc, which had a profound influence on subsequent developments in conservation principles and practice.« – siehe hierzu im Internet:. http://whc.unesco.org/en/list/345.

5 John Ruskin: The Seven Lamps of Architecture, London 1849.

6 Ebenda.

7 Burra Charter, Article 1.4.

8 Tilmann Breuer: Erfassen und Dokumentieren: Wissenschaftliche Methoden zur wertenden Darstellung geschichtlicher Überlieferung; in: Erfassen und Dokumentieren im Denkmalschutz (Schriftenreihe des Deutschen Nationalkomitees für Denkmalschutz, Bd. 16), Bonn 1982, S. 13.

9 »Reconstruction means returning a place to a known earlier state and is distinguished from restoration by the introduction of new material into the fabric.«, siehe hierzu: Burra Charter, Article 1.8.

10 Johannes Cramer: Bauforschung an der »Berliner Mauer«; in: Tagung »Mauer und Grenze – Denkmal und Gedenken« (Schriftenreihe des Deutschen Nationalkomitees für Denkmalschutz, 76/2) Bonn 2009.

11 John Ruskin: The Seven Lamps of Architecture, London 1849.

12 Siehe hierzu: Kate Clark: Informed Conservation. Understanding Historic Buildings and their Landscapes for Conservation, English Heritage, London 2001.

Werner Koch

Zur Akzeptanz gealterter Architekturoberflächen

Eine Kurzbetrachtung aus restauratorischer Sicht

Architekturoberflächen stehen im kausalen Zusammenhang mit dem gebauten Raum und damit in einer Wechselbeziehung mit dessen materiellen, technischen, ökonomischen und ästhetischen Implikationen. Architekturoberflächen sind daher nicht nur funktionale, tektonische oder baukünstlerisch gestaltete Oberflächen, sondern auch Bedeutungsträger in einer Raum-Zeit-Beziehung, die Transformationen unterliegen und daher nur historisch interpretierbar sind. So gesehen, sind sie als Zeitschichten eines Gebäudes zu verstehen, die per se Primärdokumente eines strukturell organisierten Ganzen repräsentieren und aus materiellen und ideellen Teilen zusammengefügt sind. Auf diese zeitdokumentarische Bedeutung nimmt auch die Charta von Venedig Bezug, in der postuliert wird, dass »[d]er Anteil jeder Zeit am Entstehen eines Baudenkmals [...] respektiert werden«[1] muss.

Auch wenn der Respekt einer »Sache« gegenüber deren rücksichtsvollen Umgang beinhaltet, so kann daraus nicht zwingend eine gesellschaftliche Akzeptanz zur Erhaltung dieser »Sache« abgeleitet werden. Übertragen auf gealterte Architekturoberflächen setzt diese Akzeptanz eine bewusste Beurteilung des Objektes anhand subjektiver Wertmaßstäbe voraus, die im gesellschaftlichen Kontext verankert sein müssen. Denn nur aus der bewussten Erkenntnis und dem positiven Verstehen subjektiver Erhaltungsmaximen kann eine Anerkennung als gültige Forderung abgeleitet werden.

Historisch gesehen, beschreibt die europäische Denkmalpflegegeschichte des 19. Jahrhunderts diesen Prozess als eine geradezu kontroverse, dialektische Entwicklung, die in diesem Zusammenhang jedoch nur andeutungsweise skizziert werden soll.

Auf der einen Seite verkörperte der französische Architekt und Kunsthistoriker Eugène Emmanuel Viollet-le-Duc (1814–1879)[2] als Protagonist der französischen Denkmalpflege in seinem Ansatz zur Denkmalerhaltung eine Restaurierungsauffassung, auch wenn er in den 1840er Jahren durchaus noch subtile Substanzsicherung propagierte, die zunehmend im Sinne einer reinen Stilinterpretation von der Wiedergewinnung eines Baudenkmals und damit von einer Vollständigkeit ausging, die ursprünglich wohl nie existiert hatte. Die Reparatur und stilgerechte Restaurierung als bewahrender Ansatz aller Zeitschichten wurden von ihm zunehmend als Verfälschung angesehen, die der ursprünglich ideellen und künstlerischen Intention des Bauwerks widersprachen. Die »Restaurierung« verkam so zur Wiedergewinnung des reinen Stils.

Wie auch Leo Schmidt in seinem Beitrag in diesem Band darstellt, fungierte als Antagonist auf der anderen Seite der englische Schriftsteller, Kunsthistoriker und Kulturphilosoph John Ruskin (1819 – 1900), der mit seinen Schriften[3] nicht nur die Architekturtheorie seiner Zeit beeinflusste, sondern auch die Wiederherstellungspraxis dieser Zeit »als die schlimmste Art der Zerstörung von Bauwerken«[4] geißelte.

Neither by the public, nor by those who have the care of public monuments, is the true meaning of the word restoration understood. It means the most total destruction which a building can suffer: a destruction out of which no remnants can be gathered: a destruction accompanied with false despriction of the thing destroyed. Do not let us deceive ourselves in this important matter; it is impossible, as impossible as to raise the dead, to restore anything that ever been great or beautiful in architecture (...).[5]

Ruskin forderte die Akzeptanz des Bauwerks in seiner überlieferten Gesamtheit, was nicht nur die baulichen Veränderungen unterschiedlicher Zeitschichten betraf, er postulierte auch die Erhaltung oder, anders ausgedrückt, die Akzeptanz gealterter Oberflächen.

Denn der größte Ruhm eines Bauwerks liegt thatsächlich nicht in seinen Steinen ..., sondern in seinem Al-

Abb. 1 – Marienkirche Gransee, 13. Jahrhundert, Teilansicht der Nordfassade mit Feldstein- und Ziegelmauerwerk, 2008

ter ... deren Zeugen die Mauern waren, welche lange von den Wogen der Menschheit umspült wurden. In dieser zeitüberdauernden Zeugenschaft gegenüber den Menschen, ... in diesem goldenen Zeitenstrom haben wir das wirkliche Leuchten, den Farbenschimmer und die Kostbarkeit der Baukunst zu erkennen ...[6]

Dazu zählte er auch die Patina als materialisierte Form von Alterungsvorgängen. Brachert spricht in dem Zusammenhang, die Metamorphosen des Ovid zitierend, vom Wandel der Materie. Denn nichts »verbleibt in derselben Gestalt und die Veränderung liebend schafft die Natur stets neu[es]«.[7]

Diese Vanitas-Vorstellung, die das Vergangene und Vergehende beschreibt, implizierte für Ruskin die ideelle Ebene der Alterung, die er als natürlichen und damit integrativen Bestandteil eines Bauwerks verstand.

Die dialektische Synthese dieser denkmalgeschichtlichen Entwicklung führte direkt zur Georg Dehio'schen Losung von 1905: »Konservieren, statt restaurieren« und »Man konserviere, solange es irgend geht, und erst in letzter Not frage man sich, ob man restaurieren will«.[8] Er machte den Historismus des 19. Jahrhunderts für diese Entwicklung verantwortlich. Denn nur die Denkmale selbst stellen für ihn unverfälschte, historische Zeugnisse dar, und verklärende »Restaurationen« verändern diese unwiderruflich oder zerstören sie gar. Als Zeitgenosse von Dehio nahm auch der österreichische Kunsthistoriker und Denkmalpfleger Alois Riegl (1858 – 1905) in seinen Schriften[9] an diesen Grundsatzdiskussionen teil und führte mit dem Begriff des »Denkmalwertes« neue Positionsbeschreibungen ein. Speziell der »Alterswert«, der im Fokus des von ihm neu konzipierten, modernen Denkmalkultus stand, bildete zusammen mit dem »historischen Wert« die Erinnerungswerte, die er zwingend als eine der Grundlagen aller Erhaltungsmaßnahmen forderte.

Vor diesem Hintergrund berücksichtigt der Erhaltungsansatz heutiger Prägung den gesamten materiellen und technologischen Bestand an Architekturoberflächen. Das bezieht sich sowohl auf Mauerwerke, Putze und historische Architekturfassungen als auch auf die Folgeerscheinungen und Schadbilder klimatisch bedingter Verwitterung. Natürlich zählen dazu auch die »Substanzveränderungen« durch Kriege und deren Folgeerscheinungen und die willkürlichen Eingriffe in den historischen Bestand. Aber auch mangelnde Pflege, Vernachlässigung, wiederherstellende Sanierungen und nicht zuletzt auch unsensible restauratorische Maßnahmen können hier fast schon als die »Duplizität der Ereignisse« der oben beschriebenen Denkmaldebatte des 19. und frühen 20. Jahrhunderts angesehen werden.

Obwohl der heutige Zeitgeist dazu immer wieder divergierende Auswirkungen aufzeigt, werden hier vergleichbare, restaurative Strukturen als emotionale Kompensation historisch bedingter Verluste deutlich

sichtbar. So prägen, neben den Instandsetzungs- und Reparaturmaßnahmen und der Konservierung und Restaurierung historischer Baudenkmale und deren Oberflächen, die Diskussionen über die Wiedergewinnung ganzer Gebäude und Gebäudeensembles der Baugeschichte die aktuelle gesellschaftliche Debatte. Und leider finden diese Diskussionen immer häufiger ihren ganz praktischen Niederschlag in Form von hypothetischen Rekonstruktionen und »historisierenden« Neubauten.

Ob und inwieweit die Konservierung und Restaurierung in der Baudenkmalpflege, speziell bei der Erhaltung von Architekturoberflächen als Teil eines komplexen Ganzen, hier einen Lösungsansatz bieten kann, ohne letztendlich zum kompromissbereiten Erfüllungsgehilfen bestehender Zeitströmungen zu werden, kann nur als immerwährend neue, objektspezifische Gratwanderung beschrieben werden, um konsequent individuelle Lösungsansätze und Einzelfalllösungen zu finden. Eine Pauschalisierung oder gar Generalisierung der Erhaltungskonzepte, Methoden und Materialien kann und darf es daher nicht geben.

Die Restaurierung soll nach Cesare Brandi »… danach streben, die potentielle Einheit des Kunstwerks [hierzu müssen natürlich auch Architekturoberflächen gezählt werden] wieder herzustellen, sofern dies möglich ist, ohne eine künstlerische oder historische Fälschung zu begehen und ohne die vielfältigen Spuren der Zeit am Kunstwerk zu tilgen«.[10] Doch wie verhält es sich in der Praxis mit diesem Postulat? Die Vielzahl konservatorischer Maßnahmen, Materialien und Technologien für den substanziellen Erhalt reicht dafür meist nicht aus.[11] Und die restauratorischen Ergänzungen zur Wiedererlangung wie zur Wiederablesbarkeit ursprünglicher Gestaltungsideen sind auch nur als Teilaspekte in der Lage, diese Fragen eindeutig zu beantworten.

Einen möglichen Weg beschreibt die Erhaltungsmaxime als prozesshafter Kompromiss, um die Brandi'sche Dialektik von »ästhetischer und historischer Instanz« im Gleichgewicht zu halten, zumal ein Baudenkmal nutzungsbedingt meist divergierenden Anforderungen ausgesetzt ist. Im denkmalpflegerischen Plädoyer zur ergänzenden Wiederherstellung des Neuen Museums in Berlin wurde z.B. versucht, diesen Konflikt bereits im Vorfeld der Planungen so weit zu entzerren, dass als eine der Alternativen »der Umfang der angestrebten Nutzung eindeutig auf die vorhandenen Möglichkeiten der Unterbringung eingegrenzt«[12] werden sollte. Das heißt, für die kriegszerstörte und nachkriegsvernachlässigte Ruine des Neuen Museums ist bereits vor Beginn der Restaurierungs- und Instandsetzungsarbeiten der zu findende konservatorische/restauratorische Lösungsweg wie folgt vorformuliert worden:

Abb. 2 – Neues Museum Berlin, 19. Jahrhundert, Fassadenausschnitt im konservierten und teilrestaurierten Zustand, 2008

Wesentlicher Leitsatz … ist der Erhalt der Original-substanz, und zwar aller Bedeutungsebenen, kulturell wie geschichtlich. Dem Wert des … Originals kommt dabei eine überragende Bedeutung zu. … (D)er durch die Zerstörung hervorgerufene Zustand an sich [ist] schon so bedeutungsvoll, dass … ein Gleichgewicht gefunden werden muss, zwischen den Mitteln einer reinen Reparatur, der Konservierung bis hin zur Restaurierung.[13]

Inwieweit diese Forderungen mit der zwischenzeitlich abgeschlossenen Teilerneuerung, Reparatur, Konservierung und Restaurierung des Neuen Museums in Berlin umgesetzt sind, wird wohl erst mit einer zeitlichen Distanz klarer und eindeutiger zu beurteilen sein. Wichtiger aus aktueller Sicht ist allerdings, dass trotz polarisierender und emotionaler Standpunkte bei der Findung eines objektgerechten

Abb. 3 – Haus Behlertstr. 29 in Potsdam, 1925, Fassadenausschnitt mit bauzeitlich erhaltener Architekturoberfläche, 2008

Kompromisses die Baugeschichte und der Alterungsprozess auf der einen und die Nutzeranforderungen auf der anderen Seite immer wieder in den Mittelpunkt der Konzeptfindung, Entscheidung und damit der Instandsetzung gestellt worden sind.

Auch beim denkmalgerechten Umgang mit den Architekturoberflächen des 20. Jahrhunderts, hier speziell etwa an Beispielen aus der Zeit des Neuen Bauens zwischen den beiden Weltkriegen, wird dieser Konflikt deutlich. Die Bedeutung der »Architekturepidermis«, der namhafte Architekten dieser Zeit wie etwa Erich Mendelsohn, Bruno Taut, Mies van der Rohe und Peter Behrends so großes Gewicht beigemessen haben, beschreibt gerade heute die Relevanz der Erhaltung dieser Oberflächen bei der Festschreibung in einem denkmalgerechten Erhaltungskonzept.

Eine zwar sach- und fachgerechte Sanierung nach Befund ohne weitgehende Integration des historischen Bestandes aber, hier speziell die Putzhaut und Putzoberfläche meinend, kann kein konzeptioneller Lösungsansatz sein, zumal der flächige Verlust eines wie auch immer gealterten Putzes den endgültigen und damit irreversiblen Verlust der authentischen Architekturoberfläche bedeutet. Der Münchener Kunsthistoriker und Denkmaltheoretiker Norbert Huse beschreibt die Bedeutung dieses Prozesses im Zuge der Instandsetzung des Einsteinturmes von Erich Mendelsohn in Potsdam als »die Entscheidung, nicht den Trugbildern früherer Zustände nachzujagen, sondern die ganze Geschichte des Turms, einschließlich der Veränderungen und Verluste, zum Thema der Instandsetzung zu machen ...«.[14]

Dass hier nach 1945 ein weiterer Umdenkprozess stattgefunden hat, belegen auch weitere modellhafte Instandsetzungen dieser Zeitepoche und jüngere Forschungsprojekte zum Thema der materialsichtigen Architekturoberflächen. Ein aktuelles, von der Deutschen Bundesstiftung Umwelt (DBU) gefördertes Forschungsprojekt an der Fachhochschule Potsdam beschreibt diese Zielsetzung für die denkmalgerechte Erhaltung von Edel- und Steinputzoberflächen repräsentativer Gebäude und Siedlungsbauten auch unter ökonomischen Bedingungen als »die Entwicklung und Erprobung von Methoden und Verfahren zur Wiederherstellung der mineralischen Oberfläche ... mit ihrer charakteristischen Eigenfarbigkeit und Oberflächenstruktur, die unter Zugrundelegung denkmalpflegerisch-konservatorischer und fachhandwerklicher Ansprüche auch wirtschaftlich vertretbare Lösungen mittels Reparatur des historischen Bestandes«[15] ermöglichen sollen. Übertragen auf die Entwicklung denkmalgerechter Erhaltungsstrategien für die Berliner Mauer(reste) kann das nur heißen, dass einerseits der ideelle Zustand vor und nach dem Mauerfall, also die Mauer als Grenze und damit auch die Überwindung dieser Grenze, genauso berücksichtigt werden muss, wie andererseits alle materiellen Zeitspuren in Form von Sichtbetonoberflächen, Graffiti, Spuren der Mauerspechte, Fehlbeständen und Verwitterungserscheinungen konzeptionell zu integrieren sind. Denn »mit ihrer materiellen Substanz erzählen sie selbst im fragmentierten Zustand noch von den Umständen ihres Zustandekommens und ... [den] Lebensumständen, Wertmaßstäben, Zielen und Beschränkungen«[16] der Menschen dieser Zeit der deutschen Teilung.

Ein besonderes Fallbeispiel hierfür, allerdings mit einem gänzlich anderen konzeptionellen Ansatz, verkörpert die East Side Gallery in Berlin-Friedrichshain. Hier wurden 1990 auf circa 1300 Metern der ehemaligen Hinterlandmauer Bilder von einer Vielzahl nationaler und internationaler Künstler als spontanes Zeitdokument aufgemalt, die keinerlei Ansprüche an die tradierte Material- und Kunsttechnologie einer »klassischen« Wandmalerei stellten. Spontanität und gesellschaftskritische Kreativität als Reaktion auf den historischen Umbruch, den Fall der Mauer, war die Maxime. Denkmalpflegerische, restauratorische oder gar »museale« Forderungen hinsichtlich der zukünftigen Erhaltung sind erst später diskutiert worden und in den Vordergrund getreten. Erste Teilrestaurierungen haben allerdings bereits ab 1992 den Erhaltungskonflikt von authentischem Zeitdo-

kument und marketingorientierten Erhaltungsforderungen aufgezeigt. Um das Jahr 2000 mündete diese Entwicklung in die erste, »reproduzierende Wiedergewinnung« der Malereien, indem auf einem Teilstück von rund 300 Metern der East Side Gallery die Betonsegmente abgestrahlt, neu beschichtet und von den jeweiligen Künstlern »malerisch kopiert« worden sind. 2009 führte dann die zweite Sanierungs-

Abb. 4 – East Side Gallery Berlin, 20. Jahrhundert, Detailansicht mit konservierter Malerei der Erstbemalung von 1990, 2010

maßnahme endgültig zur fast vollflächigen Erneuerung der ursprünglichen Malereien von 1990.

Die Sanierung schreitet voran. Zunächst sind die Presslufthämmer dran. ... Jetzt wird die gesamte Oberfläche beidseitig mit 80° heißem Wasserdampf unter sehr hohem Druck bedampft, alles heruntergeholt, auch die Farbreste. ... Jetzt werden die Löcher, Öffnungen und Zwischenräume von den Segmenten mit Spezialbeton zugeschmiert. Anschließend wird eine elastische Schicht aus Beton und Glasfasern aufgespachtelt, darüber wird zweimal weiß grundiert. Jetzt erst können die Künstler ran und ihre Motive von 1990 an gleicher Stelle wieder auftragen.[17]

Ein konserviertes Bildfeld von 1990 auf zwei Mauersegmenten übernimmt, quasi für den Rest der Bemalung der East Side Gallery, die Funktion des »authentischen Zeitzeugen«. Oder sollte man sarkastischer sagen die des historischen Alibizeugen? Dieser Ansatz eines Sanierungskonzeptes für ein »zweischichtiges« Denkmal (Hinterlandmauer und Bemalung der East Side Gallery) kann aus restauratorischer Sicht keine Handlungsmaxime für die individuelle Erhaltung der übrigen Reste der Berliner Mauer und ihrer überkommenen Oberflächen sein, zumal auch hier »die Bewahrung des Originals und seiner Authentizität (...) als das Leitprinzip der Restaurierungsethik angesehen werden«[18] muss.

Am Ende der kurzen Ausführungen sind wir damit fast wieder am Anfang. Bereits die denkmalgeschichtlichen und denkmalmethodischen Diskussionen des 19., aber auch des 20. Jahrhunderts haben gezeigt, dass es salomonische Lösungen nicht gibt. Bezogen auf die aktuelle Erhaltungsdiskussion von Architekturoberflächen im Allgemeinen oder die »Oberflächen« der Berliner Mauer im Speziellen, kann es daher auch keinen singulären Ansatz mit »klassisch« konservatorischen oder restauratori-

schen Maßnahmen geben. Es muss mit allen am Prozess Beteiligten ein dynamisches Konzept entwickelt werden, das als Näherungswert versucht, den weitgehenden Erhalt in situ für die nähere Zukunft mit konservierenden Sicherungsmaßnahmen und einem begleitenden Monitoring zu gewährleisten. Die Gedenkstätte Berliner Mauer darf bei diesen prozesshaften Überlegungen aber nicht zum modernen »Lapidarium« oder gar zum »Erlebnispark« der Deutschen Teilung verkommen. Entsprechend muss auch gelten, die überkommenen Oberflächen der Berliner Mauerreste als authentische Informationsträger mit allen Zeitschichten und Veränderungen zu erhalten.

Bei diesem die Balance gewährleistenden Lösungsansatz aus objektsensibler Erhaltung und behutsamer Nutzungsanforderung als einem immer wieder zu überprüfenden Prozess sollte der Restaurator im Team der »Kulturguterhalter«, gemäß den europäischen Richtlinien des Berufsstandes, als einer der Partner auf Augenhöhe fungieren.

The fundamental role of the Conservator-Restorer is the preservation of cultural heritage for the benefit of present and future generations. The Conservator-Restorer contributes to the perception, appreciation and understanding of cultural heritage in respect of its environmental context and its significance and physical properties.[19]

Bildnachweise

Abbildung 1: Marienkirche Gransee, 13. Jahrhundert, Teilansicht der Nordfassade mit Feldstein- und Ziegelmauerwerk, 2008, Werner Koch

Abbildung 2: Neues Museum Berlin, 19. Jahrhundert, Fassadenausschnitt im konservierten und teilrestaurierten Zustand, 2008, Werner Koch

Abbildung 3: Haus Behlertstr. 29 in Potsdam, 1925, Fassadenausschnitt mit bauzeitlich erhaltener Architekturoberfläche, 2008, Werner Koch

Abbildung 4: East Side Gallery Berlin, 20. Jahrhundert, Detailansicht mit konservierter Malerei der Erstbemalung von 1990, 2010, Werner Koch.

Anmerkungen

1   Charta von Venedig (1964): Internationale Charta über die Erhaltung und Restaurierung von Kunstdenkmälern und Denkmalgebieten, Art. 1.

2   Zwei wichtige Schriften von Eugène Viollet-le-Duc: Dictionnaire raisonné de l'architecture française du XIe au XVIe siècle, 10 Bände, Paris 1854–1868 und Entretiens sur l'architecture, 2 Bände, Paris 1863–1872.

3   Zwei wichtige Schriften von John Ruskin: The Seven Lamps of Architecture, London 1849 und The Stones of Venice, 3 Bände, London 1851.

4   Wilhelm Schöllermann und John Ruskin: Die sieben Leuchter der Baukunst, 31. Lehrspruch, 1900, S. 363.

5   John Ruskin: The Seven Lamps of Architecture, VI. The Lamp of Memory, 6th edition, Kent 1889, S. 194.

6   Schöllermann, 1900, S. 350 ff.

7   Thomas Brachert: Patina – Von Nutzen und Nachteil der Restaurierung, München 1985, S. 9.

8   Norbert Huse (Hg.): Denkmalpflege – Deutsche Texte aus drei Jahrhunderten, München 1996, S. 142.

9   Siehe hierzu: Alois Riegl: Der moderne Denkmalkultus, Wien 1903 und: Neue Strömungen in der Denkmalpflege, Wien 1905.

10 Cesare Brandi: Theorie der Restaurierung (1963), ICOMOS Hefte des Deutschen Nationalkomitees, XLI, 2006, S. 28.

11 Siehe hierzu: Werner Koch: Die Reparatur als konservatorischer Ansatz bei der Erhaltung von Putz und Architekturoberflächen – Eine Betrachtung vor dem Hintergrund »gängiger« Konservierungsmethoden; in: Jürgen Pursche (Hg.): Historische Architekturoberflächen, ICOMOS, Hefte des Deutschen Nationalkomitees XXXIX, 2003, S. 215 ff.

12 Senatsverwaltung für Stadtentwicklung und Umweltschutz Berlin (Hg.): Das Neue Museum in Berlin, Ein denkmalpflegerisches Plädoyer zur ergänzenden Wiederherstellung, Beiträge zur Denkmalpflege in Berlin, (1994) 1, S. 19.

13 Bundesamt für Bauwesen und Raumordnung Berlin: Neues Museum Berlin, Restauratorisches Leitbild 2003. http://www.wiederaufbauneuesmuseumberlin.de/de/nm_rg_1.html

14 Norbert Huse: Facetten eines Baudenkmals; in: Mendelsohn. Der Einsteinturm, Die Geschichte einer Instandsetzung, Wüstenrotstiftung und K. Krämer Verlag 2000, S. 27.

15 Werner Koch, Bettina Lietz und Sven Wallasch: Edelputze und Steinputze, Materialspezifische Gestaltungen an Putzfassaden des frühen 20. Jahrhunderts mit farbigen Werktrockenmörteln – Geschichte, Materialität und Entwicklung wirtschaftlicher und Substanz schonender Erhaltungstechnologien an repräsentativen Beispielen der Berlin-Brandenburgischen Baukultur, DBU-Forschungsprojekt AZ 26503-45, Projektskizze S. 14.

16 Axel Klausmeier: Was von der Mauer blieb; in: Die Berliner Mauer – Vom Sperrwall zum Denkmal, Schriftenreihe des Deutschen Nationalkomitees für Denkmalschutz, Band 76/1, 2009, S. 168.

17 http://www.eastsidegallery-berlin.de   (Sanierung 2009)

18 Katrin Janis: Restaurierungsethik im Kontext von Wissenschaft und Praxis, München 2005, S. 130.

19 E.C.C.O. (European Confederation of Conservator-Restorers' Organisations) Professional Guidelines, The Profession, Brussels 2002, I. Definition of the Conservator-Restorer.

Volkhard Knigge

Vom Zeugniswert der authentischen Substanz für die Gedenkstättenarbeit

Sachzeugnissen, die aufgrund ihrer Entstehung oder Nutzung auf die dunklen Seiten der deutschen Geschichte, insbesondere den Nationalsozialismus als Regime- und Gesellschaftsverbrechen, hinweisen, Denkmalwert zuzusprechen, ist eine geschichtskulturelle und gesellschaftspolitische Errungenschaft der jüngsten Zeit. Ein entsprechendes Geschichts- und Denkmalsbewusstsein hat sich in der Bundesrepublik breiter erst ab Anfang der 1980er Jahre entwickelt. Bis dahin waren lediglich kleinere Bereiche ehemaliger Konzentrationslager – wie in Dachau – oder der Hinrichtungsort Plötzensee unter Schutz gestellt worden, überwiegend aufgrund außenpolitischen Drucks bzw. internationaler Abkommen, wie der Pariser Verträge.

Ich weise bereits ganz zu Anfang meiner Ausführungen auf diese Vorgeschichte hin, weil über die Entdeckung und Achtung des Zeugniswertes historischer Substanz im Kontext der Auseinandersetzung mit der Geschichte der beiden deutschen Diktaturen ohne Rückbezug auf die jahrzehntelange Missachtung und Zerstörung materialer Zeugnisse der Verbrechensgeschichte NS-Deutschlands nicht angemessen gesprochen werden kann. Über diesen Rückbezug hinaus wird man sich aber auch mindestens zwei eher theoretischen Fragen stellen müssen. Die erste lautet – aufs knappste formuliert – kann man Geschichte sehen? Denn materiale Überlieferungen präsentieren sich zunächst einmal visuell. Ihre Erschließung ist unabdingbar mit ihrer sinnlichen Wahrnehmung verflochten.

Die zweite Frage zielt darüber hinaus auf den spezifischen Quellencharakter materialer historischer Überlieferung, die ihr inhärenten Artikulationsformen des Vergangenen und dementsprechend methodische Verfahren, diese besondere Quellengattung zu erschließen. Mit dieser Frage sind zugleich geschichtsdidaktische und gedenkstättenpädagogische Aufmerksamkeiten angesprochen. Denn authentische Substanz in Gedenkstätten zum Sprechen zu bringen, heißt nicht zuletzt, sie für fach- und geschichtsferne Zeitgenossen verstehbar zu machen.

Ich komme zu meinem ersten Punkt, der Minimierung – bzw. Entsemantisierung – belastender Relikte als Vorgeschichte einer neuen, nach wie vor anhaltenden Aufmerksamkeit in Bezug auf historische Überreste. So unterschiedlich die politischen Systeme und damit die Voraussetzungen für die Herausbildung der jeweiligen Geschichtskulturen und der Gedenkstättenarbeit in West- und Ostdeutschland nach 1945 waren, so sehr fällt doch ein gemeinsamer Zug der Umwandlung nationalsozialistischer Konzentrationslager in Gedenkstätten ins Auge. Selbst dort, wo dieser Prozess relativ früh in Gang kam, wie in Buchenwald bereits ab Anfang der 1950er oder in Dachau ab Ende der 1950er Jahre, bestand der erste Akt des Aufbaus der Gedenkstätten in einer brachialen Entfernung der historischen (Bau-)Substanz, in weitgehender Demontage und Abriss. Mag dieses Vorgehen angesichts des verbreiteten Ableugnens und Beschweigens von Identifikation, Mitverantwortung und Schuld in den ersten Jahrzehnten der postnationalsozialistischen Bundesrepublik noch folgerichtig erscheinen, so muss es für die von Anfang an deklariert antifaschistische DDR besonders irritieren. Karl Straub, ein in Weimar lebender ehemaliger Buchenwald-Häftling und kommunistischer Widerstandskämpfer, hat diese Irritation protestierend 1952 in eindrücklichen Worten zum Ausdruck gebracht:

Welche Erklärung soll man den Tausenden von Menschen geben, um die Existenz dieses Trümmerhaufens [gemeint ist das ehemalige KZ Buchenwald, VK] zu erklären? Wie konnte es möglich sein, daß wichtige Beweismittel des bestialischen Mordes, wie Keule und Leichentransportwagen, Galgen usw. verschwinden oder das Zinkblech aus diesen Leichenwagen herausgeschnitten wurde? Gegen meinen Willen wurde das ehemalige Lager abgebrochen mit Zustimmung unserer eigenen Organe und man darf den westdeutschen Faschisten nicht verübeln, wenn sie das gleiche tun.[1]

Tatsächlich lässt sich Missachtung des Zeugniswertes der authentischen Substanz, lassen sich Zerstörung oder Überformung ehemaliger nationalsozialistischer Lager und Mordstätten sowohl in Ost- wie in Westdeutschland vielfach nachweisen. So fungierte das ehemalige KZ Dachau ab Ende 1948 für über ein Jahrzehnt als Wohnsiedlung Dachau-Ost. Das ehemalige Außenlager des KZ Buchenwald Rehmsdorf – zwischen Gera und Leipzig gelegen, hier wurde Imre Kertész gefangen gehalten – stellt sich noch heute als beschauliche Eigenheimsiedlung dar. Die bauliche Infrastruktur der SS-Bereiche des KZ Flossenbürg ging ein in nivellierende Kleinstadtbebauung. Selbst das Torhaus des Lagers war bis vor wenigen Jahren als Wohnhaus in Nutzung. Auf dem ehemaligen Appellplatz des KZ Niedernhagen/Wewelsburg bei Paderborn befindet sich seit den 1950er Jahren eine Wohnsiedlung für deutsche Flüchtlinge und Vertriebene. Detaillierte Aufstellungen aus den 1950er Jahren geben Auskunft, wohin der überwiegende Teil der baulichen Substanz des KZ Buchenwald verschwunden ist: So gingen 20 000 Mauersteine an die evangelische Kirche in Jena, Kupferrohr an Betriebe im thüringischen Tambach-Dietharz und anderswo, Holzbaracken an die Rote Armee und so weiter und so fort.

Mit der authentischen Substanz verschwanden in Deutschland einerseits Sachzeugnisse, die belastende und beschämende Fragen an die Bevölkerung aufwerfen mussten und die Geschichtsklitterungen und Verleugnungen in Frage stellten. So belegen bereits Überreste baulich-technischer Infrastruktur, wie Überbleibsel von Bushaltestellen, der Bahnverbindung oder von Rüstungswerken, dass zwischen Weimar und Buchenwald keine undurchdringliche, hermetische Grenze verlief. Andererseits diente die Minimierung der Relikte dort, wo aus Lagern Gedenkstätten wurden, aber auch der Maximierung nachträglicher Sinnbildung. Abreißen hieß nicht, einfach verschwinden zu lassen, sondern Abreißen bedeutete, wortwörtlich Raum schaffen für politisch motivierte Interpretationen, die durch die historischen Überreste nicht mehr in Frage gestellt werden konnten. Auf diese Weise wurden beispielsweise das ehemalige KZ Buchenwald und dessen Geschichte – die Gedenkstätte ist bereits 1958 als erstes Nationaldenkmal der DDR eingeweiht worden – der geschichtsteleologisch grundierten historisch-politischen Deutung »durch Sterben und Kämpfen zum Sieg« eingepasst. Anders gesagt, der vom Lager umfassend bereinigte, zugerichtete historische Ort sollte den geschichtsnotwendigen Sieg des Kommunismus über Faschismus und Kapitalismus zum Ausdruck bringen und damit die Existenzberechtigung der demokratisch nicht legitimierten DDR begründen. Dem stand in der Bundesrepublik die Praxis gegenüber, das »Gedächtnis der Dinge« in historisch entkonkretisiertes, vergangenheitsbeschwichtigendes Totengedenken aufzulösen. Bergen-Belsen – ein Friedhof, gestaltet als idealisierte Heidelandschaft. Das Gelände Dachaus – dominiert von einer katholischen »Todesangst Christi«-Kapelle. Flossenbürg – ein Waldfriedhof überwiegend nationaler Märtyrer mit ebenfalls katholischem Fokus wiederum in Gestalt einer Kapelle. Vor diesem Hintergrund machten sich vor allem zivilgesellschaftliche Initiativen ab den 1980er Jahren auf die Suche nach den Resten authentischer Substanz. 1983 fand in Neuengamme einer der ersten Workshops zu dieser Form zeithistorischer Archäologie, faktisch eine Suchgrabung, statt. Denn die Hamburger Senatskanzlei hatte bereits im Oktober 1951 eingestehen müssen, dass der Standort des dortigen Krematoriums nicht mehr feststellbar sei.

Bei diesen Aktivitäten ging es buchstäblich darum, das Gras, das die Nachkriegsgesellschaft über Verbrechen und Tatorte hatte wachsen lassen, abzutragen und der in nichtssagende Verallgemeinerungen – wie etwa dem ubiquitären »Allen Opfern von Krieg und Gewaltherrschaft« – verdampften Geschichte ihre konkreten Schauplätze »… mitten im deutschen Volke« (Jean Amery) zurückzugeben. An die Stelle der Minimierung der Relikte trat sukzessive die Maximierung der Relikte zur Minimierung – bzw. Dekonstruktion – nachträglicher, entstellender Sinnbildungen. Bis dahin Verworfenes galt nun als historische Spur und Zeugnis, galt als Sachbeweis bzw., mit Johann Gustav Droysen, als Denkmal aus der Zeit, und – gerade daher – als Stachel gegen eingetrübtes Geschichtsbewusstsein. In dieser Geschichte gründet das Pathos des Authentischen, das seitdem den Überresten der deutschen Gewaltgeschichte anhaftet; ein Pathos historischer Unmittelbarkeit und Wahrhaftigkeit, das seine Kraft und Legitimität aus dem Aufbrechen artifizieller historischer Erinnerung, entwirklichender Gedenkformeln, schönfärberischer Deutungen und damit verbundener voreiliger Beruhigung und falschem Frieden zieht. In diesem, historisch rückzubindenden Pathos liegt die Stärke des mit der historischen Substanz verbundenen Authentizitätsbegriffs ebenso wie dessen Problematik.

Damit komme ich zu meinem zweiten Punkt, der Frage, ob man Geschichte sehen kann. Ließe sich Geschichte tatsächlich sehen, wäre sie also als solche anschaulich, böten historische Überreste neben anderen visuellen Quellen gewiss die unmittelbarsten Zugänge zur Geschichte. Die Gewahrwerdung authentischer Substanz käme einer Zeitmaschine gleich, die Betrachter direkt in die Vergangenheit hineinversetzte. Geschichte ist aber abwesend und unanschaulich. Sie ist nicht empirisch gegebene Evidenz, sondern methodische und begriffliche Konstruktion.

Das, was Geschichte antreibt und hervorbringt, ist nicht identisch mit ihrer Oberfläche, sage man, mit den Schauseiten der Begebenheiten. Im Gegenteil, die Schauseite der Geschichte kann den Blick auf Wesentliches versperren, und nicht alle Elemente der Geschichte, nicht alle Ereignisse, Vorgänge oder Entscheidungen hinterlassen visuelle Spuren. »So sieht also Weltgeschichte in der Nähe aus; man sieht nichts«, konstatiert Robert Musil 1922, zu Beginn des visuellen Zeitalters, im Rückblick auf den Ersten Weltkrieg.[2]

Johann Gustav Droysen, dem wir nicht nur den Begriff des Denkmals *aus* der Zeit – im Gegensatz zu nachträglich errichteten Denkmalen *an* die Zeit – verdanken, sondern auch den des Überrests, hat das sich hier abzeichnende Problem gleichsam in quellenkritischer Perspektive vorweggenommen:

Die Dinge werden stets um so unsicherer, je detaillierter sie sind; oder besser gesagt, nicht in dem Detail und in der Anschaulichkeit des Details liegt die Wahrheit der Dinge.[3]

Wir sollten solche Hinweise, gerade wenn wir historische Sachüberlieferungen wertschätzen, sehr ernst nehmen. Denn selbst noch die authentischste Substanz ist zunächst nichts anderes als ein Detail, in der Praxis oft genug dazu noch ein Detail buchstäblich im Zustand des Bruchstücks, des Fragments. Zu seiner Paradoxie gehört, dass es gerade durch sein Vorhandensein zugleich auf ein umfassendes Nichtvorhandensein, auf eine umfassende Abwesenheit verweist. In den in allen Gedenkstätten anzutreffenden Besuchern, die noch an jedem Türgriff rütteln, die noch durch jeden Türspalt, durch jedes Fenster spähen wollen, sollte man deshalb nicht nur Akteure ungenierter Sensationslust am Grauen sehen, sondern man muss womöglich ihr Tun mehr noch als Ausagieren eines sprachlosen Zorns verstehen, eines Zorns

auf Geschichte, die sich selbst an den sogenannten authentischen Orten den Blicken weitgehend entzieht. Wer, wie es ein Lehrer in Buchenwald nach dem Gang durch das Lagertor tat, seinen Schülern ankündigt: »Jetzt zeige ich euch die Geschichte live«, führt Menschen in die Irre. Folgt daraus, dass auch die authentischste Substanz nicht mehr ist als eine dürftige Kulisse, ein Lockversprechen, mit dem man Besucherzahlen hoch hält, ein formales Alleinstellungsmerkmal, um Gedenkstätten am authentischen Ort von nachträglich an arbiträren Orten errichteten Denkmalen oder Memorialmuseen zu unterscheiden und attraktiv zu machen? Immerhin hat sich die Redeweise von den authentischen Orten erst im Kontext der Debatten um das Denkmal für die ermordeten Juden Europas in Berlin fest etabliert.

Wie kommen wir nun aus dem Dilemma prinzipiell nicht sichtbarer Geschichte einerseits und dem Vorhandensein sichtbarer, materialer Zeugnisse andererseits heraus; Zeugnisse zumal, deren Vorhandensein für die Entscheidung der meisten Menschen, eine Gedenkstätte zu besuchen, von erheblicher, wenn nicht ausschlaggebender Bedeutung ist. Mein Vorschlag wäre, und so sind wir in Buchenwald und Mittelbau-Dora verfahren, sie als sinnlich erfahrbare, zugleich aber auch kognitiv aufzuschließende Vermittler zwischen dem historisch Wissbaren auf der einen Seite und historischer Vorstellungskraft auf der anderen Seite zu begreifen und zu behandeln. In einer solchen Perspektive erwiese sich authentische Substanz sowohl als historische Quelle wie auch als Medium der Vermittlung und Aneignung von Geschichte. Einer solchen Verbindung von Kognitivem – dem Überrest als Quelle – und Imaginativem – dem Überrest als Ausgangspunkt von Vorstellungsbildern, Mutmaßungen oder Fragen – kommt dabei besonderer bildender Wert zu: Ohne Entwicklung und Gebrauch eigener historischer Vorstellungskraft gewinnt historisches Wissen keine subjektverbundene Relevanz. Ohne sie bleibt es knöchern, ein Gerippe ohne Plastizität, immer in Gefahr, zu scholastischem Positivismus herabzukommen.

Allerdings spricht und wirkt authentische Substanz als solche nur begrenzt, ja, sie kann sogar täuschen. Was sich zeigt, erklärt sich noch nicht, und die Phantasien und Vorstellungsbilder, die es in Gang setzt, können weit an dem vorbeigehen, was man über Geschichte mit Anspruch auf Geltung, also auf methodische Vernunft gegründet, sagen kann. Anders gesagt, authentische Substanz kann auf den ersten Blick neugierig machen und Interesse wecken, aber sie ist allenfalls in Maßen selbstevident. Wäre das nicht so, müssten wir selbst den Sachzeugnissen von Verbrechens- oder Unrechtshandlungen – dem rostenden Stacheldraht eines Lagerzauns, den banalen Holzlatten einer Häftlingsbaracke, den Betonplatten eines Postenweges und ähnlichem mehr – ontologische Qualität zusprechen. Das erscheint mir jedoch nicht nur wissenschaftlich schief, sondern auch wie eine nachträglich veredelnde Substanzmagie, die mehr mit politischer Religion als mit historischer Aufklärung und kritischer Selbstreflexion zu tun hat. Darüber hinaus zeichnet sich die bauliche Substanz der Lager, sieht man von eigens für Torturen geschaffenen Baulichkeiten wie Stehzellen, spezifischen Vorrichtungen wie Gaskammern und Krematorien oder besonders primitiven Baracken ab, durch visuelle Indifferenz aus. Nicht Bauart und Erscheinung machen häufig genug den Unterschied, sondern Funktion und Nutzung. So ist die – erhaltene – Effektenkammer des KZ Buchenwald ein moderner Stahlbetonbau, der sich von industriellen Lagerhallen nicht unterscheidet. Der bloße Augenschein führt hier in die Irre, muss durch Analysen der Funktion und des Funktionswandels des Gebäudetyps korrigiert und substantiiert werden.

Die authentische Substanz spricht, wie gesagt, nicht von selbst, aber sie verweist, und sie kann als historischer Verweis, sie kann als Spur lesbar gemacht werden. Als Spur macht sie zunächst aufmerksam auf den Ort, an dem sie sich befindet. Sie macht ihn ersichtlich zum historischen Ort, zum Ort, an dem Geschichte sich ereignet bzw. einen Ausdruck gefunden hat. Sie unterscheidet diesen Ort damit sowohl von der Gegenwart wie von der Alltagswelt. Sie schafft Abstand und fokussiert auf das andere der Geschichte und damit auf besondere Erfahrungs- und Lernpotentiale. Die authentische Substanz verweist aber zugleich auch auf zwei Zeitebenen: Aus der Vergangenheit überkommen und in der Gegenwart handgreiflich präsent, setzt sie beide Zeitebenen brückengleich in Beziehung. Dass eine Gegenwart sie erhält und wie sie sie erhält, wird dabei ebenso erklärungsbedürftig wie all das, was sie hervorgebracht hat und wofür sie spolienhaft steht. Authentische Substanz als historische Spur lesbar zu machen, heißt nicht nur die genaue Untersuchung der Artefakte, sondern auch, sie mit Hilfe weiterer Quellen historisch zu rekontextualisieren. Der erste Schritt dazu ist ihre sorgfältige materiale Erschließung, die Erschließung ihres Zustandes im Augenblick ihrer Auffindung, ihre Sicherung als Abdruck gleichsam gefrorener Zeit bzw. von Zeitschichten. Ich erinnere gut eine Kinderwiege, die Gedenkstättenmitarbeiter in den 1990er Jahren im Sperrmüll an einer Straße in Weimar fanden: Gefertigt worden war sie in den Deutschen Ausrüstungswerken der SS im KZ Buchenwald, wie an ihrer Form, an auf die SS verweisenden Zierelementen und anderem erkennbar wurde. Nach 1945 war sie ganz ohne Zweifel weitergenutzt worden, und zwar für lange Zeit, sonst hätte sie sich nicht erst über fünfzig Jahre nach Kriegsende an jenem Straßenrand befunden, zudem mit Aufklebern geschmückt, wie sie manchen Süßigkeiten westlicher Produktion in den 1990er

Jahren beigegeben waren. Zur Rekontextualisierung gehört grundsätzlich die Erschließung der Überreste nach dem Provenienzprinzip: Entstehung, Funktion, Gebrauch, Umbildung, Funktionswandel, Überlieferung sind Fragen, denen nachzugehen ist, wenn authentische Substanz sprechen soll. Das dabei zutage Geförderte verweist auf weitere Kontexte: politische, soziale, kulturelle, verdeutlicht Interessen, Absichten, Werte, Mentalitäten, Handlungen und Handlungsfolgen, macht in unserem Zusammenhang zwingend auf brachiale Herrschaft und daraus resultierendes Leid aufmerksam, von Fall zu Fall zudem auch auf Selbstbehauptung und Widerstand. Authentische Substanz als historische Spur lesbar zu machen, heißt vor diesem Hintergrund, die ihr als Quelle abgerungenen Nachrichten über Vergangenheit an diesen Spuren und mit ihrer Hilfe zu kommunizieren. Die Mittel dafür reichen von der Exponatbeschriftung bis hin zu audiovisuellen Medien. Entscheidend ist allein, authentische Substanz nicht aufs Illustrative zu reduzieren oder für – politische – Inszenierungen zu missbrauchen. Deutungen, begründet erzählbare Geschichten müssen in jedem Fall von den Überresten ausgehen, auch wenn sie diese notwendig überschreiten. Authentische Substanz hingegen in vorgefertigte Deutungen oder Narrative funktional einzupassen, sie inszenatorisch zu missbrauchen, heißt nichts anderes, als Quellen ihr Vetorecht zu nehmen.

Arbeitet man so, lassen sich Authentizitätsvorstellungen im Sinne unangetasteter, geschichtlichen Entwicklungen gleichsam entzogener Ursprungsidentität nicht halten. Nicht der Rückbezug oder die Wiedergewinnung eines absoluten Ursprungs- bzw. Originalzustands ist unter dem Gesichtspunkt spurenlesender historischer Aufklärung von ausschlaggebender Bedeutung – das gilt auch in konservatorischer oder restauratorischer Perspektive –, sondern die gegenwartsrelevante Entzifferung der Spuren,

ihrer Abfolgen, Verschichtungen oder Überlagerungen. Eindimensionale Ursprungsidentität ist eine nachträgliche Konstruktion unter Auslassung von Nachgeschichten. Historisches ist zwangsläufig verschichtet und überdeterminiert. Das ist kein Nachteil, vielmehr ein Vorteil in Hinsicht auf Erkenntnismöglichkeiten und Erkenntnisgewinne, man denke an den mehrfachen Zeugniswert der SS-Kinderwiege als Gegenstand nationalsozialistisch-elitärer Selbstinszenierung wie auch bedenkenloser oder geschichtsblinder Nachnutzung bis in die Gegenwart. Bedeutung und Gewicht der einzelnen Spuren ergeben sich allerdings nicht nur aus der Qualität der Überlieferung, sondern auch aus erkenntnisleitenden Fragestellungen, ihrer Gegenwartsrelevanz und Zukunftsbedeutung sowohl unter faktischen wie normativen Gesichtspunkten. Überreste der innerdeutschen Grenze und des damit verbundenen gewalttätigen Grenzregimes aus der Perspektive bürger- und menschenrechtlicher, essentiell demokratischer Orientierungen und Zielsetzungen zu befragen, führt notwendig zu anderen Ergebnissen als deren Befragung aus gegenläufiger, affirmativer Sicht. »Mauer« etwa steht für etwas anderes als »Antifaschistischer Schutzwall«.

Fazit: Auch in dieser Hinsicht ist authentische Substanz weder eindimensional noch spricht sie von selbst. Erkenntnisinteressen, Fragestellungen, Relevanzbestimmungen, moralische und ethische Horizonte gehen in die Bedeutung mit ein und sind deshalb eigens zu begründen.

Entzifferung und Rekontextualisierung historischer Überreste in diesem Sinn bremsen historische Vorstellungskraft aber nicht aus. Sie setzen ihr vielmehr jene Grenzen, die sie von bloßer Fiktion, die sie von sich selbst genießenden Phantasien, anachronistischen Projektionen oder Klischees und Stereotypen unterscheiden. So schaffen sie die Grundlage für die Verknüpfung von historischer Vorstellungs- und historischer Urteilskraft, ohne die reflektiertes, anteilnehmendes Geschichtsbewusstsein nicht denkbar ist.

Entzifferung und Rekontextualisierung sind aber nicht nur Aufgaben der Geschichtswissenschaft bzw. entsprechender Akteure in den wissenschaftlichen Abteilungen von Gedenkstätten – so es sie dort überhaupt gibt – oder anderen Institutionen. Sie sind auch eine gedenkstättenpädagogische Aufgabe und Chance. Gerade weil Geschichte in den Überresten weder anschaulich noch total gegeben ist, gerade weil sinnliche Präsenz und Unanschaulichkeit von Geschichte in authentischer Substanz sich verschneiden, gerade weil die Überreste als Überreste auf Abwesendes verweisen und ihm doch eine gewisse Kontur geben, gerade weil Überreste Vorstellungen und Fragen zugleich anspornen können, eignen sie sich in besonderer Weise für alle Formen forschenden, sinnlich-praktischen Lernens. Historisches Lernen, das human inspirieren, das antitotalitäre Haltungen begründen und festigen, das Mündigkeit und Partizipation fördern, das auf diese Weise zu gelebter demokratischer Kultur beitragen und Menschenrechtsbewusstsein und damit verbundene politische und soziale Verantwortungsbereitschaft ausprägen will, darf solche Merkmale nicht nur als Lernziele behaupten, sondern muss sie auch methodisch bekräftigen und im pädagogischen Prozess zumindest in nuce verwirklichen. Das ist der Ausgangspunkt aller Gedenkstättenpädagogik. Autoritär verordnetes Lernen oder gefühlsinstrumentalisierende Überwältigungspädagogik machen Gedenkstätten als Lernorte in der und für die Demokratie ebenso unglaubwürdig wie unfruchtbar. Forschendes, sinnlich-praktisches Lernen mit Hand, Herz und Verstand hingegen trägt die oben umrissenen Potentiale nicht nur als normative Zielsetzungen, sondern auch als Praxis in sich, und es findet – nicht ausschließlich aber gerade auch – in den historischen Überresten produktive Ausgangspunkte, Lerngegenstände und Leitplanken.

Anmerkungen

1 Karl Straub: Bericht über den Zustand des früheren KZ-Lagers Buchenwald, 30. Januar 1952; in: Stiftungsarchiv Buchenwaldarchiv, Nachlass Straub 2/5; vgl. auch Volkhard Knigge: »Opfer, Tat, Aufstieg«. Vom Konzentrationslager Buchenwald zur Nationalen Gedenkstätte der DDR; in: Volkhard Knigge, Jürgen Maria Pietsch und Thomas Seidel (Hg.): Versteinertes Gedenken – Das Buchenwalder Mahnmal von 1958, Band 1, Leipzig 1997, S. 40.

2 Robert Musil: Das hilflose Europa oder Reise vom Hundertsten ins Tausendste; in: Robert Musil: Gesammelte Werke, Bd. 8: Essays und Reden, hrsg. von Adolf Frisé (zweite verbesserte Auflage), Reinbek bei Hamburg 1981, S. 1075 – 1094, hier S. 1076.

3 Johann Gustav Droysen: Historik, Bd. 1, historischkritische Ausgabe von Peter Leyh, Stuttgart-Bad Canstatt 1977, S. 95.

Teil 2

Beispiele aktueller Denkmalpflegekonzeptionen aus dem In- und Ausland

Die in diesem Teil vorgestellten, bautypologisch höchst unterschiedlichen Beispiele von kultur- bzw. technikgeschichtlich sowie politisch bedeutsamen Baudenkmalen aus dem In- und Ausland zeigen, wie für diese Objekte eine denkmalpflegerisch und konservatorisch mustergültige Konzeption entwickelt wurde.

Das für diese Fälle realisierte Vorgehen und die dabei eingesetzten Maßnahmen geben wesentliche Orientierung für den denkmalpflegerischen Umgang mit der Berliner Mauer.

Andrew Barber

Minimum Intervention Strategies and Presentation ›as found‹

Example of Practice from the National Trust

The decline of the country house as a symbol of the ruling class in England and its rise again as a tourist attraction during the course of the 20th century reflects the immense social and economic changes that have shaped the country over the last 100 years. The National Trust, a private charity set up in 1895 to protect through ownership places of natural beauty or historic interest for the benefit of the nation, has played a major role in shaping the way in which the nation's heritage is looked after and, crucially, how it is perceived. Influence upon government has shaped heritage legislation and the example, through ownership of great estates and their buildings and collections, has moved the debate on conservation and presentation of these harbingers of England's social and political history throughout the latter part of the century.

Initially dedicated to maintaining the great estates that came into its hands as homes for their erstwhile owners in exchange for a degree of public access, the National Trust, steered both by growing awareness of conservation needs and the expectations of a growing public interest (reflected in ever increasing membership of the charity, from a few thousands in 1950 to 3.8 million currently) has become ever more conscious of the need to reflect in its presentation the unique qualities of each place.

The decades succeeding the handover of ownership saw a gradual withdrawal of donor families from the houses and the succession of professional museum presentation. As the houses were no longer seen as living family homes the danger of a blandly generic approach across the entire portfolio of the National Trust's holdings became real. The National Trust was accused of making all its places look alike. To a degree the academically correct presentation of the houses did produce a museum-like quality that tended to sameness. This might not have mattered except that concentration upon art and architectural history had the effect also of diluting the distinct character of

Abb. 1 – Calke Abbey, Derbyshire 2009

each individual place. The realisation that it was this singularity of character, bestowed by history and embellished by people and events, that gave each place its unique appeal and that this unique appeal might be lost if it was not given due recognition, was borne in on the National Trust by the appearance of a property trailing a distinctly romantic – and thus most unacademic – lure; the lure of aristocratic decay.

Almost no one knew of the existence of Calke Abbey, a great house enfolded in a secluded park in Derbyshire in the English Midlands when, in 1984

a crisis in the tax affairs of its reclusive owner, the middle-aged bachelor Henry Harpur Crewe, catapulted it into the headlines and threatened to bring about its dissolution. Sadly this situation was not new to England. In the middle years of the 20th century the rate of country house demolitions reached a peak as owners gave up the unequal struggle against rising costs, leaking roofs and punitive taxation. Calke seemed destined to be a late and singularly tragic loss in this continuing tradition. However, the unique qualities of the place aroused unprecedented interest in the art historical and conservation worlds and in the Press. Calke's attractive blend of gentle decay and timeless beauty coined tabloid headlines: ›The House that Time Forgot‹, ›A Time Capsule‹, and the eccentric history of its family – ›The Family that Never Threw Anything Away‹ with its current predicament produced extraordinary public reaction (at one point the interest due on Mr Harpur Crewe's tax debt was accruing at the rate of £1300 per day – undoubtedly a factor, as Press interest grew, in his willingness to pose for almost any photograph asked of him). The National Trust's involvement proved to be a catalyst. The campaign to save Calke had a focus around which it gained momentum so that, in an unprecedented move, the Chancellor of the Exchequer announced in his Budget speech in 1985 a special grant to the National Heritage Memorial Fund to enable the deal to be completed and for Calke to be saved.

But what had been saved? There was a fine, but architecturally rather confused baroque house in a very poor state of repair, extraordinary collections of outstanding quality and none, decayed gardens and buildings and an ancient parkland of considerable botanical interest. These were all part of the package and things that the National Trust was well used to caring for, putting into good order and opening up to public view.

However, something else had been saved, too; something that the National Trust was, perhaps, rather less used to preserving and putting on show. This

Abb. 2 – Calke Abbey, Derbyshire, Saloon 2009

might be encapsulated as the romance of decline and the allure of faded grandeur. It was the nostalgia of decay, neglect and of loss. It was these qualities that had captured peoples' imaginations and had provided the groundswell of public interest and enthusiasm for the campaign to save Calke. It was the hidden nature of the place with its wonderful surprises; its piles of rusting kitchen equipment beside a perfectly preserved Chinese embroidered silk bed; its armies of stuffed birds beside the original copper plates for a set of previously unknown military marches by Haydn. It was the family and its eccentricities written through generations of privilege and wealth, but living entirely out of the public eye.

It was the stories that all these facts – and many others besides – told of the place and of other lives; stories that kindled the imaginations of those who were touched by them. Calke was a stage set for the imagination through which a special and idiosyncratic past could be reached. A past that spoke of lost certainties and of a society strange yet near; a past that everyone felt was to some extent theirs. It was the job of the National Trust to make this real and invite people to explore and immerse themselves in it. It was not really like anything the Trust had undertaken before.

Whilst it took years to perfect a philosophy of presentation ›as found‹ and some mistakes were undoubtedly made early on, from the start it was understood that if the unprecedented interest that had grown around the ›hidden‹ nature of the stories of Calke was to be realised for visitors, the stories of the imagination needed a backdrop – they needed a context – and that was to be found in the preservation of the place itself; of the dusty, damp, broken down and bedraggled grandeur of every nook and cranny. If the stories were to be told and peoples' imaginations unleashed, Calke needed to be preserved so that people could discover it for themselves as if for the first time.

Abb. 3 – Calke Abbey, Derbyshire, Drawing Room, Gold leaf wallpaper work 1985

They needed to see it – as we had seen it – clinging on by its fingertips in the last stages of dissolution – a great estate on the verge of collapse at the end of a long and slow decline. From there they could start their journey of imagination and discovery. If Calke was to tell the story of the generations of rural England it represented this could only be done if it was left in its abandoned state, quirky, tired and distressed; but honest and unrestored.

This was an immense challenge to those architects, structural engineers, builders, curators and conservators who were all used to repairing and tidying, redecorating and replacing, to presenting places as they would have been when first built or as they were at their height. Preservation had always been something to be applied to individual items or ensembles of singular merit. Now, strategies had to be developed that permitted essential, often invasive repairs to take place but that enabled affected areas then to be reinstated in such a way that they appeared entirely unaffected, as though nothing had happened, and the spell had not been broken. At times it seemed

Abb. 4 – Mr. Straw's house, Worksop, Nottinghamshire 2005

that what the National Trust was embarked upon was diametrically opposed to the treasured principles of William Morris and the Arts and Crafts Movement which demand complete honesty in repairs, and yet at others the repairs adopted were so honest and simple that they reflected more the homespun efforts of generations of estate craftsmen than the interventions of the high science of conservation at the end of the 20th century. Both approaches were needed in buildings where significant structural issues threatened integrity whilst faded and delicate surface finishes, which contributed so significantly to the atmosphere of the place, had to be preserved.

I will highlight just two instances of conservation that involved both minimal intervention and extreme efforts to leave the affected areas >as found<.

Upon first inspection of the heavy overhanging cornice of the Abbey, there was much evidence of severe damage from iron cramps. Budgeting for the replacement of the entire cornice was the initial advice. However, investigation via a radar survey quickly established that there were large areas of the cornice where little or no repair was required. As a result intervention was kept to a minimum and a conservative approach involving a combination of minimal stone replacement and mortar repairs were employed

In the Drawing Room, scarcely altered since it was redecorated and furnished for Lady Crewe in the 1850s, cracks were apparent through the opulence of the gothic wallpaper indicating movement in blocked window openings behind. The wallpaper was removed with the greatest care (and using a special system involving a secret recipe of enzymes which the operator refused to share with anyone) and after the damage caused by dry rot in the window lintels had been repaired, the wall paper was replaced, uncleaned and given the minimum treatment to ensure its stability. Dirt on the paintwork and flaking gilding were likewise carefully preserved so that nothing showed where the craftsmen had been.

Whilst intervention was, at times, considerable and irreversibility of approach could not be guaranteed, intervention was always kept to the minimum that the needs of the situation demanded. This was then documented to ensure that all aspects of this dramatic episode in the history of the place were not lost, even if they were to remain largely invisible. Equally the impression of undisturbed continuity had been maintained which allowed the visitors to see and to feel the stories of the place unimpeded except by the limits of their own imaginations.

Another example of the adoption of an extremely conservative approach to the conservation and presentation of a property arose at No. 7 Blyth Grove, a semidetached house in Worksop, Nottinghamshire. This house came into the ownership of the National Trust in 1990 on the death of its owner, Mr William Straw. Interestingly he had not bequeathed the property in the hope it would be preserved. Indeed, he did not leave the actual house; this the National Trust had to acquire subsequently, but he left his fortune and his other property in the town, as well as the contents of No.7 Blyth Grove, to the National Trust. It was the complete absence of ambitions for immortality through the preservation of his property that made the gift of Mr Straw so unusual and so precious.

Inheriting the property, with his brother, in 1932 on the death of their father both brothers, but William in particular, set about preserving their inheritance. The house had been decorated throughout in 1923 reflecting the height of lower middle class shop-keeping aspiration and fashion, and it was this that had survived. The brothers appeared to have lived on the surface of the house, never digging deep to change the appearance, layout or decoration that their parents had created, nor to leave an impression

of their own. Their lives were ones of solid, unchanging routine. Frugality was their watchword. Nothing was thrown away – the cellar was full of immaculately clean old beer bottles and jam jars (and still is) – and shopkeeping and housekeeping were their two professions. When Walter, the younger brother, died in 1977 William lived on alone in an increasingly closed world of his own.

The result is one of the most completely preserved lower middle class town houses of the early 20th century in England. The fact of its survival through a mixture of frugality and filial piety without any apparent desire for immortality is an unusual aspect of this rare ensemble. By the extraordinary, yet subconscious, actions of one generation, the intensely ordinary everyday life of the previous generation has been preserved. The stories of both generations of the Straw family can be told, but only through the exact prism of William's embalmed tribute to his parents; to his father's country house sale collecting and to his mother's modish taste in interior decoration, to his own daily routine hedged around with parsimony and to his brother's little bids for individuality; these stories, as at Calke, needed a stage, and that stage was the house and its minutely detailed interiors.

As at Calke, everything was photographed and precise measurements taken before the house was emptied to allow for repairs. In these highly decorated, but intimate interiors the risks to delicate finishes were higher and the need to intrude as little as possible even greater than they had been at Calke.

Making use of the adjacent property, No.5 Blyth Grove, which had been acquired also, electricity was rewired back to a central switching point there, avoiding intervention through wallpaper and plaster in No.7. Running cables under floorboards, routes were chosen with care, lifting boards only where William Straw had lifted them previously.

In the bathroom, many years of dry rot had caused the skirting boards to buckle. These boards supported lead water pipes which themselves were painted with silver gloss paint (an intervention of the 1960s and one of the few alterations to the house during the brothers' occupation – thus being of particular interest). The decision was taken to support the boards with resin to permit their retention. Over the succeeding decade, the boards eventually ceased to have any integrity whatsoever and had to be replaced about a decade or so later.

What had been gained in the interim was a better understanding of the place and a maturity in the philosophy the National Trust applies to Calke and Mr Straw's House. Whilst the skirting boards had to be replaced eventually, the gradual approach of doing a little repair – the minimum necessary at the time – and then being prepared to revisit the job again at a later date to undertake further work – the philosophy of ›a little and often‹ – sits comfortably with the manner of housekeeping adopted by both the Harpur Crewe and Straw families but also is gentle with the property and ensures that change is gradual and that it avoids the shock of violent intervention. It may cost more, but it allows the central stories of the place to carry on being told whilst the backdrop to the stage of visitors' imagination is conserved and, in the manner of all conservation, is permitted to evolve whilst retaining all that is of the greatest significance.

What the National Trust has found to be essential in approaching the conservation of a place to allow it to tell its stories effectively is to identify at an early stage what those stories might be, what the greatest significances of the site are and how those might be passed on to visitors today and in the future with the greatest honesty and effect. The challenge it faces now is how to give access to these stories in unique and sustainable ways.

Fashions in interpretation and presentation change and evolve. Likewise, how we approach our properties and sites will change. Where the significance of a place is rooted in its effect on its people and in the effect of its people upon it (and I can think of no better example of this than the Berlin Wall), then it behoves us to preserve it as it came to us, with its history still hot upon it, and with as much honesty and accuracy as we can. In the future, where the perspective of time may well incline our successors to find different stories, if they have an honest rendition of the site handed down to them – as it has come down to us – then they can be reassured that they are dealing with the place truly as it was found and that their interpretations, if founded in the evidence offered by the place, will be valid and true also.

Deutsche Zusammenfassung des Textes von Andrew Barber

Der Aufsatz stellt anhand von zwei sehr unterschiedlichen Häusern, die sich im Besitz und in der Verantwortung des britischen »National Trust« befinden, den Konservierungsansatz der »minimalen Intervention« vor.

1895 wurde die gemeinnützige Organisation »The National Trust« von Privatleuten gegründet, um Gebäude und Landschaften von historischem Interesse oder besonderer Schönheit zu bewahren. Die Grundidee war, dass nur der Privatbesitz von Gebäuden und Grundstücken diese vor einer späteren Zerstörung oder Verbauung durch den Staat oder Unternehmen bewahren kann. Finanziert wird dieses Unterfangen bis heute durch die Beiträge der inzwischen über 3,8 Millionen umfassenden Mitglieder, durch Spenden, Erbschaften und Geschenke. Derzeit zählen rund 200 historische Gebäude und Gärten sowie 47 industrielle Bauwerke und Mühlen, 49 Kirchen und Kapellen, einige »pubs« und 19 Schlösser zum Eigentum des Trusts. Außerdem besitzt er 2480 km² Land und annähernd 600 Meilen Küstenlinie.

Calke Abbey in Derbyshire, ein Landhaus samt umgebendem Park, eine Anlage, »die die Zeit vergaß«, übernahm der Trust 1985 im Zustand des Verfalls, nachdem über Jahrzehnte keine größeren Renovierungsmaßnahmen mehr vorgenommen worden waren. Calke Abbey erzählt in seiner morbiden Überkommenheit die Geschichte des allmählichen Untergangs des niederen Landadels, der nicht mehr in der Lage ist, die ererbten großen Häuser der Vorfahren zu erhalten. Die Denkmalpfleger des Trusts sahen in der vorgefundenen, einzigartigen materiellen Überlieferung die Chance, diese Geschichte, die das Haus über viele Jahrzehnte prägte, der Öffentlichkeit zu vermitteln. Die heutigen Besucher bekommen so den Eindruck, als seien sie die Ersten, die das Haus nach dem Verlassen der einstigen Besitzer betreten. Vor diesem Hintergrund wurde eine Konservierungsstrategie der »minimalen Intervention« entwickelt, die dem vorgefundenen Bestand Respekt zollt und die materielle Überlieferung in ihrem Zerfallszustand ernst nimmt. Alle Eingriffe in die vorgefundene Substanz folgen dem Grundsatz: »So viel wie nötig, so wenig wie möglich«.

Ebenso verhält es sich mit dem Haus von Mr. Straw in No. 7 Blyth Grove, Worksop, Nottinghamshire. Hierbei handelt es sich um eines der am besten erhaltenen Beispiele eines kleinen Wohnhauses der unteren Mittelschicht aus der ersten Hälfte des 20. Jahrhunderts. Der Trust übernahm 1990 damit ein Haus, das seine letzte Renovierung 1923 erhalten hatte und dessen frühere Eigentümer als Krämer überaus sparsam lebten und »niemals etwas weggeworfen hatten«. So hat sich ein Haus erhalten, das samt seinem Inventar einen einzigartigen Einblick in die Geschichte einer einfachen und bescheiden

lebenden Kaufmannsfamilie im 20. Jahrhundert vermittelt. Auch hier wurde die Konservierungsstrategie der minimalen Intervention bzw. der Akzeptanz des Vorgefundenen – »as found« – umgesetzt. Bevor mit den notwendigen konservierenden Maßnahmen begonnen wurde, dokumentierte man den gesamten vorgefundenen Bestand, um ihn nach Abschluss der Arbeiten ebenso wieder einzurichten. Allen Beteiligten war bewusst, dass der zukünftige Unterhalt des Hauses einem regelmäßigen Monitoring unterworfen sein würde und man ebenso regelmäßig kleinere Reparaturen durchführen muss (»little and often«). Damit aber steht man genau in der Tradition der einstigen Besitzer und Betreiber des Geschäftes, die immer nur die allernötigsten Reparaturen durchführten.

Der in den vorgestellten Beispielen gewählte Konservierungs- und Präsentationsansatz ermöglicht es, zukünftigen Generationen authentische Orte zu übergeben, mit denen sie möglicherweise anders verfahren als wir heute. Auf jeden Fall aber ist hier sichergestellt, dass die vorgestellten Orte beinahe vollständig so weitergegeben werden, wie sie vorgefunden wurden: mit all ihren Spuren der Zeit und mit der damit verbundenen Geschichte und den daran hängenden Geschichten.

Bildnachweise

Abbildung 1: Calke Abbey, Derbyshire, 2009, The National Trust
Abbildung 2: Calke Abbey, Derbyshire Saloon, 2009, The National Trust
Abbildung 3: Calke Abbey, Derbyshire, Drawing Room, Gold leaf wallpaper work, 1985, The National Trust
Abbildung 4: Mr. Straw's house, Worksop, Nottinghamshire, 2005, The National Trust

Gabi Dolff-Bonekämper

Conservation as found – Erhalten wie vorgefunden?

Im alltäglichen Sprechen über den Umgang mit historischen Stätten, Baudenkmalen und mit deren künstlerischer Ausstattung lassen sich zwei gleichermaßen populäre, ihrer Stoßrichtung nach indes diametral entgegengesetzte Positionen ausmachen:

»Alles soll so bleiben, wie es ist!« und

»Alles soll (wieder) so werden, wie es war!«

Der zweite Satz bezeichnet in der älteren Geschichte der Restaurierung von Baudenkmalen und, wenn man genau hinschaut, bis in unsere Gegenwart, eigentlich den Normalfall. Der vorgefundene Zustand des Denkmals wird als unzulänglich bewertet, aus der eingehenden Betrachtung der überlieferten Form und der Substanz wird, unter Zuhilfenahme von Schrift- und Bildzeugnissen, der ursprüngliche Zustand erschlossen, er dient als Leitbild für die (Wieder-)Herstellung und ggf. Ergänzung des Denkmals, das in der neu entstandenen alten Form in die Zukunft eingehen soll. Gegenwart, Vergangenheit und Zukunft werden im Bild des »geheilten« Denk-

mals versöhnt, es soll glänzen wie am ersten Tag nach seiner Vollendung, sein Kunstwert wird neu zur Geltung gebracht.[1] Dem hat schon zu Beginn des 20. Jahrhunderts Georg Dehio widersprochen, als er forderte, Denkmäler nicht zu restaurieren, sondern nur zu konservieren.[2] Das Denkmal sollte seiner historisch gewordenen Veränderungen und Geschichtsspuren nicht entkleidet werden, man sollte nichts hinzuerfinden, sondern erhalten, was man hatte. Die Mahnung blieb nicht folgenlos, Denkmalpfleger und Restauratoren bemühen sich seitdem, in wechselnden Fällen mit wechselndem Glück, beständig darum, die Balance zwischen Erhaltung, Sicherung und Instandsetzung zu wahren.

Die Formulierung »conservation as found« – »Erhalten wie vorgefunden«, die von englischen Theoretikern und Konservatoren[3] aufgebracht wurde, geht jedoch viel weiter. Das »as found«, radikal ausgelegt, stellt gewissermaßen den Moment der Auffindung still, alle Veränderungen, Beschädigungen, im Ernstfall sogar der Schmutz und die Unordnung nehmen an der Inwertsetzung teil. Die Erhaltungsleistung besteht in der weitestgehenden Nichtintervention bzw. in der Unsichtbarkeit der Konservierung.

Das kann, ja es muss geradezu Anstoß erregen. Kein »Vorher-schlecht-, nachher-besser«-Bild wird die Wirksamkeit des denkmalpflegerischen Aufwandes beglaubigen, viele Betrachter werden denken, dass gar nichts getan wurde. In welchen Fällen ist ein derartiges Vorgehen zu rechtfertigen, welchen Sinn macht es, wie ist es praktisch umzusetzen? Eine radikale Anwendung kann man sich in der Ruinenpflege vorstellen: Hier ist die Beschädigung/Fragmentierung konstituierend für den Denkmalwert. Niemand würde sich wünschen, die Klosterkirchenruinen Europas – Eldena bei Greifswald, Fountains Abbey in Yorkshire, Jumièges in der Normandie – so wiederhergestellt zu sehen, »wie sie waren« oder gar glänzend wie am ersten Tag. Ihre Zerstörung ist Teil ihrer Geschichte, ihr Alter soll sichtbar sein und bleiben.

Allerdings erweist sich, dass auch Ruinen für gewöhnlich nicht ganz »as found« überliefert werden. Sie werden nicht nur technisch und notfalls chemisch ertüchtigt, sondern gelegentlich im Sinne einer möglichst malerischen Erscheinung nachgebessert und nachkomponiert. Das »as found« wird so zum Topos, zu einer Gedankenfigur, die wiederum ihre Wirksamkeit auch im denkmalpflegerischen Alltag entfalten kann, wenn es darum geht, in Teilen eines Gebäudes signifikante Beschädigungen und fragmentarische Funde und Befunde zu erhalten und auch zu zeigen – so geschehen und geradezu beispielhaft gelungen bei der Instandsetzung des Neuen Museums in Berlin, über die Julian Harrap in diesem Buch genauer berichtet.

Schauplätze und Tatorte

Die Sache wird noch komplizierter, wenn das vorgefundenen Objekt bzw. der vorgefundene Ort nicht ein Denkmal der Kunst ist, sondern eine historische Stätte, ein Ereignisort. Ganz gleich, ob es sich um ein erfreuliches oder unerfreuliches Ereignis, um Befreiung oder Unterdrückung, um ein einmaliges Verbrechen oder um fortgesetztes Unrecht handelt – das Ereignis muss notwendig der Vergangenheit angehören, es kann nicht gefunden und »as found« konserviert werden. Was gefunden werden kann, ist ein Schauplatz, gegebenenfalls ein Tatort mit mehr oder minder ausgeprägten Relikten, Spuren oder Indizien, die mit dem Ereignis in Verbindung zu bringen sind. Vielleicht ist auch gar nichts zu sehen, und nur der Raum, in dem sich das Ereignis zugetragen hat, ist identifizierbar. Das »as found« wird im letzteren Falle zu einem »as not found«, und das ist womöglich noch schwieriger auszuhalten als die Unordnung eines unaufgeräumten, beschädigten Denkmals. Die Interpretation des gefundenen Ortes wird entscheidend von der Interpretation des Ereignisses abhängen, und die kann wiederum, abhängig vom Zeitpunkt der Auffindung, von der Distanz zum Geschehen und von der persönlichen Interessenlage des Finders stark divergieren. Man muss sich also stets fragen, wer wann sagt oder gesagt hat »Es soll alles so bleiben, wie es ist«.

Die Entscheidung über den Umgang mit solchen Ereignisorten ist nicht allein von Denkmalpflegern und Restauratoren zu fällen: Andere Akteure – Zeugen, Opfer, Angehörige von Opfern und möglicherweise auch an der Tat Beteiligte und schließlich Bewohner der Nachbarschaften, höhere und niedere politische Instanzen reden mit. Denn es geht nicht um konservatorische Extravaganzen, sondern es geht ums Ganze, um Gefühle, um die Verletzlichkeit von Menschen, um die Erträglichkeit von Orten, um Schuld, Sühne, um Versöhnung.

Kann man, soll man also einen Tatort »as found« erhalten? Reicht das? Kann man, soll man durch hinzugefügte Medien der Vermittlung spätere Besucher dazu bewegen, Anteil am Geschehen, am Schicksal der Betroffenen zu nehmen? Oder soll man, muss man ihn zu didaktischen Zwecken »lesbar« machen und zusätzlich zum Zwecke des angemessenen Gedenkens würdig herrichten? Das wäre das Ende des »conservation as found« und würfe eine Menge Gestaltungsprobleme auf. Denn die hinzugefügten Elemente könnten dem Bestand an Relikten und Spuren Konkurrenz machen, die Aufmerksamkeit von ihnen abziehen und die Besucher daran hindern, sich aus dem lückenhaften Bestand der »as found« konservierten Bruchstücke durch eigene Anstrengung selber ein Bild vom Geschehen zu machen.

Noch eine letzte entscheidende Frage ist zu diskutieren, bevor ich die obenstehenden Überlegungen mit einigen Beispielen näher erläutern will. Wenn es darum geht, ob man einen Ereignisort »as found« konservieren soll oder kann, ist damit vorausgesetzt, dass er zuvor versunken sein muss? Wurde er lediglich über längere Zeit nicht beachtet, oder war er tatsächlich unsichtbar, wurde er gar, wie es in Fällen politischer Verfolgung oft genug geschieht, planvoll unsichtbar gemacht, wurden die Spuren getilgt und wurde der Ort erst nach langem Suchen, eventuell gar erst in einer archäologischen Ausgrabung gefunden? In solchen Fällen kann die Bedeutung der Suche gewissermaßen auf die Bewertung des Gefundenen aufgeschlagen werden, die entdeckten Spuren sind allein schon in ihrer Substanz eine Beglaubigung des Geschehens, der Verzicht auf eine Didaktisierung ist leichter hinzunehmen.

Beispiel 1
Archäologische Stätte »Club Atlético« unter der Autobahn in Buenos Aires im Stadtviertel San Telmo

Hier stand vor der Errichtung der Autobahn ein Druckereigebäude, in dessen Keller 1976 ein Gefängnis- und Folterzentrum eingerichtet wurde, das den Tarnnamen »Club Atlético« erhielt. Im »Club Atlético« wurden Menschen, die das Militärregime für subver-

Abb. 1 – Archäologische Stätte »Club Atlético« in Buenos Aires, 2006

siv und politisch gefährlich hielt, gefangen gehalten, verhört und gefoltert. Die meisten Gefangenen »verschwanden« später, das heißt in der überwiegenden Mehrzahl der Fälle: Sie wurden ermordet. Weder der Ort ihres Todes noch der ihres Grabes ist bekannt. Viele wurden in den Rio de la Plata geworfen. Das Gebäude wurde für den Autobahnbau 1977 abgerissen, der Keller zugeschüttet. Erst für den Mai 2002 wurde eine professionelle archäologische Grabung genehmigt. Zuvor waren derartige Erkundungen aus politischen Gründen nicht möglich. Mir wurde anlässlich meines Besuches versichert, dass der Bürgermeister von Buenos Aires die Aktion zwar unterstützte, aber sich keinesfalls erlauben konnte, selber hinzukommen und sich dort öffentlich zu zeigen. Zu viele direkt und indirekt am Geschehen Beteiligte fänden sich noch in Politik und Verwaltung. Der Keller – eine verschüttete Architektur von Kleinstzellen, 150 cm mal 150 cm groß, wurde gefunden, mobile Fundstücke und in den Putz geritzte Inschriften der Gefangenen wurden gesichert. Gleichzeitig wurden im sozialen Umfeld Interviews durchgeführt, Archivforschungen zur Herkunft und zum Verbleib der dort festgehaltenen Gefangenen ergänzten die Arbeit. Heute ist der Ort, über den nach wie vor der Autobahnverkehr hinwegrollt, eine begehbare archäologische Stätte. Mehrere Erinnerungszeichen wurden angebracht, Erinnerungsfeiern finden hier statt. Wir sehen einen Tatort, der »as found« konserviert wurde. Die Erklärungen und diversen Zeichen unterschiedlichen künstlerischen Anspruchs können hier die Wirkungsmacht des gefundenen Ortes nicht übertönen.

Beispiel 2
Die ESMA in Buenos Aires

Im Offizierskasino der Escuela de la Mecanica de la Armada (ESMA), einer Militärschule für die Seestreitkräfte Argentiniens, wurde in den Jahren der Diktatur zwischen 1977 und 1983 ein Folterzentrum eingerichtet. Hier wurden Personen, die das Regime für gefährlich hielt, gefangen gehalten, verhört und gefoltert, von hier verschwanden sie – ermordet und unauffindbar gemacht. Schwangere Frauen wurden bis zur Niederkunft einigermaßen gut behandelt und erst dann umgebracht, die Kinder wurden an Offiziersfamilien zur Adoption vergeben. Nach dem Ende der Diktatur wurden die Räume des Offizierskasinos wiederum umgenutzt. Der Ort war bis zum Jahre 2006 für Zivilisten nicht betretbar. Man fand nur wenige Spuren, die von der Existenz des Folterzentrums zeugen: Farbreste auf Wänden, Decken (Abb. 2.1) und Böden, Schatten früherer Zwischenwände, Veränderungen am Treppenhaus. Sie wurden »as found« konserviert. Allerdings wären sie ohne die zusätzlich aufgestellten Informationstafeln (Abb. 2.2), die die Einteilung und den Gebrauch der Räume während der Diktatur mitteilen, und die mündlich

Abb. 2 – Die ESMA in Buenos Aires, 2006

dazu vorgetragenen Berichte unverständlich. Oder doch nicht? Es ist etwas an diesem Ort, das auch den Nichtwissenden erfasst, ob es nun in der Substanz der Dinge oder in der sozialen Überlieferung der Ereignisse liegt. Hier sollte klar werden, dass die konservatorische Strategie des »as found« ihren Sinn nur im gesellschaftlichen und erinnerungspolitischen Umfeld erweisen kann.

Beispiel 3
Der Mauerstreifen an der Bernauer Straße
In den Jahren nach dem Sturz der Berliner Mauer ist lange Zeit um den Umgang mit dem Bauwerk bzw. mit seinen Resten gerungen worden. Dass man nicht mehr die ganze Mauer, sondern nur noch wenige Reste vorfand, wurde von den unterschiedlichen Akteuren sehr unterschiedlich bewertet. Man könnte be-

Abb. 2.1, 2.2 – Die ESMA in Buenos Aires, 2006

Abb. 3 – Der Mauerstreifen an der Bernauer Straße, 1990

haupten, dass sie, obwohl sie gleichzeitig auf den Plan traten, Verschiedenes vorfanden. Was für die einen (die damaligen Gegner des Denkmalschutzes) schon zu viel war, war für andere (den damaligen Vertreter des Deutschen Historischen Museums) zu wenig. »Conservation as found« hätte für den Pfarrer der Sophiengemeinde, auf dessen Friedhof die Mauerelemente standen, eine ungeheure Zumutung bedeutet.

Für mich, die ich seinerzeit als Denkmalpflegerin die Erhaltung der Mauerreste zu erstreiten hatte, wäre die Devise »Conservation as found« genau die richtige gewesen.

Was ich damals, als alle Energie in die Erhaltung der materiellen Spuren ging, nicht beachtete, war die Frage nach der Erinnerung an die Opfer. Dies hatte, wie ich dachte, mit den Aufgaben der Denkmalpflege nichts zu tun, andere sollten sich darum kümmern. Inzwischen denke ich, dass gerade die Wendung »as found« den Bezug zu dieser Frage aufbaut. Die Opfer gehören zum Ereignis, um sie ging es, deswegen ist ihre Präsenz am Ereignisort unausweichlich, und dem ist Rechnung zu tragen. Man muss sie dort finden. Hier sind allerdings andere als denkmalpflegerische Methoden gefragt.

Die Auffindung der Opfer. Reale und fiktive Porträts

Angenommen, es wäre gelungen, durch eingehende Recherchen die Namen aller Opfer, die an der Berliner Mauer oder während der Diktatur in Argentinien oder an anderen Orten der Unterdrückung ums Leben kamen, zu ermitteln und ihre Lebensumstände, ihre Beweggründe, ihre Fluchtwege und den Zeitpunkt und Ort ihres Todes festzustellen, so bliebe immer noch die Frage offen, in welcher Weise sie als Personen in einem Denkmal dargestellt werden sollten. Wenn ihre Namen genannt werden – soll das in alphabetischer Reihenfolge geschehen? Oder in der Reihenfolge ihrer Sterbedaten? Oder nach den Orten, an denen sie umkamen, und dann alphabetisch oder chronologisch? Wenn ihre Gesichter gezeigt werden sollen – sollen alle Personen abgebildet werden oder nur eine Auswahl? Und woher bekommt man die Porträts? Aus dem staatlichen Passfotoarchiv? Aus privaten Quellen? Und wenn es keines gibt? Sollen es überhaupt Fotos sein? Auf den alten Fotos werden die Opfer jung und unversehrt aussehen, sie sind aber tot, fern, entrückt – und das seit vielen Jahren. Soll dies in einer künstlerischen Bearbeitung verdeutlicht werden? Hierzu sind verschiedene bildnerische Verfahren entwickelt worden, von denen ich im Folgenden einige beispielhaft vorstelle.

Beispiel 1
Die Galerie der Verschwundenen, Installation im Parque de la memoria in Buenos Aires, Argentinien
Im Jahre 2002 wurde in der Nachbarschaft der Universität von Buenos Aires am Rio de la Plata der Parque de la memoria eröffnet. Die dort errichteten Memorialkunstwerke zur Erinnerung an die Verschwundenen trafen auf Kritik von Seiten der heuti-

gen Menschenrechtsinitiativen, sie wären zu abstrakt und zu banal. Daher brachte man, wohl um das Jahr 2004, am Rand des Parks eine große Plane mit den aufgedruckten, mit Namen untertitelten Porträts aller Angehörigen der in der unmittelbaren Nachbarschaft befindlichen Architekturfakultät an, die in der Zeit der Militärdiktatur vor nunmehr drei Jahrzehnten verschwunden sind. So können die Besucher des Parks jeden Einzelnen identifizieren.

Beispiel 2
Antonio Fransconi »En monumento«, 56 Monotypien 1981/88

Ich habe die Arbeit in der Ausstellung »Desaparecidos The Disappeared« im Centro Cultural Recoleta in Buenos Aires am 9. September 2006 fotografiert. Der Künstler, aufgewachsen in Montevideo, Uruguay, hat noch vor dem Ende der dortigen Militärdiktatur (1985) mit der Arbeit begonnen. Die jeweils 76 × 56 cm messenden Monotypien (Einmalabdrucke) entstanden auf der Basis von Porträtfotografien, flächenhafte Farbverschiebungen und geringe Verformungen verfremden die Gesichter. Am oberen

Bildrand ist jeweils der Name angegeben. Es ist möglich, die Personen zu erkennen, aber sie sind verändert, wie hinter einer abgedunkelten Folie, nicht unmittelbar zugänglich. Mit dieser künstlerischen Bearbeitung reflektiert die Arbeit den erlebten Verlust und die Mühen der Erinnerung an die Physiognomie eines Verschwundenen. In der Tat ist es schwer, sich das Gesicht eines Menschen, auch wenn man ihn gut kannte, vollständig und genau in der eigenen Vorstellung zu vergegenwärtigen. Es verschwimmt, wird mit der Zeit unscharf. Ein unversehrtes Porträt, ein perfektes Abbild des Verlorenen, würde diese Mühen überspielen. Das ist offenbar nicht erwünscht.

Beispiel 3
Christian Fuchs: Das Fenster des Gedenkens in der Mauergedenkstätte an der Bernauer Straße

Es war nicht üblich, dass die Grenztruppen der DDR den Leichnam einer an der Mauer oder an der innerdeutschen Grenze getöteten Person zu Bestattung durch die Familie freigaben. Die genaueren Umstände des Todes einer Person sollten nicht erkennbar sein. So verloren die Familien nicht nur ihren An-

Abb. 4 – Die Galerie der Verschwundenen, Installation im Parque de la memoria in Buenos Aires, 2006

Abb. 5 – Antonio Fransconi »En monumento«, 56 Monotypien 1981/88, 2006

gehörigen, sie konnten ihn häufig auch nicht bestatten. Im Zuge der Errichtung der erweiterten Mauergedenkstätte an der Bernauer Straße wurde nun im Jahre 2010 eine Porträtwand errichtet, die an die Galerie der Verschwundenen in Buenos Aires erinnert und auch mit dem Werk Antonio Fransconis in Bezug gesetzt werden kann und zugleich die Funktion eines Grabdenkmals übernimmt. In einer breiten, parallel zur Grenzmauer im offenen Gelände des ehemaligen Friedhofes aufgestellten Wand aus Corten-Stahl, die wie ein Passepartout das gesamte Bilderfeld einfasst, stehen, in drei Registern übereinander, die Porträts der Maueropfer.

Abb. 6.1 – Fenster des Gedenkens, Detail, 2010

Abb. 6 – Christian Fuchs: Das Fenster des Gedenkens in der Mauergedenkstätte an der Bernauer Straße, 2010

Es sind auf das gleiche Format gebrachte Fotografien, jede in einem eigenen metallenen Fenster, auf dessen unterer Leiste eine Gabe – eine Blume oder ein kleiner Gegenstand – abgelegt werden kann. Die Fotos sind, wie alte Glasdiapositive, auf transparente Scheiben aufgebracht und von beiden Seiten der Wand

Abb. 6.2 – Fenster des Gedenkens, Detail, 2010

zu sehen. Je nachdem, von wo aus man es betrachtet, erscheint ein Bild seitenrichtig oder seitenverkehrt, je nach Lichteinfall kräftig konturiert oder durchscheinend und blass. Bei tiefstehender Nachmittagssonne ergibt sich eine Schrägprojektion auf dem »Fensterrahmen« der Bildwand.

Für die Angehörigen ist es das Porträt des Verlorenen, für die hinzutretenden Fremden ein erkennbarer Mensch, mit Namen und Gesicht. Aber das Bild ist flüchtig, nicht konstant, es kann leuchten oder verblassen, es kann klar oder verzogen erscheinen. Wie in der Erinnerung derer, die die Person kannten. Und, vom Zeitpunkt des Besuches an, in der Erinnerung der Hinzugetretenen. Wer mehr über die Geschichte der Mauropfer erfahren will, kann zur Infosäule in einiger Entfernung gehen.

Zeugen und Hinzutretende

Meine persönliche Zeugenschaft in Bezug auf die Berliner Mauer beginnt im Jahre 1990, als sie bereits durch ihre Öffnung zum Geschichtsdenkmal geworden war. Ich kenne aus eigener Anschauung die aufgerissene Grenzlandschaft, den wüst liegenden Todesstreifen und die durch Abriss der Betonsegmente entstandenen Durchblicke in eine zuvor vollkommen unzugängliche Stadtlandschaft auf der jeweils anderen Seite. Alles, was weiter zurückliegt, von dem ich auch weiß, erinnere ich nicht aus eigenem Erleben. Ich habe es auch nicht »einfach so« aus der Erinnerung anderer übernommen, sondern aktiv gelernt, am Ort, an Spuren, auf Wegen, im Raum, in einer Sequenz von Räumen entlang der Mauertrasse, quer und kreuz. Ich kam oft, denn ich war im Landesdenkmalamt die zuständige Bearbeiterin. Vieles habe ich erzählt bekommen, von Menschen mit unterschiedlichen persönlichen und kollektiven Hintergründen aus Ost- und West-Berlin, die unterschiedlichen

Erinnerungsgemeinschaften / Gedächtniskollektiven angehörten, denen ich nicht beitrat. Ich könnte heute noch sagen, wo ich was von wem erfuhr und mit wem ich wo und wann in Streit geriet, denn weder die Interpretation der Ereignisse noch die Ziele der Auseinandersetzung um die Reste der Mauer waren konsensuell.

Ich selbst bin also auch nur »hinzugetreten«, aber das schon vor einer Weile. Alles, was seitdem geschehen ist, erinnere ich gemeinsam mit den anderen Akteuren; wir bilden ein neues, erweitertes Gedächtniskollektiv, eine Erinnerungsgemeinschaft, die durch das Ringen und Streiten um den Umgang mit der Berliner Mauer als Geschichtsdenkmal entstanden ist, nicht durch festliche Gedenkveranstaltungen. Und wenn auch die in der ersten Hälfte der 1990er Jahre sehr heftig geführte Debatte inzwischen genauso vergangen ist wie der Schrecken, den die Eingeschlossenen und Ausgeschlossenen und die Flüchtenden erlebt haben, so ist doch der Streit noch nicht beendet. Er verschiebt sich nur. Nun geht es nicht mehr um die Relikte des Bauwerks, und, nach der gefundenen glücklichen Lösung, auch nicht mehr um die Würdigung der Maueropfer. Inzwischen sind es die Grenzsoldaten, ihre individuelle und kollektive Verantwortung und ihre Erinnerung an den Dienst an der Grenze, die Anlass für kontroverse Debatten bieten.

Es gehört zur Logik des »as found«-Konzeptes, dass immer neue Menschen hinzutreten und ihrerseits den Ort, der als Mahn- und Gedenkstätte für die Berliner Mauer und ihre Opfer dient, erstmalig finden. Als neu Hinzutretende finden sie am Denkmalort keine vorgefertigte Erinnerung, die für sie dort bereit läge. Das heißt nicht, dass für sie kein Zugang zum Geschehen oder zur bereits bestehenden Erinnerungsgemeinschaft bestünde. Im Gegenteil: Der Denkmalort und die aktive, öffentliche Vermittlungs- und Erinnerungspraxis schaffen diesen Zugang täg-

lich aufs Neue. Der Beitritt kann nur nicht rückwirkend geschehen.

Keiner, der darüber mitreden oder streiten will, kommt zu spät. Es besteht täglich die Möglichkeit, ein neues Gedächtniskollektiv zu begründen, in dem alte und neue Erinnerungsgenossen zusammentreten. Es gibt keinen Redaktionsschluss. Erinnerung, Weitergabe, aus Lernerfahrungen neu entstehende Erinnerung und Erinnerungsfeiern geschehen in einem Prozess, der zeitlich, räumlich und sozial offen ist. Es geht nicht darum, den Prozess anzuhalten und ein Ergebnis zu festigen, sondern fortwährende Bewegung zuzulassen.

Bildnachweise

Abbildung 1: Archäologische Stätte »Club Atlético« in Buenos Aires, 2006, Gabi Dolff-Bonekämper
Abbildung 2, 2.1, 2.2: Die ESMA in Buenos Aires, 2006, Gabi Dolff-Bonekämper
Abbildung 3: Der Mauerstreifen an der Bernauer Straße, 1990, Archiv Gabi Dolff-Bonekämper
Abbildung 4: Die Galerie der Verschwundenen, Installation im Parque de la memoria in Buenos Aires, 2006, Gabi Dolff-Bonekämper
Abbildung 5: Antonio Fransconi »En monumento«, 56 Monotypien 1981/88, 2006, Gabi Dolff-Bonekämper
Abbildung 6, 6.1, 6.2: Christian Fuchs: Das Fenster des Gedenkens in der Mauergedenkstätte an der Bernauer Straße, 2010, Gabi Dolff-Bonekämper

Anmerkungen

1 Zur Denkmalwerttheorie, in der u. a. die Begriffe vom Kunstwert, Neuheitswert und Alterswert von Denkmalen entwickelt werden, siehe unter: Alois Riegl: Der moderne Denkmälerkultus, sein Wesen, seine Entstehung, Wien, Leipzig 1903.

2   Zu den Positionen im Streit um Restaurierung oder Konservierung siehe unter: Marion Wohlleben (Hg.): Georg Dehio und Alois Riegl. Konservieren, nicht restaurieren. Streitschrift zur Denkmalpflege um 1900. Mit einem Kommentar von Marion Wohlleben und einem Nachwort von Georg Mörsch (Bauwelt-Fundamente; 80), Braunschweig, Wiesbaden 1988.

3   Siehe den Beitrag von Leo Schmidt in Teil I (Seite 50) der vorliegenden Publikation.

Julian Harrap

A Cultural Strategy for the Conservation of Surface Decay

The Neues Museum and the Berlin Wall

The meticulous process of repair and restoration carried out on the ruined Neues Museum makes explicit the process as a series of informed and careful judgments balancing the status of the component piece with the vision of the whole. The original and the repair, the restoration and the intervention are fused together into a singular whole. The debate about attitudes to the extent of restoration and the manipulation of the surviving debris of the ruin are an essential part of the architects' responsibilities. The form of the building was sufficiently complete to demand the re-establishment of the two courtyards to north and south of the central Treppenhalle. The new portions of building could provide support to the surviving galleries both structurally and from the servicing point of view.

The surviving structure had been brutalized as part of the necessary underpinning process to secure the structure from further settlement into the sedimentary layers of Spree Island. To develop an attitude towards the surviving original material the ephemeral structural interventions in red brick were removed and the original masonry was stitched together using reclaimed and recycled material from elsewhere in the City.

The presentation of the new structures was also integrated by the use of reclaimed brickwork facing. The surviving surfaces of render were consolidated back to their substrate after cleaning and repair. The supporting areas of substrate brickwork were slurried to provide a consistent colour support to the surviving material while, at the same time, avoiding the deception of concealing the brick substrate.

New raw stonework indents and cast terracotta were integrated into the damaged classical mouldings around windows, doors, band course and cornices, to offer the eye continuity within the formal geometry of a classical building. Figurative sculpture of cast zinc was replicated where the iconographic sequence was inconsequential. The great sculptures were repaired in the manner of the antique with the very minimum of new work to confirm the history of suffering and damage to which they had been subjected.

The task was to develop strategies and techniques that dealt with repair at different scales yet had a consistency of approach. The dynamic correspondence between repair, conservation, restoration and intervention evolved throughout a continuous dialogue between all the participants in the process. Stüler and Schinkel became our constant companions as we worked on the freezing of the ruin and the interventions demanded by recent history.

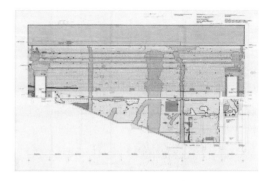

Abb. 1 – Neues Museum in Berlin, Defining the work to achieve invisible repair

Abb. 2 – Neues Museum in Berlin, A scheme of reconstruction as built

Abb. 3 – Neues Museum in Berlin, A scheme of reconstruction as imagined

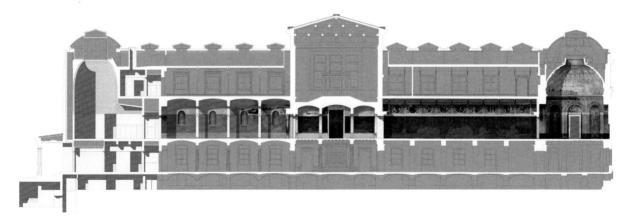

Abb. 4 – Neues Museum in Berlin, Inconsistency of ruin

Abb. 5 – Neues Museum in Berlin, The ruin as found

Abb. 6 – Neues Museum in Berlin, Old work includes new work

Abb. 7 – Neues Museum in Berlin, New work includes old work

Abb. 8 – Neues Museum in Berlin, Restructuring the Treppenhalle

Abb. 9 – Neues Museum in Berlin, As found after consolidation

Farnborough Wind Tunnels: An Approach to Repair

The development of manned flight from kite to Concorde took place in England at the former Defence Research Establishment at Farnborough. Situated some 40 miles to the west of London, this site containing 100 buildings abandoned by Government and sold off for redevelopment by the private sector as part of a strategic policy disposing of defence lands. The site was purchased in 1997 by Segro, a business park Development Company. Each of the buildings to be demolished was photographed, researched and recorded in drawn form to provide a memory before demolition. The clearance of the site enabled a Masterplan to be prepared ensuring an economic motor of sufficient capacity to safeguard the Grade I and II* listed buildings Wind Tunnel which occupied the core of the site. These were assessed individually and as a group, and a Masterplan was prepared for their conservation and repair within an appropriate 1950s landscape, providing a setting for their new use as

Abb. 10 – Farnborough, Q121 with a steel framed base and concrete panels. Above is sheet metal over a steel frame.

civic structures at the heart of the business park. The group contains five wind tunnels used for the design of aircraft, as well as building developments, F1 racing cars and naval ships. The research into these incredible machines proved that three or four of them could be reused in association with established university research facilities. For the time being, the external envelopes have been consolidated and repaired to secure the wind tunnels for the future. The special relevance of this group of buildings to today's colloquium is that they were constructed between 1911 and 1943 of steel and reinforced concrete. The repair and conservation of the reinforced concrete presented a series of challenging tasks. Cleaning was undertaken after trials and utilized four or five different techniques according to the layering of the original surface. The concrete suffered from the anticipated processes of decay including severe rebar corrosion, spalling and structural failure. A research project led to the development of a series of strategies, which preserved the cultural significance of the shuttering, imprints while graduated levels of indented repair enabled the weathered surfaces to be invisibly mended. Repair work was carried out using traditional rendered indents with surface erosion designed to match the surrounding surviving concrete after treatment of the decaying steelwork beneath the finished surface. In the case of some horizontal surfaces, complete layers were removed in order to retain the original soffit of slabs with their memories of use.

The presentation of the buildings was completed by applying protective layers of paintwork, which were coloured to distinguish between the individual components of the machine structure, which they housed. At the same time, lightweight elements supported by steel frames were covered in coated zinc sheet cladding. Some of the concrete was decorated with a scheme of camouflage painting drawn from the surviving 1943 surfaces below. In addition, a series of metal frames was withdrawn from two redundant factory buildings to provide the material from which to reconstruct the 1911 Portable Airship Hangar.

The Berlin Wall: An Approach to Memory

A repair and conservation methodology is essential to any approach to this monument. The technical issues are crucial but must be exercised within a guiding intellectual framework. This will deal with the extent to which the route of the wall is to be identified and commemorated throughout the City of Berlin. It will deal with the means of memorializing the cruelty and trauma of a divided city, as well as the joyful prospects of a future based on democratic principles and governance. It is vital to avoid indulgent sentimentality and to ensure that the wall has a presence in the city rather like the 1700-year old Roman wall that one glimpses from time to time in the City of London. Much of the fabric of the wall has been lost through export and exploitation. This period should be drawn to a close and reinstatement of some parts of the wall appear unavoidable. The treatment of the surviving steel and concrete elements must ensure the retention of the essence of decay. The treatment of surviving original graffiti is a significant responsibility. The wall sometimes consisted of the lower storeys of now demolished buildings. This masonry will require careful attention, at the same time the post and plank sections need a presentational concept. The preservation of a nearly archaeological memory is wholly unacceptable.

Summary

The repair and representation of the Berlin Wall might find an approach to a repair philosophy by considering the work at the Neues Museum. The project for the wall might also be enriched by considering such projects as the Farnborough Wind Tunnels where the repair of 20th century concrete was the subject of a considered conservation approach.

Abb. 11 – Farnborough, Inspection and experimentation

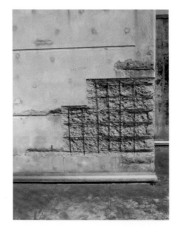

Abb. 12 – Farnborough, R136 hydro demolition and square cutting

Berlin Wall – A place in the city and a historic context

1. The print of the route within the urban landscape of the City.
2. An attitude towards memory and a level of remembrance.
3. The war memorial: The eleventh hour of the eleventh day of the eleventh month.
4. The return of the veterans to the D-Day Landing beaches.
5. Working with the memory of the Cold War.
6. In the UK the Cold War is well documented and the sites are being mothballed, developed or restored. One more layer of history is being laid down.
7. We must avoid triumphalist propaganda. Courtesy is essential between West Berlin and its cousins in the east. The wall issue must bring people together not reinforce divisions.

A memory of past aggression becomes a city ornament

8. The technical issues: an approach to repair and commemoration. Being prepared to take down and to rebuild. The present survival is entirely the result of random dismantling, demolition, theft and export sale. Some parts will need replication to make sense of the surviving fragments. In many areas the line is lost because of new buildings and roads. How can the line be reinstated?
9. Three principal construction types: three planks between RSJ posts: standard cantilevered prestressed retaining wall sections: the lower masonry storey's of former buildings.
10. Need for an expression of permeability: reopen windows, cut down posts, retain graffiti, record gun shell damage. Re-establish watch-towers and vehicular crossings if they still exist. Balance museum explanation with site representation.
11. Ensure the wall becomes absorbed into the fabric of the City: build against it, bring it into buildings: Landscape it with gardens and parkland. Make the gaunt-monster friendly. Maintain it from vandalism.

A future for the Berlin Wall

12. Establish a timescale between repairs: i.e.a quinquennial survey system: do less rather than more: a colour scheme to celebrate the new civic use and purpose. Establish town trails that play on its educational significance. Consider the wall as a thread of archaeological excavations and gardens.
13. Concrete cleaning and repair: a strategic approach. A method of extending the life of a temporary structure. Interventions and alterations. Removing offensive junk and detritus.
14. Pageant and celebration: Whitehall and the Cenotaph: The tomb of the unknown warrior. The furniture of aggression and its place in the reborn City of Berlin

Deutsche Zusammenfassung des Textes von Julian Harrap

Eine kulturelle Strategie für die Bewahrung oberflächlichen Verfalls – Das Neue Museum und die Berliner Mauer
Die Herausforderung bei der akribisch genauen Reparatur und Wiederherstellung des ruinösen Neuen Museums war es, Strategien und Techniken für die unterschiedlichen Vorgehensweisen – die Bewahrung der originalen Substanz, ihre Reparatur, die Wiederherstellung, die Hinzufügung – zu finden, die eine

innere Konsistenz haben. Im Vordergrund stand der Respekt vor dem überlieferten Originalmaterial und dessen farblicher und materieller Wirkung. Dort, wo der Einsatz neuer Materialien erforderlich war, mussten diese sich dialogisch einfügen, um die Geschichte der Schädigungen und Beeinträchtigungen nicht zu konterkarieren.

Ein weiteres Beispiel für die Entwicklung einer Reparaturkonzeption stellt der Gebäudekomplex der Farnborough Wind Tunnels in Farnborough südwestlich von London dar. Nach der Privatisierung dieser ursprünglich militärisch genutzten Anlagen ergab sich die Chance, sie zukünftig zivil für Strömungsversuche mit Flugzeugen, Schiffen und Fahrzeugen zu nutzen. Ziel war es, die notwendigen Reparaturarbeiten so behutsam wie möglich auszuführen, um die kulturelle Signifikanz des Gebäudekomplexes zu bewahren.

Auch bei der Berliner Mauer ist es notwendig, eine Reparatur- und Konservierungsmethode zu identifizieren, die die Erinnerung an die damit verbundenen Traumata und Grausamkeiten ebenso zulässt wie die Freude über ihre Überwindung und über die Stärkung der Demokratie. Das Reparaturkonzept muss die Reste der Mauer im Zustand des Verfalls bewahren – einschließlich der authentischen Graffiti. Für die Zukunft wird es notwendig, parallel zu den notwendigen Reparaturen ein kontinuierliches Kontrollsystem zu installieren. Langfristig sollte die Linie der Mauer innerhalb der städtischen Textur lesbar bleiben: von der Erinnerung an vergangene Aggression zu einem Element der Stadtlandschaft, das die Menschen zusammenbringt.

Bildnachweise

Abbildung 1: Neues Museum in Berlin, Defining the work to achieve invisible repair, Julian Harrap Architects

Abbildung 2: Neues Museum in Berlin, A scheme of reconstruction as built, Julian Harrap Architects

Abbildung 3: Neues Museum in Berlin, A scheme of reconstruction as imagined, Julian Harrap Architects

Abbildung 4: Neues Museum in Berlin, Inconsistency of ruin, Julian Harrap Architects

Abbildung 5: Neues Museum in Berlin, The ruin as found, Julian Harrap Architects

Abbildung 6: Neues Museum in Berlin, Old work includes new work, Julian Harrap Architects

Abbildung 7: Neues Museum in Berlin, New work includes old work, Julian Harrap Architects

Abbildung 8: Neues Museum in Berlin, Restructuring the Treppenhalle, Julian Harrap Architects

Abbildung 9: Neues Museum in Berlin, As found after consolidation, Julian Harrap Architects

Abbildung 10: Farnborough, Q121 with a steel framed base and concrete panels. Above is sheet metal over a steel frame, Julian Harrap Architects

Abbildung 11: Farnborough, Inspection and experimentation, Julian Harrap Architects

Abbildung 12: Farnborough, R136 hydro demolition and square cutting, Julian Harrap Architects

Sabine Ambrosius, Thomas Drachenberg

Das ehemalige Untersuchungsgefängnis der sowjetischen Spionageabwehr in Potsdam

Die Konservierung zur Gedenk- und Begegnungsstätte Leistikowstraße

Das Thema unseres Beitrages befindet sich zwischen zwei »Stellschrauben«: Zum einen kann die Substanz allein wohl kaum das Denkmal definieren. Vielmehr sind die Lesbarkeit, die Bewertung der Schichten und die Möglichkeit der Rezeption über den reinen Substanzbegriff hinaus wichtige Träger der Botschaft. Der Schutz eines Denkmals wird nicht durch die formale Eintragung in die Denkmalliste allein bewirkt, sondern die Inwertsetzung in der Öffentlichkeit ist eine unabdingbare Voraussetzung für eine wirksame Erhaltung.

Die zweite »Stellschraube« möchten wir mit der Formulierung der Erkenntnis beschreiben, dass man zu keinem Zeitpunkt etwas dauerhaft wird erhalten können. Die denkmalpflegerische Aufgabe ist es, den erodierenden Verfall zu steuern und zu verlangsamen.

I. Ausgangssituation

Das ehemalige Untersuchungsgefängnis der sowjetischen Spionageabwehr in Potsdam, auch bekannt als Gefängnis des KGB, ist ein einzigartiges zeitgeschichtliches Dokument.

Nach dem Abzug der russischen Truppen aus Deutschland 1994 war ein hochgradig verletztes Gebäude mit den Nutzungsspuren eines Terrorapparates plötzlich für die Allgemeinheit zugänglich.

Im gleichen Jahr bekam der Evangelisch-Kirchliche Hilfsverein (EKH), der das Haus von 1916 – 1918 in der Mirbachstraße 1 erbauen ließ, sein Eigentum wieder zurück. Im Gegensatz zu anderen, dem EKH rückübertragenen Liegenschaften, waren hier die baulichen Veränderungen so stark und eindrücklich, dass eine übliche Sanierung nicht in Frage kam. Ab Sommer 1995 war das Haus offen. Verschiedene Vereine[1] übernahmen die Lenkung des spontan einsetzenden Besucherstromes und organisierten Ausstellungen.

Das Grundstück Leistikowstraße 1 wurde am 9. Dezember 2004 unter Denkmalschutz gestellt. Denkmalgeschützt ist nicht das Wohn- und Verwaltungsgebäude des Zentralverbandes der »Evangelischen Reichs-Frauenhilfe«, sondern die Zentrale der russischen und sowjetischen Auslandsspionage in Potsdam mit den nahezu unveränderten Spuren der Nutzung als Folterstätte und Gefängnis. Veränderungen und Entstellungen waren und sind eine wesentliche Schicht am Denkmal; sie geben bis heute authentisch Auskunft über die Nutzung und das System des Terrors.

Ist es möglich, das geschundene Gebäude tatsächlich mit seiner Substanz, seinen Nutzungsspuren und mit seinem verletzten Erscheinungsbild zu erhalten? Gerade angesichts der Sanierung der Villen am Neuen Garten und auch des Gebäudes Leistikowstraße 2–3[2], die als Teil des »Militärstädtchens Nr. 7« bis 1994 im sowjetischen Sperrgebiet lagen, stellte sich diese Frage umso dringender. Entstellungen wurden hier selbstverständlich beseitigt, die Gebäude so repariert, dass ursprüngliche Qualitäten wieder sichtbar und benutzbar wurden. Verbunden mit einer sensiblen Modernisierung, ist das Viertel heute wieder

Abb. 1 – Gedenk- und Begegnungsstätte Leistikowstraße, Alt- und Neubau, 2009

ein begehrtes Wohnquartier zwischen Neuem Garten und Pfingstberg. Auf dem Grundstück Leistikowstraße 1 verbot es sich, diesen Weg der Sanierung zu gehen: Jede Restaurierung mit selbstverständlicher Schließung bzw. Entfernung von Entstellungen hätte die wichtige Schicht der sowjetischen und russischen Nutzung zugunsten eines harmonischen Erscheinungsbildes der Erbauungszeit beseitigt.

Es war allen Beteiligten sofort klar, dass hier andere Wege gegangen werden müssen: Die Spuren des Terrors waren die wichtigste Nutzungsschicht – die Verletzung, der Verfall und die aus heutiger Sicht un-

sachgemäße Reparatur waren das zu schützende Gut und die zu bewahrende Information.

Erschwerend kam hinzu, dass nicht alle Informationen am und im Gebäude zum jetzigen Zeitpunkt entschlüsselbar sind. Der oberste denkmalpflegerische Grundsatz musste daher lauten: Die Substanz ist in situ so zu bewahren, dass sie geschützt und vorhanden ist, um der Forschung zur Geschichte des Hauses als authentische Grundlage weiterhin dienen zu können. Umgangssprachlich kann man das übersetzen: Es muss alles so bleiben, wie es ist! Dieser einfache Satz offenbart eine sehr anspruchsvolle Arbeit.

Abb. 2 – Gedenk- und Begegnungsstätte Leistikowstraße, Südwestansicht – Zustand vor der Sanierung, 2006

II. Kurze Bau- und Nutzungsgeschichte des Gebäudes

Das Gebäude Mirbachstraße 1 (heute Leistikowstraße 1) wurde in den Jahren 1916 bis 1918 errichtet. Bauherr war der unter der Schirmherrschaft von Kronprinzessin Auguste Viktoria 1888 gegründete Evangelisch-Kirchliche Hilfsverein (EKH).[3] Das Gebäude diente als Pfarrhaus sowie als Geschäftsstelle und Büro der 1899 vom EKH gegründeten Evangelischen Frauenhilfe (EFH). Mitarbeiterinnen der EFH wohnten im Nachbargebäude Mirbachstraße 2/3 (heute Leistikowstraße 2/3). So ist die Geschichte beider Häuser, die baulich in einem vergleichbaren historistischen Stil errichtet worden waren, eng miteinander verbunden.[4]

Das Gebiet am Neuen Garten war mit repräsentativen Villen und Landhäusern bebaut. Als unmittelbar nach Abschluss der Potsdamer Konferenz am 13. August 1945 die Sowjetische Militäradministration in Deutschland (SMAD) das Viertel beschlagnahmte, mussten die Bewohner ihre Villen verlassen. Um das neu gegründete »Militärstädtchen Nr. 7« wurde eine zwei Meter hohe Mauer errichtet.

Das vormalige Pfarrhaus wurde durch die Hauptverwaltung der militärischen Spionageabwehr GUKR/Smerš[5] der sowjetischen Streitkräfte in der SBZ[6] zum Untersuchungsgefängnis bestimmt. 1945/46 erfolgte mindestens im Keller des Gebäudes ein erster Umbau mit der Einrichtung von Zellen.

Inhaftiert wurden Zivilisten – Deutsche und Sowjetbürger – und ab 1954 ausschließlich sowjetische Militärangehörige. Sie wurden erkennungsdienstlich behandelt und brutalen Verhörmethoden unterworfen, bis sie von sowjetischen Militärtribunalen in einem nichtöffentlichen Verfahren zu hohen Freiheitsstrafen, vielfach zu 25 Jahren Arbeitslager, aber auch zur Todesstrafe verurteilt wurden. Wohl die meisten der Verurteilten verschleppte man entweder direkt oder über ein sowjetisches Speziallager in die Sowjetunion. Die Nutzung als Gefängnis wurde möglicherweise 1983 aufgegeben. In der Zeit danach diente das Haus als Materiallager. Bis heute gibt es Überlebende und Zeitzeugen aus der Zeit der Gefängnisnutzung. Auf die während der Bauarbeiten neu hinzugewonnenen Erkenntnisse werden wir später zurückkommen.

III. Ist das Grauen darstellbar? Die konzeptionellen Vorbereitungen für eine Reparatur und ein Gedenkstättenkonzept

Angesichts der eindrücklichen und tragischen Geschehnisse, die sich in und mit dem Haus zutrugen, entstand die spannende Frage, wie man mit diesem authentischen Zeugnis umgehen kann. Hierzu gab es ab Januar 2004 einen engen Dialog zwischen dem Evangelisch-Kirchlichen Hilfsverein, dem Ministerium für Wissenschaft, Forschung und Kultur (MWFK), dem Landesamt für Denkmalpflege, der Landeshauptstadt Potsdam mit der Unteren Denkmalschutzbehörde, der Stiftung Brandenburgische Gedenkstätten und den beteiligten Vereinen. Die sich herausbildende exzellente Kommunikation war eine wesentliche Grundlage für eine erfolgreiche Erhaltungsstrategie. Der EKH stellte sich zu jedem Zeitpunkt seiner Verantwortung als Besitzer, doch war ihm das Betreiben einer Gedenkstätte angesichts seiner Satzungsziele nicht möglich.[7] Er fungierte daher als Bauherr, um dann einen anderen Betreiber zu finden.

Wie sollte man aber den einzigartigen Bestand möglichst komplett erhalten? Der authentische Ort war als Ebene für die wünschenswerte Vermittlung der Auswirkungen der sowjetischen Repressionspolitik unabdingbar. Die Vermittlung selber würde dagegen Räume, Technik und moderne Medien benötigen. Die Besucherströme müssen empfangen, die Interessierten wollen informiert werden. Viele Veränderungen wären nötig gewesen, um das Haus für diesen Zweck selbst auszurüsten – die nach den Vorschriften für ein Museum handelnde Untere Bauaufsichtsbehörde hätte dafür Sorge tragen müssen.

Anfängliche Gedanken, das Haus selbst als ein Versöhnungszentrum auszubauen[8], wurden daher schnell fallengelassen. Sowohl die geplanten Ausstellungsflächen als auch die Seminar- und Sitzungsräume mit einem Multimediaraum hätten viele nicht akzeptable Veränderungen im Inneren des Bestandsgebäudes bedeutet. Zudem ließ die Ästhetik des denkmalgeschützten Bestandes mit seinem spezifischen Charakter keine »Wohlfühlatmosphäre« eines Arbeits- oder Seminarraumes zu, ohne die historischen Spuren zu verdecken bzw. unwiederbringlich zu vernichten.

Es sollte eine Gedenk- und Begegnungsstätte entstehen, deren zentrales »Exponat« das Bestandsgebäude selbst ist. Das erforderte einen Neubau, in dem die verwaltenden und vermittelnden Funktionen getrennt vom historischen Bestand realisierbar wurden. Nur auf diese Art und Weise konnte der Bestand vor Vernutzung und Beschädigung und letztendlich Zerstörung bewahrt werden.

Ziel der Sanierung konnte weder eine Wiederherstellung noch eine Ergänzung sein, bei der das ursprüngliche Erscheinungsbild, sei es das des Gefängnisses oder das des Pfarrhauses, zurückgewonnen werden würde.[9]

Wie kann man diesem hohen theoretischen Anspruch in der Praxis gerecht werden? Die Auslober eines begrenzt offenen Realisierungswettbewerbes ließen den Weg zu dieser Lösung offen, beschrieben aber zwei Möglichkeiten[10] genauer:

Eine »Haus in Haus«-Lösung könnte eine Art Schutzhülle um die bestehende Substanz sein. Damit sollte der akute Verfall gestoppt werden. Durch ein konservierendes Binnenklima würde eine ganzjährige Arbeit in und mit der Begegnungsstätte ermöglicht.

Andererseits wird es aber auch in einer zweiten Variante für möglich gehalten, das Äußere nur zu reparieren, d. h. das Dach abzudichten, die Einsturzstelle am Dach und im Obergeschoss zu beseitigen, die Putzschäden auszubessern und die Fenster zu reparieren. Damit würde das Gebäude im Wesentlichen in seinem jetzigen, aber technisch reparierten Erscheinungsbild bestehen bleiben. Auf eine Schutzhülle wird in dieser Variante verzichtet.

Bei beiden Varianten sollte die Inneneinrichtung in situ, d. h. an Ort und Stelle erhalten werden. Für die Bauaufgabe des Wettbewerbs kam erschwerend hinzu, dass das Grundstück selbst innerhalb des Geltungsbereiches der Denkmalbereichssatzung Berlin-Potsdamer Kulturlandschaft[11] liegt. Diese beschreibt die strukturellen und baulichen Qualitäten innerhalb des Gebietes des UNESCO-Weltkulturerbes. Die Struktur der Grundstücke mit der typischen Grünzone zwischen den Einzelhäusern und der Straße, die behutsam den Übergang zu den ehemaligen königlichen Gärten darstellen, war laut Satzung das Schutzgut. Stadtplanerisch regelte zusätzlich ein Bebauungsplan[12], der sich zum Zeitpunkt des Wettbewerbes in der letzten Phase der Beteiligung der Träger öffentlicher Belange befand, dass auch für das Grundstück Leistikowstraße 1 ein bestimmtes Maß an Bebauungsdichte nicht zu überschreiten war. Angesichts der Tatsache, dass die vorhandene denkmalgeschützte Substanz nur authentisch bewahrt werden konnte, wenn ein zusätzlicher Neubau auf dem Grundstück platziert werden würde, hatte die Stadt Potsdam im Bebauungsplan für dieses Grundstück einen weiteren baurechtlichen Rahmen gespannt als bei den benachbarten Grundstücken. Dies führte zu öffentlichen Kontroversen – u. a. mit den Besitzern der Nachbargrundstücke.[13]

Doch es war sehr schnell klar, dass man eine Dissonanz in der Nutzungsgeschichte, die sich jeglichen kulturellen Maßstäben entzieht, nicht nach den Maßstäben der übrigen Bebauung würde harmonisieren können. Ein Satz, der im Übrigen erst von einigen akzeptiert wurde, als ihn der von weit her angereiste Vertreter von ICOMOS noch mal deutlich im Wettbewerbsverfahren aussprach.

Der Wettbewerbssieger[14] folgte dem zweiten aufgezeigten Weg der Reparatur des Hauses ohne zusätz-

liche Schutzhülle, da sich die Idee einer Umhausung aus Kostengründen sowohl bei der Errichtung als auch beim Unterhalt als sehr aufwendig herausstellte. Zudem konnte mit der einfachen Reparatur des Hauses auch besser auf die Struktur der umgebenden Grundstücke zwischen Belvedere und Neuem Garten Rücksicht genommen werden: Eine Umhausung hätte ein doch ungewöhnlich großes und dominant wirkendes Bauvolumen erzeugt.

Er übte mit seinem Entwurf eine dezidierte Zurückhaltung.[15] Der Neubau ist in einer zurückgenommenen Kubatur in respektvoller Entfernung vom

Abb. 3 – Gedenk- und Begegnungsstätte Leistikowstraße, Flur im Erdgeschoss – Zustand vor der Sanierung, 2006

Bestandsgebäude platziert. Den Resten des Gefängniszaunes und der noch vorhandenen Fundamente ehemaliger Gebäude wird genügend Raum gelassen. Der vorgesehene Umgang mit dem Altbau versprach eine sensible Handschrift. Insgesamt verzichtet der Siegerentwurf auf jede modische Attitüde und wurde daher zur Umsetzung empfohlen.

IV. Reparatur, Konservierung und Umnutzung des Gebäudes oder: Das Gefängnis braucht einen Fluchtweg

Die Tatsache, dass der Nutzer für die neu gegründete Gedenkstätte zum Zeitpunkt der Umsetzung bis nach der Fertigstellung nicht feststand, steigerte die Verantwortung der Denkmalpfleger. Unter strenger denkmalpflegerischer Maßgabe stand die Reparatur und Konservierung des Bestandsgebäudes im Vordergrund. Denkmalpflegerische Aufgabe war es, die Voraussetzungen für eine im höchsten Maße substanzschonende Sanierung zu schaffen, die Weichen zu stellen für das gewünschte Ergebnis und mit dafür Sorge zu tragen, die richtigen Personen zum richtigen Zeitpunkt in den Prozess einzubinden. Mit anderen Worten: zusammen mit der Bauleitung die zeitliche Abfolge der Maßnahmen so zu gestalten, dass baubedingte, zusätzliche Schäden am Gebäude minimiert würden. Am Ende der Sanierung sollte ein Gebäude übergeben werden, das seinen dokumentarischen Wert behalten hat, aber bautechnisch repariert und für den musealen Betrieb gerüstet sein sollte.

Im Hinblick auf die sinnvolle und zeitnahe Umsetzung des Wettbewerbsergebnisses begannen die regelmäßigen Bausitzungen mit allen beteiligten Personen, Behörden und Vereinen. Immerhin waren Fördermittel in Höhe von 2,3 Mio. EUR für das laufende Jahr bereitgestellt und mussten spätestens im Februar 2008 abgerechnet sein.[16] Das Vorhaben stand unter

einem immensen Zeitdruck. Es war Januar 2007. Parallel zur Planung begannen diverse Untersuchungen am Bestandsgebäude als Grundlagenermittlung für den Eingriff in die Bausubstanz.

Alle Wandoberflächen, besonders aber die der Zellen im Keller- und Erdgeschoss, waren von augenscheinlichem dokumentarischen Wert. Sie waren mit Ölfarbe, vielfach aber mit Kalktünche und Leimfarbe gestrichen. Scheinbar war der Anstrich oft erneuert worden. Mindestens im Keller schienen in jeder Schicht Inschriften von Häftlingen erhalten zu sein, eingeritzt mit Angaben zu Namen, Schicksal und Todesdaten, überwiegend winzig klein und bisweilen mit Bildern versehen. Da eine gründliche Erfassung der Oberflächen weder zeitlich noch finanziell möglich war, musste jetzt eine Groberfassung erfolgen. Der Aufwand für die intensive Erforschung sollte der zukünftigen Gedenkstätte vorbehalten werden. Die Behandlung der Wände mit ihren zahlreichen Inschriften war im Moment ganz offensichtlich ein rein restauratorisches Aufgabenfeld.

Um eine denkmalpflegerische Konzeption für den Umgang mit den Putzen und Farbschichten zu entwickeln, wurde eine systematische Dokumentation mit Darstellung jeder einzelnen Wandabwicklung der mit Inschriften versehenen Räume erstellt. Darauf konnte der Restaurator dann eine präzise Schadenskartierung vornehmen und eine Konservierungsempfehlung aussprechen. Zu diesem Zeitpunkt wurden im Rahmen der Kartierung ungefähr 150 Inschriften gesichtet.

Die Beräumung, Sicherung und Reinigung des Gebäudes erfolgte komplett durch den Restaurator. Das Vorgehen war ungewöhnlich, aber dem Gebäude angemessen. Beispielsweise wurden die hölzernen Podeste sorgsam demontiert und eingelagert, damit sie nach Abschluss der Maßnahmen mit originalen Nägeln in identischer Konstruktion wieder zusammengesetzt werden konnten. Jahrealter Staub und Dreck mussten entfernt werden. Das war durchaus keine anspruchsvolle restauratorische Aufgabe, aber ein wichtiger Zwischenschritt. Grund war die Empfindlichkeit der Wände. Ein nur unüberlegtes Anlehnen oder Abfegen der Wände, um diese von Spinnweben und Staub zu befreien, hätte einen Verlust der wichtigen Informationsschichten mit ihren Inschriften in der Leimfarbe bedeutet: ein Risiko, das auf keinen Fall eingegangen werden durfte.

Ein Nebeneffekt der Reinigung war, dass die Handwerker schon während der Baumaßnahmen dem Gebäude mit dem gegebenen Respekt begegneten, da es nach der Reinigung, aber noch vor Baubeginn bereits ganz augenscheinlich musealen Charakter hatte und eben keinen verwahrlosten Eindruck mehr erweckte.

Der Restaurator war inzwischen zum besten Kenner des Bestandes vor Ort geworden. Er begleitete kontinuierlich die Tätigkeiten an der Baustelle, wies jede Handwerksfirma in ihre Tätigkeit ein und führte immer dann die erforderlichen Sicherungsmaßnahmen oder Putzergänzungen der Wandabschnitte aus, wenn es im Bauverlauf erforderlich wurde.

Am Umgang mit den Fassaden wurde erstmals konzeptionell entwickelt, was später als Leitgedanke die Restaurierung des gesamten Gebäudes charakterisierte: Der bauzeitliche Putz hatte sich an den Fassaden noch großflächig, aber mit unterschiedlichem Oberflächenbild erhalten. Er war partiell geschädigt, es gab Bereiche mit Schalenbildung, und es fanden sich stellenweise im Sockelbereich Inschriften. Darüber hinaus gab es viele, teils grobe und entstellende Reparaturen. Die baulichen Veränderungen ließen sich anhand der Putzreparaturen gut ablesen.

Denkmalpflegerische Vorgabe war die Konservierung der Oberflächen, die Ablesbarkeit der baulichen Veränderungen und die weitmögliche Kostenredu-

Abb. 4 – Bild einer Inschrift »Horst Rheiboldt / Rathenow / TODESURTEIL / 24. 3. 53«

zierung des Behandlungsaufwandes. Das sich daraus ergebende Behandlungskonzept sah entweder die ausschließliche Ausführung oder die enge Begleitung durch den Restaurator vor.

Nicht oder nicht mit vertretbarem Aufwand erhaltbare Putzflächen wurden sorgsam abgenommen, großflächige und konservierbare, aber geschädigte Putzflächen durch Hinterfüllung und Anböschung in den Putzrandbereichen gesichert und die strukturgeschwächten, sandenden Bereiche mit Kieselsäureester gefestigt. Da, wo Putz abgefallen war, wurde mit einem Kalkmörtel ergänzt. Es war das Ziel, die neu verputzten Flächen nicht vordergründig in Erscheinung treten zu lassen, sondern sie vielmehr dem Bestand unterzuordnen. Sie wurden daher nach Abschluss aller Putzarbeiten durch den Auftrag einer pigmentierten Kalkschlämme neutralisiert, das heißt einem mittleren, an der Fassade vorherrschenden Farbton angepasst.

Das Restaurierungskonzept aller Oberflächen am Gebäude war rein maßnahmenorientiert. Eine Befunduntersuchung des gesamten Gebäudes mit Anlegung von Farbtreppen (Stratographien) wurde nicht ausgeführt, da alle Schichten erhalten blieben. Die einzige Ausnahme bildeten Fenster und Außentüren, denn diese Elemente im Außenbereich benötigten einen kompletten neuen Anstrich, um technisch wieder zu funktionieren. Wir entschieden uns für die Wiederholung der jeweils letzten Farbfassung, da diese den Zustand des Gebäudes bei dessen Übergabe 1994 dokumentiert.

Das an der Fassade entwickelte Restaurierungskonzept wurde dann auf das Innere des Gebäudes übertragen. Hier galt es jedoch, viel mehr Dinge zu berücksichtigen, die der Nutzung geschuldet waren. Angesichts der zu erwartenden Besucherzahlen und der vorhandenen statischen Situation wäre ein kompletter Austausch der Deckenbalken notwendig gewesen. Dies konnte nur verhindert werden, indem auch nach der Sanierung einige Räume nicht oder nur in begrenzter Personenzahl zu betreten sind. Dazu gehören z. B. die Sanitärräume, deren Anblick allerdings jeweils durch ein Fenster gewährleistet bleibt.

Ebenfalls mit Respekt vor dem Gebäude wurde das Brandschutzkonzept entwickelt. Die Konflikte traten hauptsächlich bei der Fluchtwegfindung auf. Sie waren den notwendigen schnellen Evakuierungsmöglichkeiten für die Besucher im Brandfall und den nicht erfüllten Feuerwiderständen der vorhandenen Bauteile geschuldet. Die Konsequenz daraus war die Beschränkung auf eine begrenzte Besucheranzahl. Teile des Kellers bleiben nun für die Öffentlichkeit gesperrt, da der zweite Rettungsweg nicht realisierbar ist. Es handelt sich hierbei um den Teil des Kellers mit der größten Dichte von Häftlingsinschriften in den Zellen, so dass diese sensiblen Bereiche auch besonders geschützt sind.

Die Abwasserrohre im Gang des Kellers standen einer öffentlichen Nutzung im Wege, da sie ca. 160 cm über dem Fußbodenniveau befestigt waren und somit keinen baurechtlich zulässigen Fluchtwegermöglichten. Die Verankerungen dieser schweren Eisenrohre in der Decke waren verrostet. Die statische Sicherung und Sanierung der Rohre hätte einen so großen Eingriff in die Geschossdecke bedeutet, dass die an der Decke befindlichen Wärterinschriften verloren gegangen wären. Aus diesem Grund entschieden wir uns, die Rohre an ihren Halterungen abzusägen, um die wichtigere Decke zu erhalten.

Dass laut Baugenehmigung in allen Fluren zusätzliche Beleuchtungskörper installiert werden mussten, die das vormals düstere Licht ergänzen sollten, veränderte den Raumeindruck. Soweit möglich, wurden die vorhandenen Lampen auf eine stärkere Wattzahl aufgerüstet, in Einzelfällen neutrale Lampen ergänzt.

Mit dem Einbau einer Wandheizung erreichten wir einerseits die Temperierung der Räume auf 5 Grad Celsius. Andererseits versprachen wir uns davon die Trockenlegung der Wände und damit die Erhaltung der Inschriften.

Nicht die Reparaturen von 2007 sollten den Raumeindruck beherrschen, sondern der vorgefundene Zustand von 1994. Ziel war nicht die Rekonstruktion, sondern die farbliche Angleichung der während der Baumaßnahmen erzeugten und zu ergänzenden Fehlstellen im Sinne eines beruhigten Bildes. Die Fehlstellen sollten sich nicht laut und kräftig in den Vordergrund drängen, sondern still hinter den authentischen Oberflächen zurücktreten.

Da der Dachstuhl von echtem Hausschwamm befallen war, musste er komplett erneuert werden. Dies bescherte uns leider auch die Erneuerung der Decke im Obergeschoss und damit eine vollkommen neue Putzoberfläche. Die Anschlüsse zu den Wänden mussten neu hergestellt werden. Es stellte sich die Frage, ob die Decke nun wieder weiß gestrichen werden dürfte oder sogar müsste, so wie sie vorgefunden worden war. Wir beantworteten diese Frage mit Ja, denn die Ansicht des unbehandelten Putzes provozierte den Gedanken, dass das Haus in einer Art Rohbauzustand genutzt worden sei. Dies war aber niemals der Fall, denn zur Zeit der Nutzung durch die Sowjets waren die Wandoberflächen im Rahmen des Möglichen gepflegt worden. Es sollte nicht der Verfall und die Verwahrlosung gezeigt werden, sondern vielmehr die Bedeutungslosigkeit, die »Normalität«. Als die Decke im weiteren Bauverlauf dann wieder gestrichen war, zeigte sich, dass diese Entscheidung richtig war, denn auf einmal wurde die Decke wieder das, was sie sein sollte: ein notwendiger, unspektakulärer Abschluss des Raumes.

Im Laufe der Sanierung kamen wir immer wieder an den Punkt, an dem bestimmte Teile aus Sicherheitsgründen oder der Funktion geschuldet ergänzt werden mussten. Wie geht man mit fehlenden Türgriffen, Fenstergriffen oder gar den Tralljen der Treppen um? Durfte man sie formgleich ergänzen? Wir entschieden uns immer wieder einzelfallorientiert: Die Sicherheitstechnik an den Außentüren ist komplett in neutralen Formen erneuert. Die Fenstergriffe stellen ein Sammelsurium verschiedener Nutzungszeiten dar und wurden alle belassen. An manchen Innentüren fehlen Beschläge, da sie aber funktional nicht erforderlich sind, konnten wir mit diesen Fehlstellen leben. Treppentralljen oder Metallstangen am Geländer der Außentreppen wurden formgleich ergänzt. Andere Elemente wie Entrauchungsstangen in den Zellen, Brandschutztüren am Abschluss der Flure oder zusätzliche Geländer am Treppenlauf wurden neutral danebengesetzt. Denkmalpflegerisches Prinzip war die Bewahrung des Vorgefundenen mit neutralen Ergänzungen, soweit diese funktional unverzichtbar schienen. In Einzelfallentscheidungen musste dieses Prinzip während des Bauverlaufes immer wieder auf seine Richtigkeit hin überprüft wer-

den. Hierzu war die hervorragende Kommunikation zwischen allen Beteiligten hilfreich.

Neue Erkenntnisse zur Bau- und Nutzungsgeschichte

Die bis zum Beginn der Baumaßnahmen im Jahr 2007 als sicher geltenden Erkenntnisse zur Nutzungsgeschichte des Hauses konnten durch Beobachtungen während der Bauphase in zwei wesentlichen Punkten präzisiert werden. So ging man immer davon aus, dass die Zellen im Keller durchgängig genutzt worden seien. Erst die Untersuchungen im Zusammenhang mit der Sanierung konnten bestätigen, dass die mit den Inschriften der Inhaftierten zu erfahrenden Daten 1953 enden. Danach wurden die Oberflächen der Wände nicht mehr verändert, weshalb diese wertvollen Dokumente der Zeit von 1946 bis 1953 bis heute lesbar erhalten blieben. Wir wissen heute, dass die Belegung der Zellen im Keller um 1954 ganz aufgegeben und diese in das Erd- und Obergeschoss verlagert wurden. Zu diesem Zeitpunkt müssen die Sanitärräume im Haus eingerichtet und die vorhandenen Sanitäranlagen im Hof nur mehr als Freigangzellen genutzt worden sein, bevor sie später ganz abgerissen wurden. Ihre Fundamente sind heute noch auf dem Gelände sichtbar.

Eine zweite wichtige Erkenntnis betraf das flache Dach des Gebäudes, von dem man immer annahm, dass es nach dem Krieg als Notdach in Folge eines Brandschadens, der das erste, zweigeschossige Walmdach vernichtete, errichtet worden sei. Diese Hypothese konnte während der Bauarbeiten widerlegt werden: Die im Zuge der umfangreichen Eingriffe freigelegten und schließlich erneuerten Deckenbalken wiesen keinerlei Brandspuren auf. Vielmehr fand der beteiligte Restaurator die Jahreszahl 1974 im ergänzten Putz unmittelbar unter der Mauerkrone. Mit dieser Beobachtung halten wir es für gesichert, dass zu diesem Zeitpunkt der alte, hohe Dachstuhl vollständig entsorgt worden ist. Dies und die Konstruktion eines ganz neuen Daches waren ein erheblicher baulicher Eingriff, der wohl kaum bei laufendem Betrieb vorgenommen werden konnte. Es ist offenkundig, dass 1974 weitreichende Arbeiten am und im Haus stattgefunden haben müssen.

Viele weitere Aspekte zur Funktionsgeschichte des Ortes konnten während der Sanierung beobachtet werden. Unsere Erkenntnisse sind in schriftlicher Form aufgearbeitet und stehen nun weiterer Forschungstätigkeit zur Verfügung.

Ausblick

Die Sanierung des bestehenden Hauses, die Errichtung eines Neubaus und die Herstellung der Freiflächen waren mit dem Kalenderjahr 2007 formal abgeschlossen, Restarbeiten erfolgten bis in das Frühjahr 2008 hinein. Ein Jahr später, nämlich im Januar 2009, wurde die nicht rechtsfähige Stiftung »Gedenk- und Begegnungsstätte Leistikowstraße Potsdam« gegründet, die von der Stiftung Brandenburgische Gedenkstätten treuhänderisch verwaltet wird. Stifter ist der Evangelisch-Kirchliche Hilfsverein, der als Eigentümer das Bestandsgebäude und den Neubau in die Stiftung einbringt. Heute wird durch die neue Gedenkstättenleitung eine Ausstellungskonzeption erarbeitet, die das Haus für die Zukunft als Gedenk- und Begegnungsstätte nutzbar machen wird.

Wir Denkmalpfleger übergaben ein bautechnisch intaktes und für den musealen Betrieb gerüstetes Haus, das seinen einzigartigen dokumentarischen Wert und seine hohe Authentizität nicht eingebüßt hat. Mit verantwortungsvollem Umgang bewahrten wir weitmöglichst die Substanz, mit erforderlichem Pragmatismus begegneten wir baulich notwendigen

Veränderungen, und mit restauratorischen Techniken konservierten wir die Schichten der Geschichte. Damit hoffen wir, einen Grundstein für eine erfolgreiche Gedenkstättenarbeit gelegt zu haben.[17]

Bildnachweise

Abbildung 1: Gedenk- und Begegnungsstätte Leistikowstraße, Alt- und Neubau, 2009. Regina Wunder, Foto BLDAM
Abbildung 2: Gedenk- und Begegnungsstätte Leistikowstraße, Südwestansicht – Zustand vor der Sanierung, 2006, Regina Wunder, Foto BLDAM
Abbildung 3: Gedenk- und Begegnungsstätte Leistikowstraße, Flur im Erdgeschoss – Zustand vor der Sanierung, 2006, Regina Wunder, Foto BLDAM
Abbildung 4: Bild einer Inschrift »Horst Rheiboldt / Rathenow / TODESURTEIL / 24.3.53«, Christoph Gramann

Anmerkungen

1   Seit 1997 nahm der EKH (Evangelisch-Kirchlicher Hilfsverein) mit den Vereinen Memorial Deutschland e.V. und amnesty international Kontakt auf, um weitere Unterstützung zu erbitten. Beiden Vereinen wurden Räume im 1. Obergeschoss zur Nutzung überlassen. Seit 2000: Förderverein Gedenk- und Begegnungsstätte Ehemaliges KGB-Gefängnis Potsdam e.V. Bei der Gründung des Fördervereins war das Potsdam Museum beteiligt.

2   Das Haus Leistikowstraße 2–3 wird durch die Evangelische Grundschule Potsdam in Trägerschaft der Hoffbauer-Stiftung Potsdam genutzt. Es gehörte zum Gefängnistrakt dazu.

3   Das Gebäude Leistikowstraße 2–3 war von der Auguste-Viktoria-Pfingsthaus-Stiftung erworben worden. Zur Geschichte des EKH siehe: Gabriele Förder-Hoff.

4   Siehe Plansammlung der Unteren Denkmalschutzbehörde Potsdam.

5 GUKR Glavnoe upravlenie voennoj kontrarazvedki, Smerť špionam, Tod den Spionen.

6 Sowjetische Besatzungszone in Deutschland.

7 Auch in finanzieller Hinsicht brachte der EKH im Zeitraum von 1994 bis 2007 Beträge in Höhe von 170 000 Euro für die Erhaltung und Unterhaltung auf. Allerdings überstieg die professionelle Betreibung auch finanziell den Rahmen der Möglichkeiten des EKH. Zum Vergleich: Nach der Sanierung werden Bund und Land Brandenburg für die Betreibung der sanierten Gedenkstätte mindestens 240 000 Euro jährlich bereitstellen.

8 Planungsskizzen des EKH vom Oktober 2004, BLDAM Objektakte P 04/447 Teil 1.

9 Siehe auch Ausschreibung des begrenzt offenen Realisierungswettbewerbes Blatt 21 und 22, Juni 2006.

10 Vgl. Ergebnisprotokoll des begrenzt offenen Realisierungswettbewerbes Blatt 22 und 27, Anm. 4.

11 Verabschiedet am 30.10.1996.

12 Vgl. B-Plan Nr. 48, Potsdam, »Neuer Garten«.

13 Briefverkehr mit Anwohnern Januar 2006, BLDAM Objektakte P 04/447 Teil 2.

14 Brune Architekten München.

15 Ergebnisprotokoll des begrenzt offenen Realisierungswettbewerbes Blatt 7, Oktober 2006.

16 In erster Linie ist hier der EKH zu nennen, der Grundstück und Gebäude zur Verfügung stellt und in den Anfangsjahren erhebliche Summen investiert hat. Ab Realisierungszeitraum der Gedenkstätte traten als Fördermittelgeber die Europäische Union auf, der Bund, das Land Brandenburg, die Stiftung Ostdeutsche Sparkassen und die Mittelbrandenburgische Sparkasse in Potsdam.

17 Folgende Literatur wurden für diesen Beitrag benutzt: Ausschreibung des begrenzt offenen Realisierungswettbewerbes zur Gedenk- und Begegnungsstätte Leistikowstraße 1. ehem. KGB-Gefängnis Potsdam, ausgelobt vom Evangelisch-Kirchlichen Hilfsverein, Potsdam Juni 2006 (Typoskript); Sabine Ambrosius und Thomas Drachenberg: Potsdam Leistikowstraße 1 – Das ehemalige Untersuchungsgefängnis der sowjetischen Spionageabwehr; in: Brandenburgische Denkmalpflege, 18 (2009) 1, S. 39–60; Wolfgang Brune und Astrid Mayerle: Ehemaliges KGB-Gefängnis Leistikowstraße 1, Potsdam, Katalog zur Ausstellung, Architekturgalerie München 2008, Deutsches Architekturzentrum Berlin 2008; Peter Erler: Das zentrale Untersuchungsgefängnis der sowjetischen militärischen Spionageabwehr in der Potsdamer Leistikowstraße 1 (August 1945–August 1994). Bemerkungen zum baugeschichtlichen Befund, zur historischen Bedeutung und zur Einordnung in die Gedenkstättenlandschaft, Berlin 2005 (Typoskript); Ergebnisprotokoll des begrenzt offenen Realisierungswettbewerbes zur Gedenk- und Begegnungsstätte Leistikowstraße 1. ehem. KGB-Gefängnis Potsdam, ausgelobt vom Evangelisch-Kirchlichen Hilfsverein, Potsdam Oktober 2006 (Typoskript); Gabriele Förder-Hoff: Im Dienst der Liebe. 120 Jahre Evangelisch-Kirchlicher Hilfsverein (EKH), Potsdam 2008; Gramann und Schwieger GbR: Ehemaliges KGB-Gefängnis Leistikowstraße 1, 14469 Potsdam, Restauratorische Untersuchungen, Erstellung eines Sanierungskonzeptes, Dokumentationen, Beobachtungen, erstellt während der Maßnahmen von 2006 bis Mai 2008, (Typoskript); Memorial e. V. (Hg.): Von Potsdam nach Workuta. Katalog zur Ausstellung über deutsche und sowjetische Häftlinge im KGB-Gefängnis Potsdam und die Lagerhaft in Workuta/Sowjetunion, Berlin 2003; Memorial e. V. (Hg.): Schatten zwischen Belvedere und Schloss Cecilienhof. Lebensläufe ehemaliger Häftlinge des KGB-Gefängnisses Potsdam – Leistikowstraße, Berlin 2007; Plansammlung der Unteren Denkmalschutzbehörde Potsdam, Acta Specialia, Leistikowstraße 1 und Leistikowstraße 2/3; Potsdam, Leistikowstraße 1, ehemaliges KGB-Gefängnis. Bauuntersuchung zur Klärung der baulichen Veränderungen während der Gefängniszeit 1946 bis 1994, durchgeführt im Sommer 2006 vom Fachgebiet Bau- und Stadtgeschichte der Technischen Universität Berlin, Berlin Dezember 2007 (Typoskript).

Teil 3

Praktische Berichte zum restauratorischen Umgang mit Stahlbeton

Das praktisch-methodische Wissen für die Sanierung des vergleichsweise jungen Baustoffs Stahlbeton ist in den letzten Jahren enorm gewachsen und hat zur Weiterentwicklung der dafür gültigen Normen und Regeln geführt. Der konkrete Blick auf die Schadensbilder an den Bestandteilen der Berliner Mauer (Grenzmauer, Hinterlandmauer, Lichttrasse, Vorfeldsicherungszaun) zeigt jedoch, dass die technisch machbaren oder gewünschten Konservierungsmaßnahmen mit dem überlieferten ästhetischen Bild und dem politischen Charakter dieses Bauwerks in Einklang gebracht werden müssen.

Norbert Heuler

Methoden der denkmalpflegerischen Behandlung von Resten der Berliner Mauer

Im Rückblick auf die vergangenen zwanzig Jahre seit dem Mauerfall kann man feststellen, dass sich parallel zur kontinuierlichen Dezimierung und Überformung der materiellen Überlieferung – selbst des gesetzlich geschützten Denkmalbestandes – sowie zur schleichenden Verfremdung der Denkmalumgebung ein wachsendes Interesse an Erinnerungsmöglichkeiten in räumlicher Verbindung mit dem historischen Mauerstandort entwickelt hat. Mauermarkierungen, Zeichensetzungen, Bau- und Kunstwerke im Stadtraum, Erinnerungs- und Informationstafeln, Mauerwege und Geschichtsmeilen ergänzen oder ersetzen über weite Strecken die verlorenen originalen materiellen Zeugnisse der Berliner Mauer.

Aufgrund ihrer verstreuten Lage im Berliner Stadtgebiet handelt es sich bei den geschützten Mauerdenkmalen um einzelne Denkmalpositionen, nicht um eine denkmalpflegerische Sachgesamtheit im Sinne eines Ensembles oder gar einer Denkmallandschaft. Das Berliner Denkmalgesetz sieht eine solche

Unterschutzstellung nicht vor. Die unter Denkmalschutz stehenden Mauerabschnitte und Grenztürme gehören alle unmittelbar zum einstigen rund 43 km langen innerstädtischen Grenzstreifen. Hinzu kommen Baudenkmale, die im weiteren Sinne Bestandteil des komplexen Grenzsystems waren, wie etwa der »Tränenpalast« am ehemaligen Grenzbahnhof Friedrichstraße, bei dem es sich um die einstige Ausreisehalle handelt. Im »Tränenpalast« befanden sich die Kontrollen und Abfertigungsschalter der Grenztruppen der DDR; hier verabschiedeten sich die Menschen aus Ost und West voneinander, denn nur bis hier konnten die Bürgerinnen und Bürger der DDR ohne Visum gelangen.

Die wenigen geschützten materiellen Reste der Mauer und Grenzanlagen sind allerdings nur Teil einer durch den Denkmalschutz insgesamt nicht fassbaren Erinnerungslandschaft, die in ihrer Gesamtheit, mit allen Resten und Spuren und mit den im Zuge der Errichtung der Grenzanlagen entstandenen

Raumkanten, grundsätzlich für das Verständnis und damit auch für die Erinnerung und das Gedenken notwendig ist. Eingetragen als Baudenkmale, ist ein Teil der erhaltenen Reste der Mauer und Grenzanlagen in ihrem heutigen Zustand – die Mauer selbst bunt besprüht und von den Mauerspechten aufgepickt – als authentische Dokumente der Teilung und deren Überwindung zu sehen. Dem denkmalrechtlichen Schutz folgen die Fragen nach einem denkmalgerechten Umgang und inwieweit allgemeine denkmalpflegerische Maßstäbe und Konzepte hier tauglich sind.

Die Reste der Mauer und der weiteren Grenzbefestigungsanlagen sind ausschließlich Denkmale der Zeitgeschichte. Ziel und Zweck ihrer Erhaltung ist in geringerem Maße die Mauer als Bauwerk, sondern vielmehr die Erinnerung an die Bedeutung und Wirkung der Mauer, die Erinnerung an die Teilung, an die Folgen der Teilung und an die Maueropfer. Die Mauerreste allein können weder vermitteln, was die Mauer für die Menschen bedeutet hat, die durch sie getrennt, in ihrer Bewegungs- und Reisefreiheit eingeschränkt, beim Versuch, sie zu überwinden, verletzt oder getötet wurden, noch können sie dieses für deren Angehörige. Die Reste der Mauer sind eher »Stolpersteine«, die die Erinnerung wachrufen. Es ist also zu klären, welche Botschaft vermittelt werden soll, welche Bedeutung die Erhaltung der geschützten, überkommenen originalen Reste der Mauer und die der Grenzanlagen hat. Dabei gilt es die Aspekte »Gedenkstätte« wie auch die »Vermittlung der zeitgeschichtlichen Bedeutung innerhalb des Gesamtkonzeptes Berliner Mauer (siehe den Beitrag von Rainer E. Klemke in diesem Band) zu berücksichtigen. Es stellt sich die Frage, was daraus für den konkreten Umgang mit den einzelnen Mauerresten folgt.

Denkmalpflegerische Maßstäbe und Erhaltungskonzepte für Baudenkmale mit baugeschichtlicher, künstlerischer oder städtebaulicher Bedeutung sind hier nur bedingt geeignet, ist es doch insbesondere der historische Wert des Bauwerks Berliner Mauer und damit der Mauerreste, der die Denkmaleigenschaft der Reste ganz wesentlich charakterisiert. Das Erscheinungsbild, ein neben der originalen Substanz wichtiges Kriterium der Denkmalpflege, ist bei den Fragmenten der Grenzanlage als Bewertungsmaßstab der Denkmaleigenschaft gänzlich ungeeignet. Fest steht, dass die erhaltenen, auf die Länge des ehemaligen Mauerstreifens verteilten Mauerreste in ihrer fragmentierten Überlieferung das komplexe Erscheinungsbild der Grenzanlage – außer im Bereich des »Denkmals« in der Gedenkstätte an der Bernauer Straße – in keiner Weise erzeugen können. Denn es ginge hier bestenfalls um das Erscheinungsbild der Fragmente. Aber was sagt das Erscheinungsbild eines Teiles der Mauer aus, wenn man um die Mauer herumgehen und den ehemaligen Todesstreifen begehen kann und das Bauwerk längst (und glücklicherweise) seiner ursprünglichen Funktion beraubt ist?

Die Erinnerung, die geweckt werden soll, ist nicht das Bild der Grenzanlage, sondern die Erinnerung an deren Zweck, deren Wirkung und deren Folgen. Dies kann auch durch nachträglich gesetzte Denkmale und Zeichen – wenn auch nur ganz anders – geschehen. Die originalen materiellen Reste der Mauer sind Denkmale allein durch ihre schiere Existenz – ihre Bedeutung wohnt ihnen inne durch ihre materielle Authentizität, mit der sie bezeugen, dass es die Mauer gab und dass sie genau hier stand. Nur ihre historische Wahrhaftigkeit verleiht ihnen diese Bedeutung und Kraft.

Aber wie authentisch können die originalen Reste erhalten werden, wenn sie nicht mehr standsicher sind? Und welche Konsequenzen ergeben sich gegebenenfalls aus der nicht mehr vorhandenen Standsicherheit? Wie weit kann und darf man gehen, um ein Bauwerk, dass der gewaltsamen Unterdrückung diente, zu stützen oder in Stand zu setzen? Die aufgeworfenen Fragen sind auch für einen Denkmalpfleger nicht leicht zu beantworten, da er es in der Regel mit Baudenkmalen zu tun hat, die vorrangig wegen ihrer künstlerischen sowie bau- und stadtbaugeschichtlichen Bedeutung geschützt sind. Bei einem Baudenkmal mit vornehmlich künstlerischer oder stadtbaugeschichtlicher Bedeutung geht es unter anderem um den Zeugniswert für frühere Bau-, Konstruktions- und Handwerkstechniken, die Entwicklung von ästhetischem Empfinden, von Lebensweise, Alterungs- und Gebrauchsspuren. Die Mauerreste vermitteln uns auf den ersten Blick von all dem nur bedingt etwas, doch tun sie dieses bei genauerer Analyse eben auch. Bei den Resten der Berliner Mauer – als Denkmal der Zeitgeschichte – geht es jedoch in erster Linie um den Zeugniswert ihrer tatsächlichen Existenz. Die Mauer hat unsägliches Leid erzeugt – sie ist nicht nur ein Symbol für das Leid und die Teilung, sie ist in ihrer Materialität authentischer Teil der menschenverachtenden Grenzanlage.

Es fällt mir schwer zu formulieren, warum aus meiner Sicht – als Denkmalpfleger, aber auch als Bürger dieses Landes – die Bewahrung der wenigen noch erhaltenen Reste der Mauer, so authentisch als möglich, so wichtig ist. Vielleicht kann ich dies mit dem Folgenden etwas deutlicher machen:

In der *Berliner Zeitung* las ich vor einiger Zeit einen Artikel über die Erhaltung des Gedenkortes Auschwitz.[1] Der Exekutivpräsident des Internationalen Auschwitz Komitees wird darin mit der Aussage zitiert, dass durch »Rekonstruktion kein Disneyland des Schreckens errichtet« werden darf. Bewahrt werden muss aus seiner Sicht allerdings unbedingt der Stacheldrahtzaun als Symbol der Demütigung und Unfreiheit an diesem Ort. Anlass ist der fortschreitende Verfall der materiellen Zeugnisse des Schreckens,

Hunderte Pfähle, die den Stacheldrahtzaun halten, drohen umzustürzen. Die Aussage zur Erhaltung des Stacheldrahtzaunes wird nicht weiter ausgeführt. Aber wie kann man den Stacheldrahtzaun erhalten? Ist es denkbar, den Stacheldrahtzaun zu erneuern? Der Stacheldrahtzaun ist nicht nur ein Symbol der Unfreiheit, er hinderte die Menschen ganz konkret daran, das Lager zu verlassen, hinderte die internierten Menschen an der Flucht. Verlangt nicht die Pietät vor den Opfern die unbedingte Erhaltung? Kann ein erneuerter Stacheldrahtzaun wirklich noch Zeugnis ablegen von Schrecken und Gewalt?

Ich möchte hier von einem ganz persönlichen Eindruck zum Thema »authentische Gedenkorte« berichten: Vor vielen Jahren habe ich erstmals die 1951/52 gestaltete Gedenkstätte Plötzensee besucht. Bereits bei meinem ersten Besuch in den 1970er Jahren war ich sehr irritiert – und das hat sich bei einem aktuellen Besuch noch einmal bestätigt – vom Umgang mit dem ehemaligen Hinrichtungsraum. Die in einen Balken geschraubten Haken, an denen u.a. Widerstandskämpfer des Attentats auf Hitler vom 20. Juli 1944 erhängt wurden, sind erhalten, und die Wände dieses Raumes sind weiß gestrichen. Der Respekt vor den in diesem Raum ermordeten Menschen hätte aus meiner ganz persönlichen Sicht verlangt, auf jegliche Intervention in die überkommene Bausubstanz oder Gestaltung zu verzichten. Zudem stellte sich bei meinem letzten Besuch durch den zufälligen Vergleich mit Fotos von 1950 heraus, dass die Anzahl und Anordnung der Haken offensichtlich im Zusammenhang mit der Einrichtung der Gedenkstätte verändert wurde.

Die genannten Beispiele sind vielleicht nicht wirklich für den Umgang mit den Resten der Berliner Mauer und den Grenzsicherungsanlagen geeignet – zumal die Wirkung der Grenzanlage nicht an den mittlerweile stark fragmentierten einstigen Bauteilen festgemacht werden kann – aber sie können verdeutlichen, dass die Bewahrung von authentischen Gedenkorten ein sehr schwieriges und kompliziertes, mitunter auch ein sehr persönliches Thema sein kann. Zugleich aber ist es eine staatliche Aufgabe, und deshalb muss es darum gehen, das Überkommene so authentisch wie möglich zu bewahren, um jedem Einzelnen seine ganz persönliche Erinnerung und sein ganz persönliches Gedenken zu ermöglichen.

Vor diesem Hintergrund sollen die in den vergangenen Jahren erfolgten Erhaltungs-, Sicherungs- und Instandsetzungsmaßnahmen an erhaltenen und geschützten Mauerabschnitten vorgestellt und erläutert werden.

Gedenkstätte Berliner Mauer in der Bernauer Straße, Berlin-Mitte

Die durch das Werk der Mauerspechte gezeichneten Reste der Mauer im Bereich des »Denkmals« Ecke Bernauer und Ackerstraße, mit großen Löchern und freiliegenden stählernen Armierungen, wurden im

Abb. 1 – Gedenkstätte Berliner Mauer in der Bernauer Straße, 2010

Zuge der Errichtung der Gedenkstätte Berliner Mauer zwischen 1997 und 1998 durch eine konventionelle Betonsanierung in ihren ursprünglichen Zustand zurückversetzt. Die bis dahin im Zustand ihrer Überwindung überkommenen authentischen Reste der Mauer wurden durch diese »Totalsanierung« einer abstrakten gestalterischen Idee untergeordnet. Die außerhalb des »Denkmals« erhaltenen geschützten Mauerreste sind – abgesehen von den in den 1990er Jahren erfolgten Durchbrüchen – bisher unverändert erhalten.

East Side Gallery, Berlin-Mitte

Die Mauer der heutigen East Side Gallery ist baulich gesehen ein Stück Hinterlandmauer, das ausnahmsweise aus jenen Betonfertigteilen besteht, die in der Regel an der Grenzlinie zum Westen Verwendung fanden (sogenannte »Grenzmauer 75«). Im Frühjahr 1990 wurde dieser Mauerabschnitt von 118 Künstlerinnen und Künstlern aus aller Welt nach dem Vorbild der »Mauerkunst West« auf der dem ehemaligen Ost-Berlin zugewandten Seite bemalt. Ästhetik und

Abb. 2 – Gedenkstätte Berliner Mauer in der Bernauer Straße, 2010

Bildprogramm sind ein zeitgeschichtliches Dokument des historischen Umbruchs. Die erst im November 2009 abgeschlossene Restaurierung der East Side Gallery folgte einem ähnlichen Sanierungskonzept wie bei der Mauer im »Denkmal« an der Gedenkstätte Berliner Mauer in der Bernauer Straße. Die Betonfertigteile wurden konventionell saniert, wobei die Oberflächenstruktur und das Fugenbild erhalten bzw. in Stand gesetzt wurden. Ein Teil der ehemals 106 Bilder wurde durch die ursprünglichen Künstler wiederhergestellt. Die dem eigentlichen Grenzstrei-

fen zugewandte westliche Seite wurde grau gestrichen.

Die East Side Gallery ist heute weniger ein Ort der Erinnerung an Schrecken und Opfer der Mauer, sondern vielmehr ein Ort der Erinnerung an die euphorische Maueröffnung und die künstlerische Aneignung der Mauer als Zeugnis der Überwindung der Teilung. So ist sie auch im dezentralen Gedenkstättenkonzept des Berliner Senates definiert.[2] Die dort erfolgte Sanierung kann unter diesem Aspekt als Ausnahme und Sonderfall und in diesem Sinne atypische Maßnahme

Abb. 3 – East Side Gallery, 2009

gelten. Sie ist nicht mit dem an der Bernauer Straße anstehenden behutsamen Umgang mit den Resten der Berliner Mauer vergleichbar.

Hinterlandmauer auf dem Gelände des Nordbahnhofs, Berlin-Mitte

Von den ursprünglich 144 Feldern der Hinterlandmauer auf dem Gelände des Nordbahnhofs sind nur etwa 124 Felder erhalten. Die Reste der Hinterlandmauer stehen frei auf dem Gelände. Bei den von 2003 bis 2005 durchgeführten konservierenden Maßnahmen bestand die Anforderung darin, die Sicherung bzw. Herstellung der Standsicherheit bei Windlasten und Horizontallasten infolge größerer Menschenansammlungen mit den geringstmöglichen Eingriffen zu gewährleisten. Schief stehende Stützen wurden aufgerichtet und lagegesichert. Gebrochene Platten wurden durch aufgesetzte, verschraubte Metallprofile gesichert. Geknickte Platten wurden repositioniert. Vor allem bei den jeweiligen Endfeldern wurden die Stützen durch ein Flachstahlzugband fixiert. Freilie-

Abb. 4 – Mauer an der Niederkirchnerstraße auf dem Gelände der Topographie des Terrors, 2009

gende Stähle wurden mit Rostschutzmittel geschützt. Seit dem Abschluss der Arbeiten findet einmal jährlich eine Inspektion/ein Monitoring statt. Die Maßnahmen zur Wiederherstellung der Standsicherheit und damit die Herstellung der Verkehrsicherheit zur Abwendung möglicher Gefahren sind zurückhaltend.

Mauerreste an der Niederkirchnerstraße auf dem Gelände der Topographie des Terrors, Berlin-Mitte

An der Niederkirchnerstraße stehen von Mauerspechten stark beschädigte »Grenzmauer 75-Elemente«. Die ursprünglich West-Berlin zugewandte Seite weist auf das Gelände der Topographie des Terrors. Denkmalpflegerisches Ziel war hier, die überkommenen Mauerreste mit all ihren Beschädigungen durch Mauerspechte, Witterung und Verfall

Abb. 4.1 – Ausstellung – Topographie des Terrors, 2010

mit den geringstmöglichen Eingriffen zu erhalten bzw. zu konservieren. Das Konzept wurde seitens des Landesdenkmalamtes mit der Stiftung Topographie des Terrors diskutiert und von dort ausdrücklich begrüßt, da es sich gut in das Gesamtkonzept der Gedenkstätte integriert.

Der bauliche Zustand der Mauer erfordert natürlich auch bei einem Konzept der konservierenden Erhaltung Entscheidungen und Eingriffe, um den weiteren Verfall zu stoppen und die Verkehrssicherheit zu gewährleisten. In Vorbereitung der Maßnahme wurde durch die zuständige Senatsverwaltung 1999 das Ingenieurbüro PICHLER Ingenieure GmbH mit der Dokumentation und Bewertung der Standsicherheit der überkommenen Mauerteile beauftragt. Die Untersuchung ergab, dass die Mauer in diesem Teilabschnitt im Großen und Ganzen standsicher ist (siehe Beitrag Stieglmeier in diesem Band).

Im Ergebnis der Untersuchung wurden durch das Ingenieurbüro folgende Maßnahmen empfohlen bzw. Fragen aufgeworfen:

– Sollen/müssen die freiliegenden Bewehrungsstähle mit Rostschutz behandelt werden?
– Sollen/müssen die durchtrennten und herausstehenden Bewehrungsstähle entfernt werden?
– Sollen/müssen fehlende bzw. absturzgefährdete Röhren, die neben der Erschwerung des Übersteigens der Mauer auch statische Funktion haben, ersetzt werden und gegebenenfalls wie?
– Sollen/müssen Fehlstellen in der Mauer geschlossen, gänzlich fehlende Mauersegmente ersetzt werden?
– Soll/muss die Mauer vor weiteren Beschädigungen durch Mauerspechte und Graffitis gesichert werden, und wenn ja wie?

Auch wenn die Mauer selbst als standsicher eingeschätzt wurde, bestand bzw. besteht die Gefahr, dass

sie bzw. Mauersegmente äußeren Einwirkungen, wie z. B. dem Anprall von Fahrzeugen, Erschütterungen durch Überklettern usw., gegebenenfalls nicht standhalten könnten. Es mussten also geeignete Maßnahmen ergriffen werden, um Personenschäden auszuschließen. Vor Ort können die getroffenen Entscheidungen leicht nachvollzogen werden:

– Fehlende Mauersegmente wurden nicht ersetzt.
– Fehlende oder abgängige Röhren wurden – wo statisch notwendig – durch Doppel-T-Träger ersetzt. Der Eingriff ist damit deutlich sichtbar.
– Herausstehende Bewehrungsstähle wurden entfernt.
– Freiliegende Bewehrungsstähle wurden mit Rostschutz behandelt.
– Eine Maßnahme, auf die wir gerne verzichtet hätten, die aus Sicherheitsgründen allerdings als notwendig erachtet wurde und wird, ist die Aufstellung eines Zaunes vor der Mauer.

Das Konzept der konservierenden Erhaltung erfordert zwingend eine kontinuierliche Beobachtung der Schadensbilder und des Schadensfortschritts. Das Ingenieurbüro wurde deshalb durch die Berliner Senatsverwaltung beauftragt, jährlich den aktuellen Zustand und die vorhandenen Veränderungen zu dokumentieren sowie notwendige Maßnahmen festzustellen. Bei den bisher erfolgten regelmäßigen Untersuchungen wurden keine gravierenden neuen Schäden oder bemerkenswerte Schadensfortschritte festgestellt, so dass im Ergebnis konstatiert werden kann, dass das ausgeführte Konzept tauglich ist.

Ich möchte nun auf den Grenzstreifen an der Bernauer Straße zurückkommen und die Tatsache, dass die Erinnerung an die Mauer und den Grenzstreifen sehr persönlich und nicht verallgemeinerbar ist. Zugleich aber ist die Erinnerung an die deutsche Teilung ein staatlicher Auftrag. Ein besonders signifikanter Ort war und ist der Grenzstreifen an der Bernauer Straße. Hier lag er nicht, wie in weiten Teilen Berlins, auf Straßenland oder auf unbebautem Gelände. Hier wurden zur Errichtung des Grenzstreifens vorhandene Wohngebäude abgebrochen und eine breite Schneise in die vorhandene Stadtlandschaft geschlagen. Hier war die Teilung der Stadt besonders absurd.

Die Häuser auf der Südseite der Straße gehörten zum sowjetischen Sektor, der Fußgängerweg vor diesen Häusern bereits zum französischen. Auf der (politisch östlichen) Seite blieben die außerhalb der Grenzanlage stehenden Wohnbauten erhalten und zeigen mit ihren Brandwänden und Rückfronten noch heute deutlich den Schnitt in die Stadt – auf der (politisch westlichen) Seite der Bernauer Straße, also im ehemaligen französischen Sektor, entstanden im Zuge der Flächensanierung in West-Berlin Neubauten. Die durch die Errichtung der Grenzanlagen an der Bernauer Straße entstandene Schneise in der Stadt verdeutlicht wie kein anderer Ort in der Innenstadt die Brutalität der Teilung. Leider ist diese eindrückliche Wahrnehmung durch die innerhalb der letzten Jahre auf dem Grenzstreifen errichteten Neubauten sehr stark eingeschränkt.

Und zum Aspekt der persönlichen Erinnerung: Als ich unlängst den Grenzstreifen an der Bernauer Straße wieder einmal besucht habe, ist mir aufgefallen, dass eine in meiner persönlichen Erinnerung besonders präsente Stelle heute nur für diejenigen wahrnehmbar ist, die sie kannten. An der Wolliner Straße/Schwedter Straße verlief die Mauer quer über die Bernauer Straße. Hier stand eine der vielen Aussichtsplattformen, von der Besucher direkt in den Osten der Stadt schauten. Ich habe diesen Ort häufig mit Besuchern aus meiner süddeutschen Heimat aufgesucht. Von dieser Aussichtsplattform konnte man nicht nur die Grenzanlage sehen, sondern weit

in den Straßenraum der Eberswalder und der Oderberger Straße blicken und das alltägliche Leben in Ost-Berlin beobachten. Eine unwirkliche, entfremdete Situation, ein Blick, irreal, wie auf einen anderen Stern. Auch wenn ich Ost-Berlin häufig besucht und die Schikanen der Passierscheinstellen und Grenzübergänge erlebt habe, habe ich ein wirkliches Gefühl dafür, was die Mauer tatsächlich bedeutete, erst erfahren, als ich in Ost-Berlin Freunde gefunden hatte, die ich regelmäßig besucht habe, die mich aber erst besuchen konnten, als die Mauer gefallen war.

Ein zweiter Punkt, der mir an der Bernauer Straße aufgefallen ist – neben den Neubauten auf dem Grenzstreifen –, ist die Lage und Ausdehnung der Mauergedenkstätte. Die Gedenkstätte ist bislang nur auf dem Gelände des Friedhofes angelegt, wobei das besonders Eindrückliche des Grenzstreifens an der Bernauer Straße gerade die durch den Abbruch vorhandener Wohngebäude geschlagene Schneise in die historische Stadtlandschaft war und ist. Unmittelbar im Anschluss an die Mauergedenkstätte mündet die Ackerstraße in die Bernauer Straße, so, als wäre es immer so gewesen. Die Stahlwand des »Denkmals«, die es zur Ackerstraße hin begrenzt, scheint die Straße bewusst auszuschließen. Nicht einmal die der Erinnerung an die Mauer gewidmete Gedenkstätte hat das Zerschneiden der Verkehrsachsen thematisiert, wobei die letzten verbliebenen Wohngebäude auf der anderen Seite (der politisch einst »östlichen« Seite) der Ackerstraße mit ihrer dem Grenzstreifen zugewandten Brandwand besonders eindrücklich die historische Situation verdeutlichen. Da jedoch die Gedenkstätte entlang der gesamten Bernauer Straße ausgebaut und erweitert wird, wird sich dieser Zustand bald ändern, ist es doch gerade ein Markenzeichen der Erweiterungsgestaltung, die bisherigen Elemente der Gedenkstätte in die Gesamtgestaltung zu integrieren.

Die geschützten authentischen Reste der Mauer sind nur ein Teil einer Erinnerungslandschaft, die gerade hier an der Bernauer Straße – trotz der inzwischen entstandenen Neubauten auf dem Grenzstreifen – durch die Vielzahl der überkommenen Reste und die nach wie vor sichtbaren Raumkanten in voller Länge ein sehr bemerkenswertes Denkmal der Grenzanlage und Teilung der Stadt ist, deren teilweise Aufgabe durch Neubebauung östlich der Brunnenstraße aus meiner Sicht bedauert werden muss. In diesem Zusammenhang stellt sich zudem die Frage, was mit den unter dem Grenzstreifen erhaltenen Resten der für den Bau der Grenzanlagen abgebrochenen Wohngebäude geschieht, wenn die Baugruben für die geplanten Wohnbauten ausgehoben werden.

Der Grenzstreifen und die Reste der Mauer und der Grenzanlagen sind heute nicht nur ein Denkmal der Grenze, sondern auch ein Denkmal für die Auseinandersetzungen um das Erinnern und den Umgang mit den überkommenen Resten der Mauer und Grenzsicherungsanlagen in den letzten zwanzig Jahren, in Gegenwart und Zukunft.[3]

Die Erinnerung an die Mauer sowie das Gedenken an die Opfer gehen weit über die Erhaltung der materiellen Reste der Mauer und Grenzanlagen hinaus. Aber die Erhaltung der wenigen noch bestehenden materiellen Reste der Mauer und Grenzanlagen ist ein wichtiger und entscheidender Teil. Sie unverändert zu bewahren ist unsere Aufgabe, um künftigen Generationen die Möglichkeit zu geben und sie anzuregen, sich mit der belasteten und belastenden Geschichte auseinanderzusetzen und sich ein eigenes Bild zu machen.

Die konventionelle Instandsetzung der Mauer, wie sie im Rahmen der Errichtung des »Denkmals« der Gedenkstätte bis 1998 durchgeführt wurde, sollte hier auf keinen Fall wiederholt werden. Die Grenzmauer an der Bernauer Straße mit Stützen zu versehen, um den Nachweis der Standsicherheit erbringen zu können, ist aus meiner Sicht fast ebenso abwegig wie die vollständige Instandsetzung oder gar Rekonstruktion.

Das Gutachten über den bedenklichen Zustand der Mauerreste liegt vor. Nun ist es unsere Aufgabe, zusammen mit den Gutachtern Wege zu finden, wie die Mauerreste so authentisch als möglich, jedoch mit möglichst minimalen Eingriffen, erhalten werden können.

Bildnachweise

Abbildung 1: Gedenkstätte Berliner Mauer in der Bernauer Straße, 2010, Axel Klausmeier
Abbildung 2: Gedenkstätte Berliner Mauer in der Bernauer Straße, 2010, Jürgen Hohmuth
Abbildung 3: East Side Gallery, 2009, Axel Klausmeier
Abbildung 4: Mauer an der Niederkirchnerstraße auf dem Gelände der Topographie des Terrors, 2009, Axel Klausmeier
Abbildung 4.1: Ausstellung – Topographie des Terrors, 2010, Günter Schlusche

Anmerkungen

1   Siehe hierzu: Berliner Zeitung, 27.1. 2010. Frank Herold: »Kein Disneyland des Schreckens.« Anstrengungen für den Erhalt des Gedenkortes Auschwitz.
2   Siehe hierzu im Internet:: http://www.berlin.de/sen/kultur/kulturpolitik/mauer/m245.html.
3   Siehe hierzu: Gabi Dolff-Bonekämper: Denkmalschutz für die Mauer; in: Die Denkmalpflege, (2000) 1, S. 33 – 40.

Rainer Auberg

Das Schadensbild der Grenz- und Hinterlandmauer an der Bernauer Straße

Baustofftechnologische Beurteilung und Instandhaltungsprinzipien

I. Ausgangssituation

Die Instandhaltung der Grenz- und Hinterlandmauer an der Bernauer Straße ist aufgrund der besonderen Anforderungen, die der Denkmalschutz stellt und die sich aus der Tatsache ergeben, dass es sich um ein historisches und gesellschaftliches Mahnmal handelt, eine technische Herausforderung. Eine traditionelle Stahlbetoninstandsetzung nach den allgemein anerkannten Regeln der Technik[1] ist grundsätzlich möglich. Die Grenzmauer wäre dann hinsichtlich des Korrosionsschutzes und der Tragsicherheit dauerhaft instand gesetzt. Die Vorgehensweise stellt jedoch denkmalpflegerisch eine erhebliche Einschränkung in der Erkennbarkeit der historischen Entwicklungen dar.

In Zusammenarbeit mit dem Tragwerksplaner Wetzel & von Seht, Hamburg wurden Instandhaltungsprinzipien erarbeitet, die jedes für sich einen Kompromiss darstellen und daher abhängig von der Sichtweise immer auch Schwachpunkte aufweisen. Grundsätzlich gilt zu beachten, dass eine Verkehrsgefährdung durch die Grenz- und Hinterlandmauer ausgeschlossen werden muss.

II. Beurteilung des Bauzustands

II.1 Untersuchungen zur Ermittlung des Ist-Zustandes

In einer eingeschränkten Voruntersuchung wurde der baustofftechnologische Ist-Zustand an der Vorder- und Rückseite der Grenzmauer ermittelt. Im Folgenden sind die Ergebnisse der Untersuchung in Abbildungen zusammengefasst. Es wurden u. a. folgende Untersuchungen an ungeschädigten Betonflächen durchgeführt:

- Ermittlung der Betonfestigkeit mittels Rückprallhammer,
- Bestimmung der Karbonatisierungstiefe und Messung der Betondeckung,

Abb. 1.1, 1.2 – Grenzmauer im Bestand: Schädigung durch Mauerspechte (links) und reprofilierter Mauerbereich (rechts)

Korrosionspotential

Teilstück	Lage	Beweh-rungslage	Potentiale in mV
1	Vorderseite	senkrecht	−80 bis −150
2	Vorderseite	senkrecht	**+10 bis −125**
2	Rückseite	senkrecht	−25 bis −100

⟶ **Bei Betonfeuchte ca. 2,5 Gewichtsprozent**

Abb. 2 – Ergebnisse zur Betonfeuchte und Ermittlung des Korrosionspotentials an ungeschädigten Betonflächen

Richtwerte

Potentialdifferenz U [mV] gegen			Korrosions-wahrschein-lichkeit [%]
Standardsauer-stoffelektrode	Ag/AgCl-Elektrode	Cu/CuSO$_4$-Elektrode	
< −670	< −463	< −350	> 95
> −520	> −303	**> −200**	< 5
−670 bis −520	−463 bis −303	−350 bis −200	ca. 50

⟶ **Korrosionswahrscheinlichkeit derzeit gering**

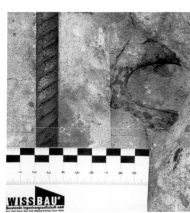

Abb. 3.1, 3.2 – Bestimmung des Abrostungsgrads an freiliegender Bewehrung

Teilstück	Segment	Lage	Messstellenwert (Mittelwert bzw. Medianwert)	Betonfestigkeitsklasse nach DIN 1045 (1988)	Mindestwert Messstelle R_m	Mindestwert Prüfbereich R_m
			[Skalenteile]		[Skalenteile]	[Skalenteile]
1	8	Vorderseite	45	B10	26	30
1	13	Vorderseite	40	B15	30	33
1	16	Vorderseite	44	**B25**	**35**	**38**
2	21	Vorderseite	36	B35	40	43
2	22	Vorderseite	44	B45	44	47
2	25	Vorderseite	39	B55	48	51
2	30	Rückseite	38			
2	36	Rückseite	46			
3	8	Vorderseite	42			
3	9	Rückseite	37			
		Min-Wert	**36**			
		Mittelwert	**41**			

⟶ **Betongüte mindestens B25 oder C20/25**

Abb. 4 – Ergebnisse zur Betonfestigkeit mittels Rückprallhammer an ungeschädigten Betonflächen

Karbonatisierungstiefe

Teilstück	Lage	Karbonatisierungstiefe [mm]
1	Vorderseite	9
2	Vorderseite	18
2	Rückseite	15
3	Vorderseite	24
3	Rückseite	12
	Mittelwert	**16**
	Max-Wert	**24**

⟶ **Korrosionsschutz durch alkalischen Beton liegt noch vor**

Abb. 5 – Ergebnisse zur Karbonatisierungstiefe und Messung der Betondeckung an ungeschädigten Betonflächen

Betondeckung

Lage			min. c	max. c	Mittel c	Standardabw.	Anzahl Bewehrungseisen
Teilstück 1							
Segment	14–16	Vorderseite	18	35	25	4,6	12
Segment	26–28	Vorderseite	18	41	29	6,8	18
Teilstück 2							
Segment	38–42	Vorderseite	9	50	40	7,8	33
Segment	38–42	Rückseite	32	63	47	7,5	54
Segment	48–49	Vorderseite	18	49	29	7,4	12
Teilstück 3							
Segment	13–14	Vorderseite	21	31	29	3,5	8
Segment	3–4	Rückseite oben	17	44	32	7,0	27
Segment	3–4	Rückseite unten	27	59	42	7,9	39
		Mittelwert			**34**		
		10 % Quantil			**23**		

- Messung der Betonfeuchte und Ermittlung des Korrosionspotentials,
- Bestimmung des Abrostungsgrads an freiliegender Bewehrung.

II.2 Fazit

1) Die Bereiche mit freiliegenden Bewehrungseisen sowie mechanischen (Mauerspechte) oder korrosionsbedingten Betonschäden stellen bei der Instandhaltung einen Sonderfall dar. Dieser Sachverhalt trifft vorwiegend auf die sogenannte »freundwärtige Seite« (politisch nach »Osten« gerichtete Seite) zu. Durch dieses Schadensbild liegt eine Schwächung in der Tragsicherheit vor.

2) Für Bereiche mit intakter bis leicht geschädigter Betonoberfläche (vorwiegend auf der sogenannten »feindwärtigen Seite« – und damit politisch nach »Westen« gerichteten Seite – und der Standfläche) gilt:

- Die Betongüte ist ausreichend hoch für ein ungeschütztes Außenbauteil.
- Es ist geringer alkalischer Puffer vorhanden, da die Betondeckung (90% Quantile) größer der maximalen Karbonatisierungstiefe ist.
- Es liegen Netzrisse vor, die lokale Schwachstellen darstellen.
- Derzeit liegt nur eine geringe Korrosionswahrscheinlichkeit vor, u.a. auch wegen geringer Betonkernfeuchte.
- Mögliche Chloridbelastung muss noch untersucht und berücksichtigt werden.

III. Instandsetzungsprinzipien und Beispiele

III.1 Instandsetzungsprinzipien an der Bernauer Straße

Aus den unterschiedlichen Anforderungen aus technischer und denkmalpflegerischer Sichtweise können folgende Varianten der Instandhaltung vorgeschlagen werden. Die nachfolgende Abbildung 6 stellt die beiden Hauptprinzipien vor.

Die Varianten, die im Folgenden anhand von Beispielen erläutert werden, können grob nach den Zielen eingeteilt werden:

- Begrenzung der Korrosionsgeschwindigkeit (für Prinzip S und R nach Abbildung 6 erforderlich) – Einfrieren des Ist-Zustands der intakten Betonflächen. Zum Beispiel: (i) passiver Korrosionsschutz durch Reduzieren des elektrochemischen Korrosionsprozesses, d.h. Reduzieren der Betonfeuchte (Hydrophobierung, Imprägnierung), gleichzeitiger Gewinn: Erhöhen des Frostwiderstands oder (ii) kathodischer Korrosionsschutz. Wirksamkeit muss an Musterflächen gezeigt werden!
- Konservieren der freiliegenden, geschädigten Konstruktion (bei Prinzip R nach Abbildung 6 möglich). Verwendung unterschiedlicher Maßnahmen, wie etwa transluzenten Beton, Glas, PMNE, Coating. Die Wirksamkeit muss an Musterflächen gezeigt werden! Korrosionsrate bei freiliegendem Stahl beträgt ca. 150 bis 200 $\mu m/a$, günstiger wäre jedoch 10 $\mu m/a$, wie z.B. bei Corten-Stahl. Diese Maßnahme kann nur mit einer zusätzlichen Trag- oder Sicherungskonstruktion dauerhaft vorgenommen werden.
- Reprofilieren bei größtmöglicher Substanzerhaltung unter Verwendung vergleichbarer oder neuer Baustoffe. Durch farbliche Abstufung kann eine Abgrenzung Neu zu Alt erreicht werden (für Prinzip S nach Abbildung 6 erforderlich).

Für das Schadensbild der Grenz- und Hinterlandmauer an der Bernauer Straße ergeben sich also folgende Ansätze:

- Bei dem Prinzip R wird das Erscheinungsbild der freiliegenden Eisen weitestgehend erhalten. Durch Reduzierung der Betonfeuchte und Ver-

Instandsetzungs- und Konservierungsansätze

Bereiche mit statisch relevantem Schädigungsgrad

Prinzip S:	Tragsicherheit der Grenzmauer wird wieder hergestellt.
⟶	Standsicherheitsrelevante Instandsetzung Instandsetzungsrichtlinie

oder

Prinzip R:	Tragsicherheit wird – falls erforderlich – durch Hilfskonstruktionen sichergestellt.
⟶	Korrosionsrate Beton und Bewehrungsstahl auf ein zu vernachlässigendes Maß reduzieren, Monitoring erforderlich

Abb. 6 – Grundlegende Prinzipien der Instandhaltung der Berliner Mauer

Prinzip S	Prinzip R
Reprofilierung bei größtmöglicher Substanzerhaltung, Kombination von Teilflächen zur statischen Sicherung möglich	Begrenzung der Korrosionsgeschwindigkeit, Einfrieren des Ist-Zustands
Regelinstandsetzung nach Instandsetzungsrichtlinie. Allgemein anerkannte Regel der Technik	Konservieren der freiliegenden, geschädigten Konstruktion bei Verwendung von variablen Schutzmaßnahmen zur Reduzierung der Stahl- und Betonkorrosion
Verwendung historisch/ geologisch vergleichbarer Baustoffe	Vermeiden von weiteren Belastungen durch mechanische Beschädigungen und Tausalz
	Bauwerksmonitoring und rechtzeitiger Eingriff

Transluzenter Beton – Tool zum Schließen von Wandöffnungen

Abb. 7 – Beschreibung der Prinzipien zur Instandhaltung der Berliner Mauer

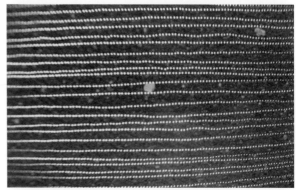

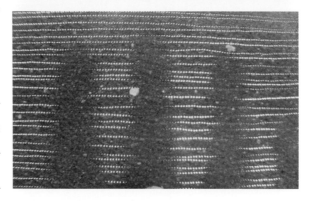

Abb. 8.1, 8.2, 8.3 – Darstellung einer Möglichkeit zum optisch modern abgestellten Wandverschluss; klare Trennung zum Bestand

meidung einer weiteren Exposition durch eine korrosionsfördernde Einwirkung von Tausalzen soll der Korrosionsfortschritt bestmöglich reduziert werden. Das bedeutet, dass ein zerstörender Prozess – wenn auch verlangsamt – weiter anhält und mit zunehmendem Alter eine Zerstörung der Mauer stattfindet. Ein Einfrieren des Ist-Zustands würde einhergehen mit einer vollständigen Ummantelung, z. B. in Kunstharz, Glas oder Glasfaserbeton.

– Bei entsprechender Ausführung muss die Ausbildung von Makrokorrosionsprozessen verhindert werden. Bei dem Prinzip R muss durch geeignete Maßnahmen die Trag- und Verkehrsicherheit der Berliner Mauer über die Restlebensdauer gewährleistet werden.

– Bei dem Prinzip S wird durch eine großflächige Regelinstandsetzung die Trag- und Verkehrsicherheit der Berliner Mauer gewährleistet. Es sind keine weiteren Maßnahmen erforderlich. Ein kleinteilflächiges Belassen des Ist-Zustands ist durch Rückverankerung über angrenzende instandgesetzte Platten sicherlich umsetzbar. Es besteht die Möglichkeit einer Verwendung vergleichbarer Ausgangsstoffe.

III.2 Beispiele gelungener Instandsetzung

Im Folgenden werden beispielhaft das Berliner Olympiastadion (Prinzip S) und das Weltkulturerbe Zollverein (Prinzip S – Kohlenwäsche und R – Bandbrücken) für eine optimierte Instandsetzungsausführung an einem Denkmal unter Beachtung erhöhter Denkmalschutzanforderung mit Sichtqualität dargestellt.

Reine Konservierung oder moderne Nutzungsgestaltung? Diese Frage stellte sich aufgrund der historischen Bedeutung des Berliner Olympiastadions wie bei kaum einem anderen Bestandsbau in Deutschland.

An diesem Denkmal wurde ein Ergebnis erreicht, das die heutigen internationalen Anforderungen an einen modernen Veranstaltungsort übertrifft und trotzdem in ruhigen Stunden einen historischen Rückblick auf Geschichte und Baukunst zulässt.

In den 1990er Jahren wurde im Berliner Senat der weitreichende Entschluss gefasst, den »Sportpark des 21. Jahrhunderts« zu errichten. Eine wichtige Voraussetzung dabei war die Bewahrung des schwierigen Geschichtsdokumentes und Bauensembles Reichssportfeld. Kernstück dieser umfangreichen Baumaßnahmen ist das Berliner Olympiastadion, das in den Jahren 1934 bis 1936 für die Olympiade 1936 errichtet wurde. Dieser Monumentalbau wurde ab Mai 2000 durch Sanierung und Modernisierung bis Ende 2004 unter laufendem Spielbetrieb zu einer der modernsten Sportarenen weltweit ausgebaut, ohne dass das prägende Denkmal äußerlich zu sehr beeinträchtigt wurde.

Aus den stichprobenhaft durchgeführten Voruntersuchungen der Stahlbetongüte ergab sich, dass – wie zu erwarten war – die heutigen Normanforderungen zu einem großen Teil nicht würden eingehalten werden können. Regelmäßig wurde eine Betongüte B15 (15 N/mm^2) unterschritten, die entsprechend der heutigen DIN 1045 für Innenbauteile für Stahlbeton mindestens erforderlich ist. Des Weiteren war der Korrosionsschutz des Bewehrungsstahls aufgrund der fortgeschrittenen Karbonatisierung nicht mehr allein durch den Beton sichergestellt. In Teilbreichen lagen wegen unzulänglicher Gebäudeabdichtung der Tribünen eine erhöhte Baustofffeuchte und ein Chlorideintrag vor, was zu lokalen stärkeren Korrosionsschäden führte. In flächigen Bereichen bestand eine Korrosion der Bewehrung, wenn keine oder eine zu geringe Betondeckung von unter 10 mm vorlag. Eine relevante korrosionsbedingte Querschnittsverringerung wurde jedoch meistens nicht festgestellt.

Naturgemäß wurden bei der geringen Betonfestigkeit auch die notwendigen Haftzugfestigkeiten für die modernen Betoninstandsetzungssysteme unterschritten.

Bei ingenieurmäßiger Umsetzung der heutigen normativen Anforderungen bedeuten die obigen Ergebnisse für die Bausubstanz, dass das Stadion zu einem großen Teil abbruchreif war.

Dies war natürlich nicht mit den Anforderungen des Denkmalschutzes vereinbar und wäre aufgrund des allgemeinen Ist-Zustands unter Berücksichtigung der langjährigen Nutzung nicht verständlich.

Zuerst musste man sich also fragen, warum die Korrosion des Bewehrungsstahls trotz der harschen Umweltbedingungen weitläufig gering war und an exponierten Lagen auch nur geringe Querschnittreduzierungen vorlagen. Entscheidend war eine wissenschaftliche Untersuchung des Korrosionspotentials der vorhandenen Stahlbetonkonstruktion.

Das Korrosionspotential wurde an tragenden Bauteilen vor Ort bei unterschiedlicher Betonfeuchte und vergleichenden Labormessungen untersucht. Durch eine genaue Betrachtung der Feuchteaufnahme und -abgabe des Bestandbetons bei unterschied-

Abb. 9.1, 9.2 – Beispiel Berliner Olympiastadion – Flächige Instandsetzung mit Sichtanforderung und größtmöglicher Substanzerhaltung bei Sicherstellung einer Tragsicherheit und Nutzung als moderne Sportarena

lichen Luftfeuchten und der Korrosionsneigung des Bewehrungsstahls wurde anhand von instationären, numerischen Feuchtebilanzberechnungen für repräsentative Stahlbetonbauteile nachgewiesen, dass bei der zukünftigen Nutzung ein ausreichender Korrosionswiderstand vorliegt bzw. das Korrosionspotential gegen Null geht (Prinzip R). Aus den Berechnungen gingen maximale Belastungen aus Raumluftfeuchte, d. h. Höhe und Dauer, und minimale Trocknungszeiten hervor, bei denen eine langfristige Erhöhung der Betonfeuchte auszuschließen ist. Der Korrosionswiderstand des Bauteils nimmt mit steigender Betonfeuchte ab. Konnten die Anforderungen durch die Nutzung nicht sichergestellt werden, mussten zusätzlich kompensierende Instandsetzungsmaßnahmen ausgeführt werden (Prinzip S).

Das zweite vorgestellte Projekt ist ein 2001 durch die UNESCO zum Welterbe erhobenes Baudenkmal: die Zeche Zollverein in Essen, ein von 1847 bis 1986 aktives Steinkohlebergwerk. Gemeinsam mit der unmittelbar benachbarten Kokerei Zollverein gehören die Standorte XII und 1/2/8 der Zeche zum Welterbe. Das oben genannte Prinzip R wurde weitestgehend bei den kilometerlangen Bandbrücken angewandt.

Die Bandbrücken dienten dem Materialtransport innerhalb des großen Areals der Zeche und der Kokerei Zollverein. In Zukunft wird ein großer Teil der Bandbrücken nicht mehr genutzt, so dass das Bauwerk als rein sichtbares, d. h. außer Funktion befindliches Denkmal erhalten bleiben muss. In kleineren Abschnitten wurden Bandbrücken begehbar für Führungen hergerichtet, wodurch sich höhere Anforderungen für die Instandsetzung ableiteten; siehe Prinzip S.

Das dritte Beispiel befindet sich auch auf dem Gelände der Zeche Zollverein und ist ebenfalls Welterbe der UNESCO, die Kohlenwäsche als größtes und komplexestes Übertagegebäude der Zeche Zollverein Schacht XII. Sie beheimatet heute das Ruhrmuseum der Stadt Essen.

Die Kohlenwäsche besteht baulich im Wesentlichen aus zwei Teilen, die durch eine horizontale Linie

Abb. 10.1, 10.2 – Weltkulturerbe Zeche Zollverein Essen, Bandbrücken – Selektive Instandsetzung (Prinzip R); rechts ursprünglicher Bestand und links Teilreprofilieren farblich erkennbar

ungefähr auf halber Höhe getrennt werden. Von außen ist diese Linie durch den Wechsel von Stahlfachwerk- zu Betonfassade ablesbar. Der obere Teil ist ein Stahlskelettbau, der durch großvolumige, übergroße Fensterflächen belichtete Maschinenräume enthält, der untere Teil ist ein massiver Betonbau, der Bunker und Transportanlagen beherbergt.

Die Bausubstanz der Kohlenwäsche war durch die intensive Nutzung stark korrosionsgeschädigt, und die noch intakte Stahlbetonkonstruktion war erheblich chloridbelastet, so dass eine signifikante Korrosionsgefährdung der tragenden Bewehrung im Stahlbeton vorlag. Durch ein intensives Untersuchungsprogramm konnte gezeigt werden, dass durch die zukünftige Nutzung als Museum unter Beachtung eines Monitorings die chloridbelastete Konstruktion weitestgehend erhalten werden konnte (Prinzip R). Nur an exponierten Bauteilflächen musste ein Schutzprinzip ausgeführt werden (Prinzip S).

Vergleichbar den angeführten Beispielen, wird es auch bei den baulichen Resten der Berliner Mauer darum gehen, nach peniblen Bestandsdokumentationen und Materialuntersuchungen eine Konservierungsmethode zu entwickeln, die dem historisch bedeutsamen Denkmal angemessen ist und zugleich die materiellen Besonderheiten des »Bauwerks« Berliner Mauer berücksichtigt.

Bildnachweise

Abbildung 1.1, 1.2: Grenzmauer im Bestand: Schädigung durch Mauerspechte (links) und reprofilierter Mauerbereich (rechts), Bereich C: das Denkmal (Kohlhoff und Kohlhoff), Rainer Auberg
Abbildung 2: Ergebnisse zur Betonfeuchte und Ermittlung des Korrosionspotentials an ungeschädigten Betonflächen, Rainer Auberg
Abbildung 3.1, 3.2: Bestimmung des Abrostungsgrads an freiliegender Bewehrung, Rainer Auberg
Abbildung 4: Ergebnisse zur Betonfestigkeit mittels Rückprallhammer an ungeschädigten Betonflächen, Rainer Auberg

Abb. 11.1, 11.2 – Weltkulturerbe Zeche Zollverein Essen, Kohlenwäsche – Instandsetzung mit Sichtanforderung und größtmöglicher Substanzerhaltung (Prinzip S); links ursprünglicher Bestand und rechts Reprofilieren mit ursprünglichem Farbton

Abbildung 5: Ergebnisse zur Karbonatisierungstiefe und Messung der Betondeckung an ungeschädigten Betonflächen, Rainer Auberg

Abbildung 6: Grundlegende Prinzipien der Instandhaltung der Berliner Mauer, Rainer Auberg

Abbildung 7: Beschreibung der Prinzipien zur Instandhaltung der Berliner Mauer, Rainer Auberg

Abbildung 8.1, 8.2, 8.3: Darstellung einer Möglichkeit zum optisch modern abgestellten Wandverschluss; klare Trennung zum Bestand; Rainer Auberg, mit Musterelement der Fa. LUCCON

Abbildung 9.1, 9.2: Beispiel Berliner Olympiastadion – Flächige Instandsetzung mit Sichtanforderung und größtmöglicher Substanzerhaltung bei Gewährleistung einer Tragsicherheit und Nutzung als moderne Sportarena (Prinzip S), Rainer Auberg

Abbildung 10.1, 10.2: Weltkulturerbe Zeche Zollverein Essen, Bandbrücken – Selektive Instandsetzung (Prinzip R); rechts ursprünglicher Bestand und links Teilreprofilieren farblich erkennbar, Rainer Auberg

Abbildung 11.1, 11.2: Weltkulturerbe Zeche Zollverein Essen, Kohlenwäsche – Instandsetzung mit Sichtanforderung und größtmöglicher Substanzerhaltung (Prinzip S); rechts ursprünglicher Bestand und links Reprofilieren mit ursprünglichem Farbton, Rainer Auberg

Anmerkungen

1　Deutscher Ausschuss für Stahlbeton: Instandsetzungsrichtlinie, Berlin 2003.

Rolf P. Gieler

Betoninstandsetzung nach Regelwerken und Denkmalpflege

Einleitung

Obwohl in den Anfängen des Stahlbetonbaus bereits beeindruckende Bauwerke entstanden und mancher Architekt sich schon in den zwanziger Jahren des 20. Jahrhunderts der neuen Bauweise verschrieb,[1] erlebte der im Vergleich zu anderen Bauweisen noch junge und inzwischen seit mehr als 100 Jahren praktizierte Stahlbetonbau, vor allem während der zweiten Hälfte des letzten Jahrhunderts insbesondere mit wissenschaftlichen und technischen Fortschritten im Bereich der Werkstoffe, der Bauverfahren sowie der Berechnungs- und Bemessungsmethoden der Tragwerke einhergehend, eine rasante Entwicklung.[2]

In letzter Zeit werden vermehrt Bauwerke aus Stahlbeton oder unter Verwendung von Stahlbetonbauteilen hergestellte Bauten aufgrund ihrer Besonderheiten, z. B. des Alters, der Ingenieurleistung, der (bau-)historischen Bedeutung oder einer Kombination dieser Merkmale, zum Denkmal erklärt.[3] Das Erhalten dieser denkmalgeschützten Bauwerke stellt sich meist als für alle Beteiligten anspruchsvolle Aufgabe dar, da grundsätzlich die geltenden Regelwerke anzuwenden sind, die entsprechenden ingenieurtechnischen Lösungen den denkmalpflegerischen Anforderungen jedoch oft nicht genügen. Für Bauwerke, die nach denkmalpflegerischen Aspekten instand gesetzt werden müssen, gilt es, die Maßnahmen zum Erhalt jeweils individuell für das jeweilige Objekt zu erarbeiten.

Im Folgenden werden wesentliche Grundsätze bei der Betoninstandsetzung von Bauwerken nach den geltenden Regelwerken genannt und technische Möglichkeiten für Denkmäler dargestellt. Die dargestellten Beispiele können nicht ohne weitere Überlegungen auf jedes Bauwerk übertragen werden. Im Einzelfall jeweils zu berücksichtigende individuelle Randbedingungen erfordern entsprechend geplante an das Objekt angepasste Lösungen – auch im Fall der zu erhaltenden Reste der Berliner Mauer.

I. Regelwerke

Mit der Musterbauordnung (MBO)[4] fordert der Gesetzgeber, »dass die öffentliche Sicherheit und Ordnung, insbesondere Leben, Gesundheit oder die natürlichen Lebensgrundlagen, nicht gefährdet werden«, woraus die Pflicht des Eigentümers folgt, Bauwerke instand zu halten. Zu beachten sind die von der obersten Bauaufsichtsbehörde durch öffentliche Bekanntmachung als Technische Baubestimmungen eingeführten technischen Regeln. Im Folgenden werden die wesentlichen Regelwerke kurz beschrieben. Grundsätzlich gelten die genannten Regelwerke auch für denkmalgeschützte Betonbauwerke.

I.1 Instandsetzungsrichtlinie des DAfStb

Planung, Durchführung und Überwachung von Schutz- und Instandsetzungsmaßnahmen für Bauwerke und Bauteile aus Beton und Stahlbeton regelt die in allen Bundesländern bauaufsichtlich eingeführte Richtlinie »Schutz und Instandsetzung von Betonbauteilen« des Deutschen Ausschusses für Stahlbeton (DAfStb – Instandsetzungsrichtlinie),[5] im Folgenden RL SIB genannt. Das Regelwerk definiert zudem die Prüfverfahren für die Werkstoffe und Werkstoffsysteme im Rahmen der Grundprüfung.

Betonbauwerke, die gemäß DIN 1045 oder DIN 4227 hergestellt wurden oder zukünftig gemäß DIN EN 206-1 und DIN 1045 hergestellt werden, sind nach der RL SIB instand zu setzen, »unabhängig davon, ob die Standsicherheit betroffen ist oder nicht«.[6] Regeln für den Nachweis der Standsicherheit enthält die Richtlinie nicht. Bauaufsichtlich ist jedoch ausschließlich gefordert, die RL SIB für Instandsetzungen von Betonbauteilen, bei denen die Standsicherheit gefährdet ist, anzuwenden. Der gemäß der DAfStb-Richtlinie definierte sachkundige Planer muss die Standsicherheit gegebenenfalls unter Hinzuziehung weiterer Fachplaner und Experten bewerten.

Die RL SIB gilt für folgende Schutz- und Instandsetzungsarbeiten:
- Herstellen des dauerhaften Korrosionsschutzes der Bewehrung bei unzureichender Betondeckung,
- Wiederherstellen des dauerhaften Korrosionsschutzes bereits korrodierter Bewehrung,
- Erneuern des Betons im oberflächennahen Bereich (Randbereich), wenn der Beton durch äußere Einflüsse oder infolge Korrosion der Bewehrung geschädigt ist,
- Füllen von Rissen,
- Vorbeugendes zusätzliches Schützen der Bauteile gegen das Eindringen von beton- und stahlangreifenden Stoffen, z. B. gemäß DIN 4030,
- Erhöhen des Widerstands von Bauteiloberflächen gegen Abrieb und Verschleiß.

Das Regelwerk lässt zu, dass, wenn einzelne Bauteile ersetzt oder verstärkt werden, Instandsetzungen an Betonbauwerken auch gemäß DIN EN 206-1/DIN 1045-2[8] (Stahlbeton) und DIN 18551[9] (Spritzbeton) durchgeführt werden können.

I.2 Zusätzliche Vertragsbedingungen und Richtlinien für Ingenieurbauten

Für Bauwerke im Bereich des Bundesministeriums für Verkehr (BMV) gelten die in den Zusätzlichen Vertragsbedingungen und Richtlinien für Ingenieurbauten (ZTV-ING)[10] Teil 3 »Massivbau« enthaltenen Regeln der Abschnitte 4 »Schutz und Instandsetzung von Betonbauteilen« und 5 »Füllen von Rissen und Hohlräumen in Betonbauteilen«. Für Wasserbauten gelten weitere Regelwerke.[11]

I.3 DIN EN 1504

Die internationale zehnteilige Normenreihe DIN EN 1504[12] regelt Produkte und Systeme für den Schutz und die Instandsetzung von Betontragwerken. Zu dieser Normenreihe gehören zahlreiche weitere Prüfnormen.

Die auf europäischer Ebene harmonisierten Normenteile 2 bis 7 sind national unverändert umzusetzende Produktnormen. Die in den Teilen 2, 3, 5 und 7 behandelten Betoninstandsetzungsprodukte wurden bisher über allgemeine bauaufsichtliche Prüfzeugnisse (abP) geregelt. Die genannten Teile 2 bis 7 werden als DIN EN in die Bauregelliste B Teil 1 aufgenommen. Teil 9 nennt Allgemeine Planungsgrundsätze, Teil 10 regelt die Anwendung von Produkten und Systemen auf der Baustelle im Sinne einer Ausführungsregelung. Die nicht harmonisierten Teile 9 und 10 werden bauaufsichtlich nicht eingeführt. Daher bleibt für Planung und Ausführung weiterhin die Instandsetzungsrichtlinie des DAfStb als Technische Baubestimmung in Deutschland eingeführt.

Im Rahmen der Einführung der europäischen Produktnormen der Normenreihe DIN EN 1504 werden sogenannte nationale Anwendungsdokumente (NAD) als Anwendungs bzw. Restnormen erstellt, so dass die Produkte, die nach den neuen europäischen Normen produziert und deren Konformität nachgewiesen wird (CE-Zeichen), im bauaufsichtlichen Bereich nach der Instandsetzungsrichtlinie angewendet werden können.

I.4 Regelwerke verschiedener Institutionen

Neben den genannten existieren weitere deutsche Regelwerke verschiedener Institutionen, z.B. der Wissenschaftlich-Technischen Arbeitsgemeinschaft für Bauwerkserhaltung (WTA), die sogenannte Merkblätter herausgibt.[13] Diese sind zwar nicht bauaufsichtlich eingeführt, ergänzen die zuvor genannten Regelwerke jedoch oft in bestimmten Details der einzelnen Phasen des Planungs- und Ausführungsablaufs und zählen oft zu den anerkannten Regeln der Technik.

Typische Schäden

Untersuchungen an zahlreichen Bauwerken aus Stahlbeton zeigen, dass trotz individueller Gegebenheiten oft typische Schäden[14] vorliegen, z.B.:

– Korrosion der Bewehrung als Folge des Karbonatisierens des Zementsteins oder infolge des Einwirkens von Chloriden,
– Abplatzen der Betondeckung über korrodierenden Bewehrungsstählen,
– Risse aus unterschiedlichen Gründen,
– Gefügestörungen, z.B. durch unzureichendes Verdichten: Hohlstellen, Kiesnester,
– Erodieren des Zementsteines an der Oberfläche der Bauteile durch sauren Regen (siehe Abb. 2),
– Bewuchs durch Algen, Flechten und Moose.

Aufgrund der eventuell langzeitigen Bewitterung der Bauteile können die aufgeführten Schäden weit fortgeschritten sein oder zu erheblichen Folgeschäden geführt haben. Diese sind im Rahmen einer gründlichen und systematischen Objektuntersuchung (Bauzustandsanalyse) zu erfassen.

Die Ursachen für die genannten Schäden, deren Behebung sowie Vermeidung wurden in den letzten Jahrzehnten intensiv erforscht und in der Fachliteratur[15] ausführlich beschrieben. Daher wird an dieser Stelle auf eine vertiefende Darstellung verzichtet, jedoch werden nachfolgend besonders häufig vorkommende und für alte Bauwerke typische Schadensarten und Merkmale erwähnt.

An alten Bauwerken sind zwischenzeitlich vorgenommene Reparaturmaßnahmen nicht ungewöhnlich. Da für vor 1970 vorgenommene Sanierungen Instandsetzungssysteme im Sinne der DAfStb-Richtlinie und DIN EN 1504[16] nicht bekannt waren, wurden z. B. Vorsatzschalen im Verbund zum vorhandenen Beton aus Ortbeton,[17] in Spritzbetontechnik[18] oder auch vorgehängte, hinterlüftete Waschbetonplatten[19] als Schutz der geschädigten Bauteile eingesetzt. An diesen Reparaturstellen können sich im Laufe der Zeit ebenfalls unterschiedlich stark ausgeprägte Schäden eingestellt haben.[20]

Im Sinne der unter Ziffer 2 genannten Regelwerke instand gesetzte Bauwerke weisen 20 bis 30 Jahre nach der Instandsetzung in vielen Fällen eine vergleichsweise lange Dauerhaftigkeit der durchgeführten Maßnahmen auf.

Abb. 1 – Pilgerhäuser vor dem Wallfahrtsdom in Neviges – Abplatzungen über korrodierenden Bewehrungsstählen

Abb. 2 – Risse im Glockenturm einer Kirche und Erosion des Zementsteines durch sauren Regen an den Betonoberflächen

II. Planung und Ausschreibung

Gemäß RL SIB ist zwingend vorgeschrieben, Instandsetzungsmaßnahmen vor Beginn der Ausführung zu planen. Schäden und deren Ursachen sind vom sachkundigen Planer zu ermitteln und schriftlich anzugeben. Stahlbeton-Bauwerke instand zu setzen, ist bei Maßnahmen zum Erhalt der Gebrauchsfähigkeit und Sicherheit eine Ingenieuraufgabe. Dabei ist so zu planen und auszuführen, dass die verlangten Gebrauchseigenschaften dauerhaft erreicht werden.

RL SIB fordert ein planmäßiges Vorgehen nach folgendem Schema:
– Beurteilung und Planung durch einen sachkundigen Planer,
– Ermitteln von Ist- und Sollzustand,
– Beurteilen der Standsicherheit,
– Angeben der Ursachen von Mängeln und Schäden,
– Erstellen eines Instandsetzungskonzepts und eines Instandsetzungsplans,
– Aufstellen eines Instandhaltungsplans mit Angaben zu Inspektion und Wartung,
– Verwenden von Stoffen entsprechend der Richtlinie, für die die grundsätzliche Eignung in einer Grundprüfung nachgewiesen wurde und deren Herstellung überwacht wird,

Abb. 3 – Wallfahrtskirche Maria, Königin des Friedens in Neviges – Bewuchs (Moose) an einer häufig befeuchteten Bauteiloberfläche

Abb. 4 – Schäden an Ausbesserungsstellen eines Anfang der neunziger Jahre des letzten Jahrhunderts instand gesetzten und inzwischen unter Denkmalschutz stehenden Glockenturmes in Hanau

– Ausführen durch Fachpersonal und Überwachen der Ausführung.

Das Vorgehen wird nachfolgend näher erläutert.

II.1 Objektuntersuchung

Voraussetzung zum Planen nachhaltiger Schutz- und Instandsetzungsmaßnahmen sind die möglichst umfassende Kenntnis des Zustands eines Objektes und der Ursachen für Schäden. Daher müssen in jedem Fall gründliche Untersuchungen am Objekt erfolgen. Beispiele für Untersuchungsmethoden sind in RL SIB unter Bauprodukte und Anwendungen[21] aufgeführt. Ausführliche Hinweise zur Diagnose gibt ein WTA-Merkblatt[22]. Untersuchungen sind üblicherweise in visuelle und technologische Prüfungen zu unterteilen. Ziel der Untersuchungen ist es, die Ursachen für Schäden zu erkennen.

Da in zahlreichen Fällen Unterlagen zum Bauwerk, die Aufschluss über die Art der Werkstoffe und deren Verarbeitung ermöglichen, fehlen, besitzen diesbezügliche Untersuchungen neben der Analyse des Zustands besondere Bedeutung. Außer Erhebungen zur Tiefe der Karbonatisierung, zur Betondeckung der Bewehrung und zur Festigkeit der oberflächennahen Betonzone ist z. B. auch die Art des verwendeten Zements festzustellen. Die heute eingesetzten mineralischen Betoninstandsetzungswerkstoffe werden überwiegend mit Portlandzementen hergestellt. In Einzelfällen können diese mit den am Objekt verwendeten Zementen (z. B. Sulfathüttenzementen[23]) nicht verträglich sein, so dass ungewünschte Reaktionen, wie Salzkristallisation durch Ettringit (seltenes Mineral), eintreten können. In solchen Fällen sind Mörtel mit sulfatbeständigen Bindemitteln einzusetzen.[24]

Bei früheren Instandsetzungen durch Vorsatzschalen, in Spritzbeton oder vorgehängte, hinterlüfte-te Waschbetonplatten ist zu prüfen, ob der Verbund oder die Befestigung der Vorsatzschalen zum bzw. am Untergrund gegeben ist und ob diese Schalen erhalten werden können. Die Objektuntersuchung sollte auch die bauphysikalischen Gegebenheiten wie u. a. Wärmedämmung, Wasserbeaufschlagung der Bauteiloberflächen (Schlagregenbeanspruchung), fehlende Abdichtungen umfassen. Zu empfehlen ist, die Befunde – wie bei anderen Denkmälern auch – zu kartieren[25] und somit möglichst detailliert zu dokumentieren.

Bei erheblichen Schäden oder bei geänderter Nutzung kann es notwendig sein, die Standsicherheit der tragenden Konstruktion oder einzelner Bauteile zu überprüfen, gemäß RL SIB, Teil 1,[26] Abschnitt 3.2. Eine Gefährdung der Standsicherheit liegt demnach nicht nur bei einem entsprechenden Schaden vor, sondern auch dann, wenn ein Schaden mit großer Wahrscheinlichkeit künftig zu erwarten ist. Die Beurteilung muss durch den sachkundigen Planer erfolgen.

II.2 Instandsetzungskonzept

Das Instandsetzungskonzept ist aus der Ermittlung des IST- als Ergebnis der Objektuntersuchung und der Festlegung des SOLL-Zustandes zu entwickeln. Leistungen, die im Zusammenhang mit der Betoninstandsetzung stehen und die Dauerhaftigkeit einer Betoninstandsetzung wesentlich beeinflussen, z. B. Abdichtungen, sind im Instandsetzungskonzept zu berücksichtigen. Ebenso sind besondere Belastungen (chemisch und/oder mechanisch) zu beschreiben. Mit dem Konzept legt der sachkundige Planer fest, ob und ggf. welche Maßnahmen erforderlich sind. Hierbei sind die Grundsätze für

– den Schutz und die Instandsetzung des Betons[27],
– den Korrosionsschutz der Bewehrung[28] zu beachten.

Zu den Maßnahmen zum Schützen des Betons zählen gemäß RL SIB:

– Füllen von Rissen und Hohlräumen mit Reaktionsharz, Zementleim (ZL) oder Zementsuspension (ZS),
– Ausfüllen örtlich begrenzter Fehlstellen mit Mörtel oder Beton,
– großflächiges Auftragen von Mörtel oder Beton,
– Auftragen von Hydrophobierungen,
– Auftragen von Imprägnierungen (Versiegelungen),
– Auftragen von Beschichtungen.

Um die Maßnahmen zum Korrosionsschutz der Bewehrung planen zu können, sind Kenntnisse über die elektrochemischen Korrosionsvorgänge an der Oberfläche der Bewehrung und die chemischen und physikalischen Zustände bzw. Vorgänge im umgebenden Beton erforderlich.

RL SIB nennt die folgenden Korrosionsschutzprinzipien, um einen dauerhaften Korrosionsschutz für die Bewehrung wiederherzustellen:

Anodischen Teilprozess unterbinden

R Repassivierung
   R1 alkalischer Spritzmörtel, großflächig
   R2 alkalischer Mörtel, lokale Ausbesserung
C Beschichtung der Stahloberflächen in kritischen Bereichen
K Kathodischer Korrosionsschutz der Bewehrung

Elektrolytischen Prozess unterbinden

W Absenkung des Wassergehaltes

DIN EN 1504-9[29] sieht die in Tab. 1 aufgeführten Korrosionsschutzprinzipien für Stahl und Beton vor.

Die grundsätzlichen Lösungen (Instandsetzungsprinzipien) der RL SIB auf Basis der zuvor genannten Korrosionsschutzprinzipien berücksichtigen die

Tab. 1 – Korrosionsschutzprinzipien für Stahl und Beton nach DIN EN 1504-9

Kurzzeichen	Prinzip und Definition
Schäden im Beton	
Prinzip 1 [IP] Protection against Ingress	Schutz gegen das Eindringen von Stoffen
Prinzip 2 [MC] Moisture Control	Regulierung des Wasserhaushaltes des Betons
Prinzip 3 [CR] Concrete Restauration	Betonersatz
Prinzip 4 [SS] Structural Strengthening	Verstärkung
Prinzip 5 [PR] Physical Resistance	Physikalische Widerstandsfähigkeit
Prinzip 6 [RC] Resistance to Chemicals	Widerstandsfähigkeit gegen Chemikalien
Korrosion der Bewehrung	
Prinzip 7 [RP] Preserving or Restoring Passivity	Erhalt oder Wiederherstellung der Passivität
Prinzip 8 [IR] Increasing Resistivity	Erhöhung des elektrischen Widerstands
Prinzip 9 [CC] Cathodic Control	Kontrolle kathodischer Bereiche
Prinzip 10 [CP] Cathodic Protection	Kathodischer Schutz
Prinzip 11 [CA] Control of Anodic Areas	Kontrolle anodischer Bereiche

Ursache für Schäden (fehlende Alkalität des Betons infolge des Karbonatisierens des Zementsteins bzw. Chloride [Cl] als Korrosionsauslöser):

- Instandsetzungsprinzip R (R-Cl): Korrosionsschutz durch Wiederherstellen des alkalischen Milieus
- Instandsetzungsprinzip W (W-Cl): Korrosionsschutz durch Begrenzen des Wassergehalts im Beton
- Instandsetzungsprinzip C (C-Cl): Korrosionsschutz durch Beschichten der Bewehrung
- Instandsetzungsprinzip K: Kathodischer Korrosionsschutz (i. d. R. bei chloridinduzierter Korrosion)

Falls erhöhte Chloridgehalte (Cl) im Beton vorliegen oder erhöhte Chloridbelastungen zu erwarten sind, werden zusätzliche Anforderungen im Rahmen der Instandsetzungsprinzipien gestellt.

II.3 Instandsetzungsplan

Auf Basis des Instandsetzungskonzeptes ist ein Instandsetzungsplan aufzustellen. Dieser muss die Grundsätze der Instandsetzung des Betons und der Bewehrung, die Anforderungen an die Ausführung und ggf. Aspekte des Brandschutzes berücksichtigen.

Ausschließlich der sachkundige Planer legt fest, ob die geplante Maßnahme erforderlich ist, um die Standsicherheit zu erhalten, und welche Maßnahmen zu treffen sind, um die Ausführung zu überwachen. Dieses ist zwingend in die Ausschreibungsunterlagen aufzunehmen.

In jeder Phase, auch während der Ausführung der Betoninstandsetzungsarbeiten, muss festgelegt sein, wer die Fragen der Standsicherheit verantwortlich beurteilt und wer die dazu erforderlichen Maßnahmen plant und ausführt. Nur in Verbindung mit dieser Festlegung dürfen die im Anwendungsbereich

der RL SIB angeführten Arbeiten, auch wenn sie die Standsicherheit nicht direkt betreffen, ausgeführt werden.

Denkmalpflegerische Anforderungen sind in Zusammenarbeit mit der zuständigen Behörde zu berücksichtigen, wobei u. a. folgende Einzelheiten vorab zu klären sind:

- Muss das visuelle Erscheinungsbild der Sichtbetonbauteile (Farbe, Relief, Struktur der Oberfläche) erhalten bleiben?
- Dürfen ausgebesserte Schadstellen erkennbar sein?
- Sind zwischenzeitlich aufgebrachte Schichten/ Vorsatzschalen aus früheren Reparaturen zu erhalten oder zu entfernen?
- Wie ist der notwendige Ersatz von Bauteilen vorzunehmen (Fertigteil, Ortbeton)?

Zu prüfen ist im Rahmen der Planung, ob eventuell Modifikationen von eingeführten Instandsetzungssystemen technisch möglich bzw. denkmalpflegerisch sinnvoll sind, um den genannten Anforderungen gerecht zu werden. Insbesondere sind die denkmalpflegerischen Grundsätze des Substanzerhalts und der Reversibilität der Maßnahme zu beachten. Hier sei als Beispiel der Einsatz einer lasierenden Deckbeschichtung genannt,[30] die üblicherweise nicht zum Spektrum der marktüblichen Betoninstandsetzungssysteme zählt und für die daher eventuell keine Eignungsnachweise im Sinne RL SIB und DIN EN 1504 existieren. Daher sind bei Sonderanfertigungen vom Hersteller die wesentlichen Eigenschaften nachzuweisen.

Flankierende Maßnahmen, wie Einbringen von Fugen, Wärmedämmung, abdichtende Maßnahmen, verbesserte Wasserführung, müssen, falls erforderlich, ebenfalls planerisch berücksichtigt werden.

Der Instandsetzungsplan dient als Grundlage für

das Leistungsverzeichnis. Die Ausschreibung sollte deutlich auf die vorliegenden Baustoffe und vorhandenen Schäden eingehen sowie auf die Besonderheiten bei der Instandsetzung eines Denkmals hinweisen. Wichtige Hinweise zur Ausschreibung der Arbeiten und zum Leistungsverzeichnis geben ein weiteres WTA-Merkblatt[31] und DIN 18349[32].

II.4 Instandhaltungsplan

Der sachkundige Planer muss für die gewählte Ausführung einen Instandhaltungsplan erstellen, der planmäßige Inspektionen und Angaben zu Wartung und Instandhaltungsmaßnahmen enthält. Da hierzu nach RL SIB keine weiteren Einzelheiten aufgeführt werden, sind wertvolle Hinweise dem WTA Merkblatt »Prüfen und Warten von Betonbauwerken«[33] zu entnehmen.

Abb. 5 – Pilgerhäuser vor der Wallfahrtskirche Maria, Königin des Friedens in Neviges – beschichtete Flächen der Faltwerkkonstruktion des Daches an den Pilgerhäusern

III. Werkstoffe und Verfahren

Heute steht eine breite Palette von geprüften Betoninstandsetzungssystemen mit aufeinander abgestimmten Einzelkomponenten zur Verfügung, die bei ordnungsgemäßer Verwendung einen langjährigen Schutz vor weiteren Schäden bieten. Wie bei anderen Stahlbeton-Bauwerken auch, sollten die eingesetzten Werkstoffe aus einem für den Einsatzzweck geprüften System eines Herstellers bestehen. Bei denkmalgeschützten Bauwerken sind modifizierte Aufbauten jedoch denkbar und bereits mit Erfolg praktiziert worden.[34] Wesentlich ist, dass durch das Zusammenwirken der einzelnen Komponenten der Korrosionsschutz der Bewehrung erzielt und fortschreitendes Karbonatisieren des Betons verhindert wird.

Schutz und Instandsetzung von Betonbauteilen erfolgt heute meist gemäß den nachfolgend genannten Arbeitsschritten, die die Regelungen der RL SIB berücksichtigen. Die vorgeschlagene Vorgehensweise dient

– dem dauerhaften Korrosionsschutz der Bewehrung und entspricht einer Kombination der Grundsatzlösungen C (Beschichten der Bewehrung an Schadstellen) und W (Begrenzen des Wassergehalts im Beton),

– dem dauerhaften Ersatz von zerstörtem oder abgetragenem Beton und

– dem Erhöhen der Widerstandsfähigkeit der Betonbauteile gegen Eindringen von Beton angreifenden oder Korrosion fördernden Stoffen.

Oftmals sind flankierende Maßnahmen erforderlich, wie zum Beispiel:

– eventuell auftretende Risse mit einer Rissbreite über 200 µm mit einem geeigneten Füllstoff zu verfüllen,

– Dachabdichtungen zu ergänzen,

– Wasserführungen (Dachrinnen, Fallrohre) einzubauen,

– Handläufe, Befestigungskonstruktionen vor Korrosion zu schützen.

Bezüglich des visuellen Erscheinens der instand gesetzten Betonoberfläche sind unterschiedliche Varianten denkbar und bereits ausgeführt worden. In jedem Fall müssen alle Maßnahmen, die das spätere Erscheinungsbild der Oberfläche beeinflussen, vorab mit der Denkmalpflege abgestimmt werden.

Wenn die Sichtbetonstruktur und auch die Spuren langjähriger Bewitterung sichtbar erhalten bleiben sollen, können Mörtel nicht großflächig aufgebracht und keine deckenden Beschichtungen appliziert werden. In einem solchen Fall kann folgender Aufbau die notwendige Schutzwirkung erreichen:

– Mörtel für Ausbruchstellen werden in Größtkorn und Farbe dem umgebenden Beton angepasst[35] und ggf. nach dem Einbringen in die Ausbruchstelle durch behutsames Strahlen mit Strahlmittel angeraut, um die Oberfläche dem bewitterten angrenzenden Beton anzupassen.

– Als Karbonatisierungsbremse wirkt eine in mehreren Arbeitsgängen aufgebrachte lasierende, der Farbe des Betons angeglichene Deckbeschichtung mit eventuell rissüberbrückenden Eigenschaften.

Egalisieren der Oberflächen mit Feinmörteln entfällt hierbei. Diese Variante stellt hohe Ansprüche an den Verarbeiter. Der Aufwand des gezielt dem Untergrund angepassten Applizierens der Lasurbeschichtung erfordert über das Übliche hinausgehendes handwerkliches Können.

Ist an Reparaturstellen das zerstörte Schalbrettrelief wiederherzustellen, kann ein Relief mit strukturierten Kunststoffbrettern in den frischen Mörtel eingedrückt werden. Falls eine vollflächige Spachtelung notwendig ist, die die ehemalige Brettschalungsstruktur egalisiert, so kann das frühere Aussehen der Bauteile durch Einbringen von Rillen oder durch Eindrücken von Schablonen in den frischen Mörtel angedeutet werden. Auch dieser Arbeitsschritt erfordert hohes handwerkliches Geschick des ausführenden Personals.

Vor Beginn der eigentlichen Maßnahme sollte anhand von Musterflächen die beabsichtigte Oberflächenwirkung überprüft und gegebenenfalls Werkstoffe und Verarbeitungstechniken zwischen Denkmalbehörde, sachkundigem Planer, ausführendem Unternehmen und Werkstoffhersteller abgestimmt werden.

IV. Durchführung und Qualitätssicherung

Alle Bauwerke – auch unter Denkmalschutz stehende aus Stahlbeton – sind behutsam zu behandeln. Daher müssen die am Projekt Beteiligten Maßnahmen zur Qualitätssicherung organisatorisch und im Sinne der geltenden Regelwerke, z. B. gemäß RL SIB, planen und umsetzen. Sinnvoll ist, einen entsprechenden Maßnahmenkatalog (Überwachungsplan) aufzustellen, der alle erforderlichen Festlegungen zur Durchführung und zu Prüfungen enthält. Häufig ist aufgrund der aus unterschiedlichen Ursachen resultierenden Schäden und der erforderlichen aufwendigen Vorgehensweise die Durchführung als besonders schwierig einzustufen. Daher sollten ausschließlich nachweislich erfahrene, fachlich qualifizierte Unternehmen mit der Instandsetzung eines Stahlbetondenkmals betraut werden. Oft gehören diese Arbeiten jedoch nicht zum Leistungsumfang von im Bereich der Denkmalpflege tätigen Unternehmen. Ein hoher und über den nach RL SIB geforderten Umfang hinausgehender Dokumentationsaufwand ist bei denkmalgeschützten Objekten in der Regel erforderlich. Zu empfehlen ist zudem, dass die instand gesetzten Bauwerke regelmäßig gewartet werden.[36]

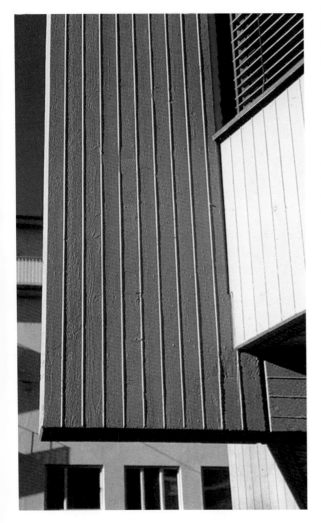

Abb. 6 – An reprofilierten Ausbruchstellen mit Mörtel wiederhergestellte Grate der Schalbrettstruktur an einem Wohn- und Geschäftshaus

Zusammenfassung

Wesentliche Regelwerke im Bereich der Betoninstandsetzung sowie die Maßnahmen bei regelwerkgerechter Vorgehensweise wurden vorgestellt. Auf die Besonderheit bei denkmalgeschützten Betonbauwerken wurde hingewiesen. Die Ausführungen zeigen, dass aufgrund von naturgegebenen Randbedingungen bestimmte physikalische und chemische Grundsätze bei der Instandsetzung von Betonbauwerken zu beachten sind. Bei der dargestellten Vorgehensweise einer möglichst frühzeitigen Abstimmung aller Beteiligten müssen die Forderungen der Regelwerke und die Belange der Denkmalpflege nicht zwingend im Widerspruch stehen. Im Falle des Erhalts der Berliner Mauer müssen sicher eigene Wege beschritten werden, um nicht nur die verbliebene Substanz, sondern auch die historische Authentizität zu erhalten.

Bildnachweise

Abbildung 1: Pilgerhäuser vor dem Wallfahrtsdom in Neviges – Abplatzungen über korrodierenden Bewehrungsstählen, Rolf P. Gieler
Abbildung 2: Risse im Glockenturm einer Kirche und Erosion des Zementsteines durch sauren Regen an den Betonoberflächen, Rolf P. Gieler
Abbildung 3: Wallfahrtskirche Maria, Königin des Friedens in Neviges – Bewuchs (Moose) an einer häufig befeuchteten Bauteiloberfläche, Rolf P. Gieler
Abbildung 4: Schäden an Ausbesserungsstellen eines Anfang der neunziger Jahre des letzten Jahrhunderts instand gesetzten und inzwischen unter Denkmalschutz stehenden Glockenturmes in Hanau, Rolf P. Gieler
Abbildung 5: Pilgerhäuser vor der Wallfahrtskirche Maria, Königin des Friedens in Neviges – beschich-

tete Flächen der Faltwerkkonstruktion des Daches an den Pilgerhäusern, Rolf P. Gieler
Abbildung 6: An reprofilierten Ausbruchstellen mit Mörtel wiederhergestellte Grate der Schalbrettstruktur an einem Wohn- und Geschäftshaus, Rolf P. Gieler

Anmerkungen

1 Siehe hierzu: Roland Koetz: Max Taut 1884 – 1967; in: Deutsches Architektenblatt 29 (1997) 6, S. 860 – 861.
2 Siehe hierzu: Justus Bonzel: Hundert Jahre Bauen mit Beton. Zement-Kalk-Gips 30 (1977) 9, S. 439 – 450.
3 Siehe hierzu: Heinz Klopfer: Sichtbeton-Fassaden einer Kirche (Baujahr 1930). Sanierung der Sichtbetonflächen mit Absprengungen und Rissen nach denkmalpflegerischen Anforderungen; in: G. Zimmermann (Hg.): Bauschäden-Sammlung, Bd. 6, Stuttgart 1986; Helmut Weber: Aussichtsturm Ebersberg. Instandsetzung eines Stahlbeton-Denkmals. Sonderdruck aus Bausubstanz 9 (1993) 1/3; N.N.: Betonsanierung am Kabelsteg in München; in: Bausubstanz 11 (1995) 11/12, S. 28 – 29; Annika Dellert: Verwaltungs- und Ausbildungszentrum der Deutschen Olivetti, Frankfurt am Main, 1967 – 1972, Egon Eiermann, Der Architekt – siehe unter: http://www.archinoah.de/studienarbeiten-details-371.html; Peter Sichau: Die Weißfrauenkirche Frankfurt am Main. Denkmalgerechte Betonsanierung im historischen Kontext; in: Vereinigung der Landesdenkmalpfleger in der Bundesrepublik Deutschland (Hg.): Denkmal an Beton! Berichte zu Forschung und Praxis der Denkmalpflege in Deutschland 16, Petersberg 2008, S. 171 – 177; Harald S. Müller (Hg): Instandsetzung bedeutsamer Betonbauten der Moderne in Deutschland (1. Symposium Baustoffe und Bauwerkserhaltung, Universität Karlsruhe (TH), 30. März 2004), 2. unveränderte Auflage, Karlsruhe 2007.
4 Musterbauordnung (MBO) Fassung 2002–11.
5 Deutscher Ausschuss für Stahlbeton (Hg.): DAfStb-

Richtlinie – Schutz und Instandsetzung von Betonbauteilen (Instandsetzungsrichtlinie); 2001–10.

6 Ebenda.

7 DIN EN 206-1/A2:2005-09 Beton – Teil 1: Festlegung, Eigenschaften, Herstellung und Konformität; Deutsche Fassung EN 206-1:2000/A2:2005.

8 DIN 1045-2:2001-07 Tragwerke aus Beton, Stahlbeton und Spannbeton – Teil 2: Beton; Festlegung, Eigenschaften, Herstellung und Konformität; Anwendungsregeln zu DIN EN 206-1.

9 DIN 18551:2005-01 Spritzbeton – Anforderungen, Herstellung, Bemessung und Konformität.

10 Bundesministerium für Verkehr, Bau- und Wohnungswesen (Hg.): Zusätzliche Technische Vertragsbedingungen und Richtlinien für Ingenieurbauten (ZTV-ING), Verkehrsblattverlag, Dortmund 2007.

11 Bundesministerium für Verkehr, Bau- und Wohnungswesen, Abteilung: Eisenbahnen, Wasserstraßen (Hg.): Zusätzliche Technische Vertragsbedingungen – Wasserbau (ZTV-W) für Schutz und Instandsetzung der Betonbauteile von Wasserbauwerken (Leistungsbereich 219) Ausgabe 2004, EU-Notifizierung Nr. 2005/25/D vom 27. Januar 2005 und Änderung 1 zu den ZTV-W Dezember 2008.

12 DIN EN 1504 Produkte und Systeme für den Schutz und die Instandsetzung von Betontragwerken – Definitionen, Anforderungen, Güteüberwachung und Beurteilung der Konformität.

13 Siehe hierzu u. a.: WTA-Merkblatt 5-6-99/D Diagnose an Betonbauwerken; WTA Merkblatt 5-15-03/D Leistungsbeschreibung; WTA Merkblatt 5-7-99/D Prüfen und Warten von Betonbauwerken.

14 Siehe hierzu: Rolf P. Gieler und A. Dimmig-Osburg: Kunststoffe für den Bautenschutz und die Betoninstandsetzung. Der Baustoff als Werkstoff (Reihe: BauPraxis; XVI) Basel 2006.

15 Siehe hierzu: Heinz Klopfer: Die Carbonatisation von Sichtbeton und ihre Bekämpfung. Bautenschutz und Bausanierung 1 (1978) 3, S. 86 – 97; Günter Zimmermann (Hg.): Schadenfreies Bauen, Bd. 3: Heinz Klopfer: Schäden an Sichtbetonflächen, Stuttgart 1993; Jo

chen Stark und B. Wicht: Dauerhaftigkeit von Beton. Der Baustoff als Werkstoff (Reihe: BauPraxis; XI) Basel 2000; Rolf P. Gieler und A. Dimmig-Osburg: Kunststoffe für den Bautenschutz und die Betoninstandsetzung. Der Baustoff als Werkstoff (Reihe: BauPraxis; XVI) Basel 2006.

16 DIN EN 1504 Produkte und Systeme für den Schutz und die Instandsetzung von Betontragwerken – Definitionen, Anforderungen, Güteüberwachung und Beurteilung der Konformität.

17 Siehe hierzu: Annika Dellert: Verwaltungs- und Ausbildungszentrum der Deutschen Olivetti, Frankfurt am Main, 1967 – 1972, Egon Eiermann, Der Architekt – siehe unter: http://www.archinoah.de/studienarbeiten-details-371.html.

18 Siehe hierzu: Helmut Weber: Aussichtsturm Ebersberg. Instandsetzung eines Stahlbeton-Denkmals. Sonderdruck aus Bausubstanz 9 (1993) 1/3; N.N.: Betonsanierung am Kabelsteg in München; in: Bausubstanz 11 (1995) 11/12, S. 28 – 29; Thomas Mielke und K. Schütz: Instandsetzung des Wasserturms Großniedesheim; in: Bausubstanz 11 (1995) 11/12, S. 22 – 24.

19 Siehe hierzu: Annika Dellert – siehe unter: http:// www.archinoah.de/studienarbeiten-details-371.html.

20 Siehe hierzu: Helmut Weber: Aussichtsturm Ebersberg. Instandsetzung eines Stahlbeton-Denkmals. Sonderdruck aus Bausubstanz 9 (1993) 1/3; N.N.: Betonsanierung am Kabelsteg in München; in: Bausubstanz 11 (1995) 11/12, S. 28 – 29; Thomas Mielke und K. Schütz: Instandsetzung des Wasserturms Großniedesheim; in: Bausubstanz 11 (1995) 11/12, S. 22 – 24; Jens Engel: Erweiterte Möglichkeiten bei der denkmalgerechten Betoninstandsetzung und Betonkonservierung; in: WTA-Journal (2007) 1, S. 65 – 80; Annika Dellert – siehe unter: http://www.archinoah.de/studienarbeiten-details-371.html.

21 Deutscher Ausschuss für Stahlbeton (Hg.): DAfStb-Richtlinie – Schutz und Instandsetzung von Betonbauteilen (Instandsetzungsrichtlinie), Teil 2: Bauprodukte und Anwendungen, 2001–10.

22 WTA-Merkblatt 5-6-99/D Diagnose an Betonbauwerken.

23 Siehe hierzu: Jochen Stark: Sulfathüttenzement; in: Wiss. Zeitung d. HAB Weimar 41 (1995) 6/7, S. 7–15.

24 Siehe hierzu: Jochen Stark und B. Wicht: Dauerhaftigkeit von Beton. Der Baustoff als Werkstoff (Reihe: Bau-Praxis; XI) Basel 2000.

25 Siehe hierzu: Herrmann Schäfer: Computergestützte Schadenskartierung bei Betonbauwerken (Vortrag, WTA-Mitgliederversammlung, Referat Beton, 21.6.2007 in Fulda).

26 Deutscher Ausschuss für Stahlbeton (Hg.): DAfStb-Richtlinie – Schutz und Instandsetzung von Betonbauteilen (Instandsetzungsrichtlinie), Teil 1: Allgemeine Regelungen und Planungsgrundsätze, 2001–10.

27 Ebenda, siehe Ziffer 5.

28 Ebenda, siehe Ziffer 6.

29 DIN EN 1504 Produkte und Systeme für den Schutz und die Instandsetzung von Betontragwerken – Definitionen, Anforderungen, Güteüberwachung und Beurteilung der Konformität.

30 Siehe hierzu: Annika Dellert – siehe unter: http://www.archinoah.de/studienarbeiten-details-371.html.

31 WTA Merkblatt 5-15-03/D Leistungsbeschreibung.

32 DIN 18349: 2010–04, VOB Vergabe- und Vertragsordnung für Bauleistungen – Teil C: Allgemeine Technische Vertragsbedingungen für Bauleistungen (ATV) – Betonerhaltungsarbeiten DIN 18349.

33 WTA Merkblatt 5-7-99/D Prüfen und Warten von Betonbauwerken.

34 Siehe hierzu: Annika Dellert – siehe unter: http://www.archinoah.de/studienarbeiten-details-371.html; Jens Engel: Erweiterte Möglichkeiten bei der denkmalgerechten Betoninstandsetzung und Betonkonservierung; in: WTA-Journal (2007) 1, S. 65–80.

35 Ebenda.

36 Siehe unter: WTA Merkblatt 5-7-99/D Prüfen und Warten von Betonbauwerken.

Franz Stieglmeier

Zum Umgang mit den Schäden der Grenzmauer an der Niederkirchnerstraße in Berlin-Mitte

Nach dem Beschluss der Senatsverwaltung für Bauen, Wohnen und Verkehr, die Berliner Mauer an der Niederkirchnerstraße in Berlin-Mitte zu erhalten, wurde die PICHLER Ingenieure GmbH Anfang 1999 beauftragt, ein Gutachten zur Standsicherheit der dort verbliebenen Mauerelemente anzufertigen.

Nach unseren Recherchen wurden die Mauerteile ungefähr Mitte der 1970er Jahre errichtet und gehören zur vierten Generation des Mauerbaus, der sogenannten »Grenzmauer 75«. Die Mauer besteht in diesem Bereich aus Stützwandelementen, die auch in der Landwirtschaft zur Lagerung von Grünfutter verwendet wurden. Die Elemente sind 1,20 m breit und 3,60 m hoch. Die Kontaktflächen sind mit einer Nut versehen, die nach der Aufstellung mit Beton vergossen wurde. Der lange Fuß ist »freundwärts« gerichtet. Auf dieser Seite ist die Bewehrung des Mauerelementes wesentlich stärker ausgebildet als »feindwärts«. Den oberen Abschluss bildeten Asbestzementrohre mit Ø 40 cm, die ursprünglich als

Wasserrohre Verwendung fanden und das Überklettern verhindern sollten.

Durch die Tätigkeit der Mauerspechte sind in großen Teilen die Bewehrungseisen freigelegt worden bzw. Löcher entstanden. Ziel war es – und ist es weiterhin – die Reste der Berliner Mauer ohne größere Sanierungsmaßnahmen für die nächsten Jahre zu erhalten. Hierfür war es notwendig, für die verschiedenen Schädigungsgrade Tragmodelle zu finden bzw. Sanierungsvorschläge zu erarbeiten.

Das Mauerstück an der Niederkirchnerstraße besteht aus 165 Stützwandelementen. Über den Zustand der Mauerreste wurde eine umfangreiche Bestandsaufnahme in den Jahren 1999 bis 2009 erarbeitet und dokumentiert. Eine Gefährdung der öffentlichen Sicherheit sollte einerseits ausgeschlossen und andererseits sollten eventuelle Sicherungsmaßnahmen so schonend wie möglich – bzw. nicht sichtbar – geplant werden, um die Spuren der Mauerspechte zu erhalten.

Zwei Fragen sollten beantwortet werden: »Ist die Mauer standsicher, und welche Gefahren gehen von ihr aus?« und »Was wird in zehn oder zwanzig Jahren sein, wenn keinerlei Maßnahmen getroffen werden?«

Mittlerweile sind diese Fragen durch die Zeit beantwortet worden. Die Mauerreste stehen noch sicher. Zur Lösung dieser Fragen haben wir 1999 folgende Vorgehensweise festgelegt:
– Schadenskartierung,
– Materialuntersuchungen,
– Belastungsannahmen treffen,
– statische Systeme und Tragmodelle entwickeln und berechnen,
– Sicherungsmaßnahmen planen.

Zur Schadenskartierung wurden zuerst ein Aufmaß eines Mauerelements gefertigt und Schadensklassen festgelegt. Die Mauerelemente wurden auf Grundlage der Schadensaufnahme vor Ort in sechs Schadensklassen eingeteilt (Abb. 2):
– Schadensklasse/Schädigungsgrad 1: kaum Substanzverlust, Betonüberdeckung weitestgehend vorhanden
– Schadensklasse/Schädigungsgrad 2: Bewehrungsstähle freigelegt, jedoch noch in Beton eingebettet: Schädigung vorwiegend einseitig, Lochanteil gering (Abb. 3)
– Schadensklasse/Schädigungsgrad 3: Bewehrungsstähle komplett freigelegt, im oberen Bereich noch

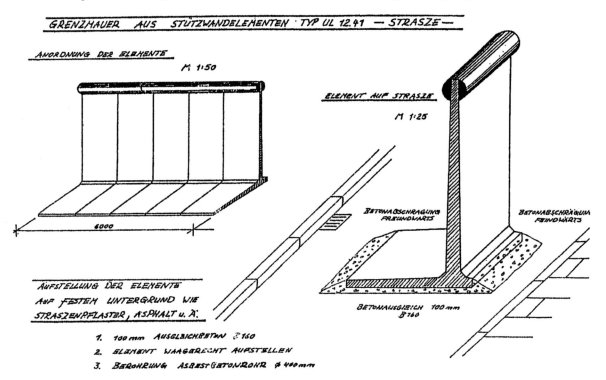

Abb. 1 – Bauanleitung der DDR

im Verbund, Querschnittsverlust in der Breite (Lochanteil) < 25 %

– Schadensklasse/Schädigungsgrad 4: Bewehrungsstähle komplett, beidseitig freigelegt, im oberen Bereich noch im Verbund, Querschnittsverlust in der Breite (Lochanteil) 25 – 50 %

– Schadensklasse/Schädigungsgrad 5: Bewehrungsstähle komplett, beidseitig freigelegt bzw. nicht mehr vorhanden, Querschnittsverlust in der Breite (Lochanteil) > 50 %

– Schadensklasse/Schädigungsgrad 6: Die Wand des Mauerelements ist nicht mehr vorhanden, nur noch der Fuß.

Für die Materialuntersuchungen haben wir 1999 die Materialprüfungsanstalt des Landes Brandenburg beauftragt, Stahlproben zu entnehmen, Zugversuche durchzuführen und das Korrosionsverhalten des Stahls einzuschätzen. Die Ergebnisse der Festigkeitsuntersuchungen ergaben im Vergleich mit der TGL 12 530 (Technische Normen, Gütevorschriften und Lieferbedingungen, DDR-Norm von 1955 – 1990) die Stahlsorten StA-I RD und StA-III RDP (Bezeichnung für Betonstabstahl in der DDR). Die Korrosion des Betonstahls war noch nicht weit fortgeschritten. Es wurde in dem Gutachten abgeschätzt, dass die freiliegenden Rundstäbe maximal 140 µm jährlich abrosten würden, dies sind 0,14 mm. Die Betonun-

Schadenskartierung

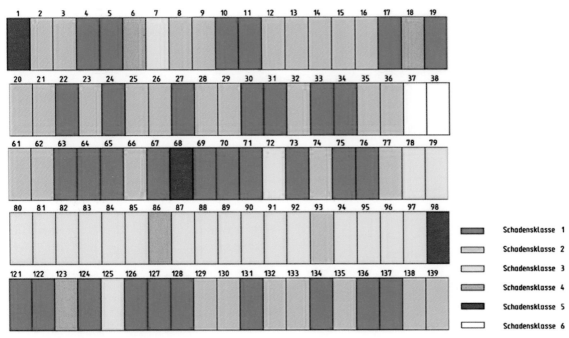

Abb. 2 – Auszug aus dem Schadensplan

tersuchungen wurden zerstörungsfrei mit dem Rückprallhammer durchgeführt. Es wurde eine mittlere Würfeldruckfestigkeit von 40 N/mm² festgestellt, was einem Beton B40 entspricht. Geplant und gebaut wurden die Elemente in der DDR mit einem B300 (B30), der eine mittlere Würfeldruckfestigkeit von mindestens 30 N/mm² aufweist.

Allgemein war keine Schwächung des Betongefüges zu erkennen, selbst dort nicht, wo die freigelegten

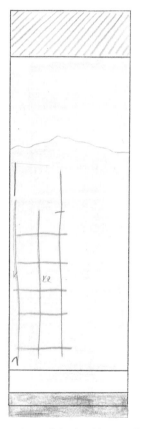

Abb. 3 – Schadensklasse 2: Bewehrungsstähle freigelegt, jedoch noch in Beton eingebettet; Schädigung vorwiegend einseitig, Lochanteil gering

Bewehrungseisen den Beton durch Rost hätten schädigen können. Für den Nachweis der Standsicherheit wurden statische Nachweise für die einzelnen Schadensklassen geführt. Als Lastannahmen wurden Eigengewicht, Windlast und Horizontallast in 1 m Höhe angesetzt. Für die Schadensklassen 1 und 2 waren die statischen Nachweise problemlos zu führen, und es konnte eine Tragfähigkeit mit bis zu zehnfacher Sicherheit nachgewiesen werden. Für die Nachweise der Schadensklassen 3 und 4 wurde die Betonzugspannung zum Nachweis herangezogen. Der Ansatz ist nach DIN 1045 nicht zulässig, nur in der DIN 4227 für Spannbeton können die Betonzugspannungen unter bestimmten Voraussetzungen angesetzt werden. Aufgrund der verwendeten hohen Betongüte führen wir den Nachweis unter Ansatz der vorhandenen Betonzugspannungen. Dieses Verfahren ist derzeit die einzige Möglichkeit, die Standsicherheit nachzuweisen. Die Standsicherheit ist damit bei fast allen 165 Elementen gegeben (Ausnahmen bilden die Elemente Nr. 1, Nr. 57, Nr. 68, Nr. 98 und Nr. 113).

Folgende Sicherheiten unterstützen dieses Ergebnis:

1. Alle Elemente sind durch die ausgegossene Nut miteinander verbunden, so dass sich schwächere Elemente an stärkere Elemente »anlehnen« können, deren Tragfähigkeitsreserven höher sind.
2. Der Nachweis erfolgte für die beschädigten Elemente ohne Ansatz der Bewehrungsstähle, die, freigelegt oder nicht, noch wenig oder gar keinen Substanzverlust durch Korrosion aufweisen. Hier ergeben sich noch Tragfähigkeitsreserven.
3. Die Horizontallast von 100 kg/m wurde sicherheitshalber angenommen.
4. Bei den Elementen der Schadensklasse 5 mussten stabilisierende Maßnahmen getroffen werden. Hierzu wurden drei oder vier benachbarte Elemente am Wandkopf mit je zwei U 200-Profilen

im Bereich des Asbestzementrohres verstärkt, um eine Lastverteilung herzustellen (Abb. 4).

Neben den statisch notwendigen Maßnahmen wurden seinerzeit auch andere zusätzliche Maßnahmen zum Erhalt der Mauerelemente diskutiert. Ein Korrosionsschutzanstrich der Bewehrungseisen wurde jedoch verworfen, da der Anstrich an den freiliegenden Stellen das Problem der Betonabplatzungen nicht hätte verhindern können. Um Wirksamkeit zu entfalten, müsste der Korrosionsschutz auf die noch im Beton liegenden Bereiche, am Übergang von der Luft in den Beton, aufgebracht werden, was technisch nicht durchzuführen ist.

Nach unserem Erstgutachten im Jahr 1999 wurden weitere Begutachtungen in den Jahren 2002 bis 2006 und 2009 durchgeführt. Dieses Monitoring über den Zeitraum von zehn Jahren zeigt einen relativ langsamen Verfall der Mauerelemente, der unseres Erachtens der guten Betonqualität geschuldet ist. Der Verfall steht aber nicht still; er schreitet voran. Es muss befürchtet werden, dass sich die Geschwindigkeit des Verfalls beschleunigen wird (Abb. 5).

Für die nächsten Jahre kann mit eventuell geringfügigen Maßnahmen die Standsicherheit gewährleistet werden. Eine dauerhafte Sicherung der Mauerreste ist von Politik und Denkmalpflege gewünscht. Bei der Entwicklung einer Lösung für eine langfristige Stabilität ist eine interdisziplinäre Vorgehensweise notwendig. Mit der alleinigen Anwendung von DIN-Normen werden die verbliebenen Mauerstücke historisch und auch als Denkmal zerstört.

Abb. 4 – Schadensklasse 5: Stabilisierungsmaßnahme mit U-Profilen zur Lastverteilung

Abb. 5 – Schadensklasse 6

Bildnachweise

Abbildung 1: Bauanleitung der DDR, Quelle unbekannt

Abbildung 2: Auszug aus dem Schadensplan PICHLER Ingenieure, PICHLER Ingenieure GmbH

Abbildung 3: Schadensklasse 2: Bewehrungsstähle freigelegt, jedoch noch in Beton eingebettet; Schädigung vorwiegend einseitig, Lochanteil gering, PICHLER Ingenieure GmbH

Abbildung 4: Schadensklasse 5: Stabilisierungsmaßnahme mit U-Profilen zur Lastverteilung, PICHLER Ingenieure GmbH

Abbildung 5: Schadensklasse 6, PICHLER Ingenieure GmbH

Bärbel Arnold

Betonsanierung in Brandenburg

Konzepte und Beispiele

Beton- und Stahlbetonbauwerke rücken in der letzten Zeit zunehmend in das Bewusstsein der Denkmalpflege. Seit der Entwicklung des Portlandzementes in der Mitte des 19. Jahrhunderts verdrängt dieser mehr und mehr die traditionellen Materialien, gestattet er doch, vor allem in Verbindung mit Stahl, gewagte Konstruktionen.

Somit ist es nicht verwunderlich, dass Portlandzement spätestens seit der Mitte des 20. Jahrhunderts das meistverwendete Baumaterial ist. Um die mittlerweile an vielen Bauwerken anzutreffenden Schäden zu verstehen und Sanierungstechnologien zu entwickeln, ist es notwendig, kurz auf die Geschichte und die Chemie des Portlandzementes einzugehen.

I. Geschichte

Ende des 18. Jahrhunderts wurde mit der zunehmenden Entwicklung der Naturwissenschaften zur Zeit der Aufklärung vor allem in der aufblühenden Industrienation England, aber auch in Frankreich und Deutschland nach wasserbeständigen Bindemitteln gesucht. In der Suche nach Ersatzstoffen für die relativ schwer beschaffbaren Puzzolane wurde versucht, die chemischen Ursachen für die hydraulischen Eigenschaften zu definieren. In den ersten Versuchen wurden dabei die hydraulischen Kalke aus natürlichen Kalkvorkommen mit hohem Tonanteil weiterentwickelt. Wesentliche Entwicklungsschritte bildeten die Patentierungen des sogenannten Romanzements (1796 durch James Parker) und des Portlandzements (1824 durch Joseph Aspid). Dabei handelte es sich jedoch um keine echten Zemente im heutigen Sinn, sondern um hoch hydraulische Kalke. Der Brennprozess erfolgte noch in Schachtöfen unterhalb der Sintergrenze. Ein Portlandzement nach heutiger Definition wurde wahrscheinlich im Jahr 1843 zuerst von William Aspid hergestellt. Die auf diesem Wege hergestellten Portlandzemente besitzen hydraulische Eigenschaften, wie eine schnelle

Erhärtung, hohe Festigkeiten, Erhärtung unter Wasser und Wasserbeständigkeit im erhärteten Zustand. Diese Eigenschaften waren der Grund, weshalb sich dieses neue Bindemittel trotz seines deutlich höheren Preises gegenüber den Kalken schnell durchsetzte. In Norddeutschland wurden etwa ab 1850 Zemente verwendet und vereinzelt schon hergestellt (Buxtehude, Lüneburg, Itzehoe, Stettin). Mit der Industrialisierung in den Gründerzeitjahren nahm die Kalk- und Zementindustrie einen erheblichen Aufschwung. Mit der Patentanmeldung durch den französischen Gärtnermeister Joseph Monier 1878 zur Herstellung von Pflanzenkübeln aus Eisengeflecht und Zementmörtel war der Stahlbeton geboren. Zu einem Ingenieurbaustoff wurde er aber erst 1892, als Francois Hennebique die erste Plattenbalkenkonstruktion errichtete.[1]

Man sah in Zementmörteln und Stahlbeton ein neues Wundermaterial für Neubauten und Restaurierungen und nahm an, dass zementhaltige hydraulische Baustoffe, allein und in Verbindung mit Bewehrungsstahl, die Lösung für fast alle bautechnischen Probleme, wie filigrane Statik und Sperrung des Mauerwerks bei Feuchte- und Salzbelastung, bringen.

Abb. 1 – Südwestfriedhof Stahnsdorf, Landkreis Potsdam-Mittelmark, Grabmal Wissinger, 1920 nach Entwürfen von Max Taut, 2005

II. Chemie des Portlandzementes, Zementmörtels und Betons

Das Bindemittel bei Zementmörteln und Beton ist immer der Zementleim. Der Unterschied zwischen beiden besteht in der Sieblinie der Zuschlagstoffe Sand bzw. Kies. Bei einem Größtkorn von ≤ 4 mm spricht man von Zementmörtel und bei einem Größtkorn von ≥ 4 mm von Beton. Das Bindemittel Portlandzement, das aus einer Mischung aus Kalkstein, Feldspäten und Ton bei Temperaturen von ca. 1450 °C gebrannt wird, besteht aus dem sogenannten Portlandzementklinker, der sich aus verschiedenen Mineralen zusammensetzt (siehe Tabelle 1). Die Brenntemperatur von 1450 °C befindet sich unterhalb der Schmelztemperatur und oberhalb der Sintertemperatur der Mischung. Unter Sintern versteht man das Stückigmachen feinkörniger Stoffe durch Wärmebehandlung. Durch Schmelzerscheinungen an den Korngrenzen tritt dabei ein Zusammenbacken der Mischung ein.

Die Erhärtung des Zementleimes, als Hydratation bezeichnet, erfolgt als chemische Reaktion des Wassers mit dem Zement. Der Zuschlagstoff ist an der Reaktion nicht beteiligt. Der entstehende feste Zementstein haftet aber auf den Kornoberflächen der Zuschlagstoffe und verkittet somit das Hauf-

werk des Zuschlagstoffs zu einem festen Körper. Bei der Hydratation von Portlandzement entstehen Calcium-Silicat-Hydrate (C-S-H-Phasen), Calcium-Aluminat-Hydrate (C-A-H-Phasen) und Calcium-Aluminat-Ferrit-Hydrate (C-A-F-H-Phasen) und immer Calciumhydroxid $Ca(OH)_2$. Das Tricalciumsilikat (C_3A) erhärtet sehr schnell im Anmachwasser – so zügig, dass der Beton erstarren würde, bevor er fachgerecht verarbeitet wäre. Um dies zu vermeiden, wird dem Zementklinker Gips als Abbinderegler zugemahlen (max. 3 – 5 %). Weiterhin werden während des Brennprozesses in den Portlandzementklinker Alkali- und Erdalkalioxide, die mehrheitlich aus den eingesetzten Feldspäten stammen, eingebunden. Im Zuge der Hydratation lösen sie sich im Anmachwasser und befinden sich später im Porenwasser des erhärteten Zementsteins. Das Calciumhydroxid und die gelösten Alkalien bewirken den hohen pH-Wert von 13,5 (basisch) im Zementleim.[2]

III. Schadensmechanismen

Leider erfüllte sich der Wunschtraum eines idealen und unzerstörbaren Baumaterials nicht, denn schon bald traten an den Bauwerken aus Beton erhebliche Schäden auf. Die Erklärung liefern die komplexe Zusammensetzung und der komplizierte Erhärtungsme-

Tab. 1 – Wesentliche Minerale des Portlandzementklinkers

PZ-Mineral	chemische Formel	vereinfacht	Bildungstemperatur	Anteil
Tricalciumsilikat	$3\,CaO \cdot SiO_2$	C_3S (Alit)	> 1300° C	45 – 80 M.-%
Dicalciumsilikat	$2\,CaO \cdot SiO_2$	C_2S (Belit)	> 1000° C	10 – 35 M.-%
Tetracalciumaluminatferrit	$4\,CaO \cdot (Al_2O_3, Fe_2O_3)$	$C_4(A,F)$	> 1100° C	5 – 10 M.-%
Tricalciumaluminat	$3\,CaO \cdot Al_2O_3$	C_3A	> 850° C	7 – 15 M.-%
freies CaO, MgO, K_2O, Na_2O				1 - 7,5 M.-%

chanismus dieser Mehrstoffsysteme in Verbindung mit dem nachträglichen Eintrag von Wasser infolge unseres Klimas. Bei den erläuterten Schäden soll es sich um eine Auswahl der häufigsten und wichtigsten Prozesse handeln.

Der hohe pH-Wert von 13,5 (basisch) im Zementleim inhibiert im Stahlbeton die Bewehrung. Dringt das Kohlendioxid der Atmosphäre über das kapillare Porensystem in den Beton ein, wird das Calciumhydroxid zu Kalk umgesetzt, d. h. der Kalk karbonatisiert und der pH-Wertes sinkt langsam auf 7 (neutral).

$$Ca(OH)_2 + CO_2 \rightarrow CaCO_3 + H_2O$$

Diese Reaktionsfront bewegt sich von der Betonoberfläche in das Innere hinein. Erreicht sie den Beweh-

Abb. 2.1, 2.2 – Mausoleum Fritz Hitze (1853–1928) in Frauendorf, Landkreis Spree-Neiße, links Gesamtansicht, rechts Detail einer Säule mit Rissbildungen, rostender Bewehrung und Salzausblühungen, 2005

rungsstahl, wird sein Korrosionsschutz aufgehoben, und bei einem pH-Wert kleiner als 9 beginnt er zu rosten. Damit verliert der Stahl seine Passivierung. Durch die Volumenvergrößerung des Rosts entstehen Risse in der Betondeckschicht, die schließlich abgesprengt wird.

Darüber hinaus treten bei der Erhärtung von Zementmörteln Schwindrisse auf, in die Wasser eindringen kann. Durch Frost- und Rostsprengung werden diese Risse im Laufe der Zeit größer. Der nun vollkommen der Witterung ausgesetzte Bewehrungsstahl kann noch schneller korrodieren. Weil die Bewehrung im Stahlbeton die im Bauteil durch Belastung entstehenden Zugkräfte aufnimmt, können die mit der Korrosion verbundenen Querschnittsminderungen der Bewehrung zu statischen Schäden führen.

Die frühen Zemente (bis in die 1960er Jahre) besaßen zudem erhebliche Alkaligehalte (Natrium- und Kaliumoxide). Zu Beginn der Erhärtung trugen die Alkalihydroxide zu dem basischen pH-Wert bei. Die hohe SO_2-Belastung der Umwelt führte zur Bildung von Alkalisulfaten. Die damit entstandene, hohe Salzbelastung verursacht Salzsprengungen, und der pH-Wert sinkt weiter auf ca. 6,5. Alle Schadensursachen treten zusammen auf, beeinflussen sich gegenseitig und erhöhen das Schadenspotential drastisch.

In Abbildung 2 sind die typischen Schäden des Stahlbetons wie Rissbildung, rostende Bewehrung und Salzausblühungen am Mausoleum Fritz Hitze (1853–1928) in Frauendorf (Landkreis Spree-Neiße) ersichtlich.

Darüber hinaus können bei der Betonkorrosion Treiberscheinungen auftreten, die durch Reaktionen des Zementes mit den Zuschlagstoffen ausgelöst werden. Dazu zählen die Alkali-Kieselsäure-Reaktion und die Ettringit- und Thaumasitbildung. Bei der Alkali-Kieselsäure-Reaktion reagieren die im Portland-

zementklinker enthaltenen oder nachträglich zugefügten Alkalien (z. B. Taumittel) mit amorpher oder sehr feinkristalliner Kieselsäure, die in bestimmten Gesteinsarten[3] in den Zuschlagstoffen zu finden ist. Bei der Reaktion entsteht ein Alkali-Kieselsäure-Gel, das bestrebt ist, Wasser aufzunehmen, und dadurch expandiert. Die Bildung der Treibsalze Ettringit und Thaumasit vollzieht sich bei Reaktionen von Gips mit den Calciumaluminathydrat- bzw. Calciumsilikathydratphasen:

Zur Verminderung des vorhandenen Schadenspotentials werden in der heutigen Zementproduktion die Alkaligehalte durch Verringerung des Feldspatanteils als Ausgangsprodukt reduziert und die Gipszugabe minimiert. Bei der Betonproduktion werden der Bindemittel-Zuschlagstoff-Mischung Zusatzmittel zugesetzt. Die Verflüssiger senken den Wasserbedarf und verdichten damit das Gefüge. Die Hydrophobierungsmittel sollen das Eindringen von Wasser erschweren bzw. verhindern.

IV. Restaurierungsmöglichkeiten

Die Restaurierungsmöglichkeiten von desolaten Denkmalen aus Beton, Stahlbeton und Kunststein sind sehr beschränkt, da die chemischen Prozesse, die zu den vorhandenen Schäden führen, nicht umkehrbar sind, sondern progressiv weiter ablaufen. Man sollte sich daher bewusst sein, dass Denkmale aus Beton und Stahlbeton mehrheitlich eine intensivere Pflege erfordern als andere historische Bauwerke. Die originale Oberfläche ist als wesentliches Charakteristikum eines Denkmals daher auch am meisten gefährdet. Hauptproblem ist das Fernhalten des Wassers vom Beton. Ingenieurtechnische Lösungen, die immer ein Abstrahlen, Überspachteln und Einpacken bedeuten, sind kritisch zu betrachten. Andererseits bedingen die Latentschäden im Stahlbeton und Kunststein wirtschaftlich realisierbare Lösungen. Deshalb wird nur für herausragende Denkmale deren Erhaltung mit ihren originalen Oberflächen gelingen.

IV.1 Abriss und Erneuerung

Häufig sind die Schäden an Betondenkmalen bereits so groß, dass über einen Abbruch oder Teilabbruch zumindest nachgedacht werden muss. In Potsdam wurde das Jugendstilhaus Kurfürstenstraße 19, Ecke Moltkestraße 1904 erbaut. Die Gauben bekrönen Figurengruppen musizierender und spielender Putten aus Kunststein mit Portlandzement als Bindemittel. 1989 wurden die Putten aufgrund ihres schlechten Erhaltungszustandes abgebaut.

Die Schäden sind wiederum rostende Bewehrung, Rissbildung, Abplatzen von kleineren und größeren Teilen. Für die Restaurierung wurden sämtliche Putten als Abguss nach dem Original in Zementmörtel neu angefertigt.

IV.2 Normgerechte Betonsanierung

Die normgerechte Betonsanierung beinhaltet das Entfernen loser Bereiche mit dem Höchstdruckwasserstrahlverfahren, das Entrosten der Bewehrung und die anschließende Behandlung der Bewehrung mit Rostschutzmittel. Fehlstellen werden mit neuem Zementmörtel geschlossen. Abschließend wird die Oberfläche 2 cm dick mit einem PCC-Reparaturmörtel (Polymer Cement Concrete; Polymer-modified Cement Concrete) überspachtelt. Damit sollen alle Risse verschlossen und das Eindringen von Wasser möglichst lange verhindert werden. Nachteile sind dabei der Verlust der originalen Oberfläche und die Entstehung eines völlig anderen Erscheinungsbildes.

Die Restaurierung des 1958/61 errichteten, 30 m hohen Obelisken der Gedenkstätte Sachsenhausen sollte 1992 normgerecht ausgeführt werden. Nach

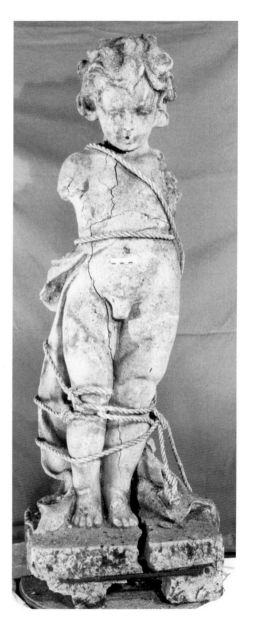

Abb. 3 – Potsdam, Kurfürstenstraße 19, Flöte spielender Putto, 1999

langen Diskussionen mit dem Planer und der ausführenden Firma konnte auf die Überspachtelung verzichtet werden. Das äußere lebendige Erscheinungsbild des Obelisken, das durch die groben farbigen Zuschläge hervorgerufen wird, wäre verloren gewesen. Auch wurde nicht mit Höchstdruck gereinigt, sondern nur mit 50°C warmen Wasser ohne Zusätze und mit einem Druck von 50 bar. Die Betonschadstellen wurden mit einem kunststoffvergüteten (Acrylate) Reparaturmörtel, der in seiner Sieblinie und Farbigkeit dem originalen Beton angepasst werden sollte, ausgebessert. Dabei gelang die farbliche Anpassung nicht optimal.

Abschließend wurde der Obelisk hydrophobiert.[4]

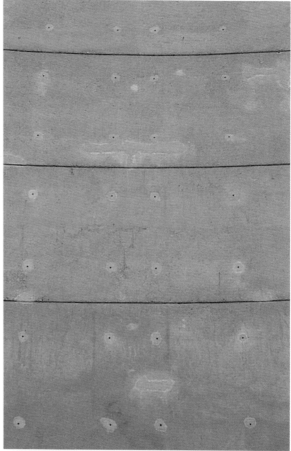

Abb. 4.1, 4.2 – Obelisk der Gedenkstätte Sachsenhausen, Landkreis Oberhavel, links Gesamtansicht ohne Lasur, rechts Detail mit Lasur, 1995

IV.3 Restauratorische Behandlung

Analog der normgerechten Betonsanierung steht bei der restauratorischen Behandlung von Denkmalen aus Beton, Stahlbeton, Zement- und Kunststein die Verminderung des Rostens der Bewehrung im Vordergrund. Allerdings ist die originale Oberfläche zu schonen, so dass ein Abstrahlen mit Wasser unter Höchstdruck entfallen muss. Damit können große Teile der Bewehrung nicht entrostet und mit Rostschutzmittel behandelt werden. Eine andere Möglichkeit, das Rosten der Bewehrung zu verhindern, ist die Verwendung von Inhibitoren[5]. Dazu werden häufig Tannine oder Aminoalkohole eingesetzt. Die Tannine (von franz. tanin Gerbstoff) sind natürlich vorkommende Polyphenole (in den Schalen, Kernen und Stielen von Weintrauben, im Holz und der Rinde von Eichen, Akazien und Kastanien, in der Fruchthülle der Walnuss). Sie werden schon seit ca. 100 Jahren als Rostumwandler verwendet. Ein neues Produkt auf dem Markt ist Sika FerroGard, ein Aminoalkohol (2,2-Nitrilotriethanol). Beide Produkte sollen durch Auftragen auf die Beton- oder Kunststeinoberfläche das Rosten der Bewehrung verhindern. Bei Versuchen an dem Flöte spielenden Putto des Hauses Kurfürstenstraße 19 in Potsdam konnte nachgewiesen werden, dass diese Behauptung eher Wunschdenken ist. Für beide Produkte wurde massenspektrometrisch nachgewiesen, dass sie nicht durch das dichte Zementmörtelgefüge an den Bewehrungsstahl gelangen. Nur vereinzelt – an Rissen, die bis an die Bewehrung reichten – konnten die Inhibitoren zur Bewehrung dringen. Diese Einzelstellen sind nicht ausreichend zur Verhinderung des Rostens der Bewehrung. Hinzu kommt, dass Tannin die Oberfläche des Steines blau färbt.[6]

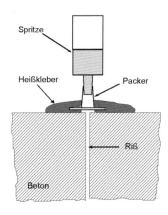

Abb. 5.1, 5.2 – Südwestfriedhof Stahnsdorf, Landkreis Potsdam-Mittelmark, Grabmal Wissinger, Rissverpressung, 2005

Eine weitere Möglichkeit zur Inhibierung des Bewehrungsstahls ist der kathodische Rostschutz. Über eine Anwendung dieser Methode bei Denkmalen konnte bisher keine Literatur gefunden werden.

Da bei der Restaurierung von Kunststein oder Stahlbeton auf das Abstrahlen mit Höchstdruck zum Erhalt der originalen Oberfläche verzichtet werden muss, ist durch Schließen der Risse ein Eindringen des Wassers in das Innere des Steines (zur Bewehrung) zu verhindern. Zur Anwendung können polymere oder mineralische Injektagemittel kommen.

Bei der 2005 ausgeführten Restaurierung des expressionistischen Grabmals für den Kunstmäzen Julius Wissinger, das 1920 nach Entwürfen von Max Taut errichtet wurde, stand demzufolge die Rissproblematik im Vordergrund (siehe Abb. 5.2). Während der Instandsetzungsmaßnahmen 1987/88 wurden lose Zementsteinteile abgenommen, die Bewehrung an diesen Stellen entrostet, mit Rostschutzmittel (Mennige) behandelt und dann mit Epoxidharzen wieder angeklebt. Die Stahlbetonkonstruktion wurde mit einer Betonspachtelmasse beschichtet und mit einer zusätzlichen Hydrophobierung versucht, das Eindringen des Wassers zu verhindern. Ein Vergleich der Fotos von 1987 mit dem Schadensbild von 2004 zeigte, dass die schon 1987 vorhandenen Risse auch nach Auftrag der Betonspachtelmasse nach einiger Zeit erwartungsgemäß wieder zum Vorschein kamen. Daher war nach der schonenden Reinigung des Grabmals die vorrangige Aufgabe der Restaurierung von 2005 das Schließen der Risse. Zur Anwendung kamen Feinstzementsuspensionen (hochfein aufgemahlene Zemente; der Blaine-Wert steigt von 2700–3300 cm²/g bei Portlandzementen um das Vier- bis Fünffache auf 11 000–16 000 cm²/g). Die Feinstzementsuspensionen wurden mit ca. 3000 gesetzten Injektionsnadeln in die Risse injiziert.

Dabei wurde gleichzeitig durch die Erhöhung des

Abb. 6 – Südwestfriedhof Stahndorf, Landkreis Potsdam-Mittelmark, Grabmal Wissinger, erneute Rissbildung, 2009

pH-Wertes für eine zeitweilige Passivierung des Bewehrungsstahles gesorgt. Da die Qualität des Betons am Grabmals Wissinger aufgrund der hohen Porosität und der daraus resultierenden geringen Festigkeit nach unseren heutigen Normen als nur mäßig einzustufen ist, wurden für die Injektionsmassen die handelsüblichen Feinstzementsuspensionen durch die Zugabe von Luftporenbildnern und Füllstoffen abgemagert.[7] Fehlstellen wurden mit einer auf den Beton eingestellten Steinergänzungsmasse geschlossen. Für die abschließende Oberflächenbehandlung musste zwischen Hydrophobierung und lasierendem Farbanstrich entschieden werden. Da wir der Meinung waren, mit einer Silikonharzlasur einen längeren Schutz der Stahlbetonkonstruktion vor eindringendem Wasser zu erzielen, wurde die Hydrophobierungsvariante verworfen. Trotzdem waren die ersten Risse im Frühjahr 2007 erneut sichtbar.

Sie sollen mit der erprobten Injektionsmasse in nächster Zeit im Rahmen der vereinbarten Wartungsarbeiten wieder geschlossen werden.

V. Konsequenzen für die Berliner Mauer

Ursprünglich waren die Betonfertigteile der Berliner Mauer für Silos zum Aufbewahren von Dung oder Futtermitteln in der Landwirtschaft konzipiert. Diese Materialien enthalten oder produzieren leicht lösliche, bauschädliche Salze. Um ein zu schnelles Rosten der Bewehrung aufgrund der Salzbelastung zu vermeiden, wurde der Beton verdichtet, und die Betonüberdeckung war laut damaliger TGL-Norm nicht nur 2,5 cm, sondern 3 cm dick. Leider hat sich die Dicke der Betonüberdeckung an der Berliner Mauer aufgrund der Arbeit der Mauerspechte mehrheitlich erledigt. Zurück bleiben die offen liegende Bewehrung und ein zwar zurzeit noch sehr fester, aber aufgrund seiner großen Oberfläche sehr gefährdeter Beton. Daher sollte als Allererstes entschieden werden, ob die Mauer in situ erhalten werden kann, oder ob eine Betonsanierung nach DIN notwendig ist, was einen Verlust der jetzigen, sehr lebhaften Oberfläche bedeuten würde. Wenn die Statik ein Belassen der Mauer zulässt, ist mit einem weiteren Rosten der freiliegenden Bewehrung und einem Bindemittelverlust zu rechnen. Folgen wären verstärkte Rissbildung und ein Herabfallen größerer und kleinerer Betonteile. Zur Verlangsamung des Schadensfortschrittes sollte die Bewehrung vor Rost geschützt werden. Es könnten Inhibitoren, Rostschutzmittel oder kathodischer Rostschutz zum Einsatz kommen. Auf jeden Fall sollten dieser Problematik naturwissenschaftliche Untersuchungen vorangestellt werden. Noch sind auch die Bindemittelverluste im Beton nicht gravierend, es sollte aber ein Konzept zur Rissversorgung und Festigung des Betons erarbeitet werden. Es ist eine Torkretierung, ein lasierender Anstrich oder die restauratorische Sicherung loser Teile möglich. Auch hierfür sind naturwissenschaftliche Untersuchungen notwendig.

VI. Zusammenfassung

Stahlbeton ist ein Mehrstoffsystem, dessen Dauerhaftigkeit aufgrund seiner chemischen Zusammensetzung stark eingeschränkt ist. Neben Umwelteinflüssen spielen die Eigenschaften seiner Einzelkomponenten eine erhebliche Rolle bei seiner Haltbarkeit. Anders als beim Naturstein, kommen menschliche Einflüsse, seine Verarbeitung und die Konstruktions- und Herstellungsbedingungen als wesentliche Schadenskomponenten hinzu. Ingenieurtechnisch und naturwissenschaftlich wird seit vielen Jahren auf diesem Gebiet geforscht. Die dabei erzielten Ergebnisse gelten selbstverständlich auch bei Denkmalen. Die daraus entwickelten Instandsetzungskonzepte müssen aber aufgrund der Prämisse des Erhalts der originalen Oberfläche variiert und angepasst werden.

Bildnachweise

Abbildung 1: Südwestfriedhof Stahnsdorf, Landkreis Potsdam-Mittelmark, Grabmal Wissinger, 1920 nach Entwürfen von Max Taut, 2005, Bärbel Arnold
Abbildungen 2.1 und 2.2: Mausoleum Fritz Hitze (1853 – 1928) in Frauendorf, Landkreis Spree-Neiße, links Gesamtansicht, rechts Detail einer Säule mit Rissbildungen, rostender Bewehrung und Salzausblühungen, 2005, Bärbel Arnold
Abbildung 3: Potsdam, Kurfürstenstraße 19, Flöte spielender Putto, 1999, Foto Lehmann
Abbildungen 4.1 und 4.2: Obelisk der Gedenkstätte Sachsenhausen, Landkreis Oberhavel, links Gesamtansicht ohne Lasur, rechts Detail mit Lasur, 1995, Bärbel Arnold
Abbildungen 5.1 und 5.2: Südwestfriedhof Stahnsdorf, Landkreis Potsdam-Mittelmark, Grabmal Wissinger, Rissverpressung, 2005, Foto Farrak
Abbildung 6: Südwestfriedhof Stahnsdorf, Landkreis

Potsdam-Mittelmark, Grabmal Wissinger, erneute Rissbildung, 2009, Bärbel Arnold

Anmerkungen

1 Johann John: Über Kalk und Mörtel im Allgemeinen und den Unterschied zwischen Muschelschalen- und Kalksteinmörtel insbesondere; nebst Theorie des Mörtels, Berlin 1819; Rudolph Gottgetreu: Baumaterialien. Deren Wahl, Verhalten und zweckmäßige Verwendung, Berlin 1874; Friedrich Quietmeyer: Zur Geschichte der Erfindung des Portlandzementes. Dissertation an der Königl. Techn. Hochschule Hannover, 1911; Tanja Gödicke-Dettmering: Mineralogische und technologische Eigenschaften von hydraulischem Kalk als Bindemittel von Restaurierungsmörteln für Baudenkmäler aus Naturstein; in: Bericht 6, Institut für Steinkonservierung e.V., Wiesbaden 1997.

2 Wolfgang Altner und Werner Reichel: Betonschnellerhärtung, VEB Verlag für Bauwesen, Berlin 1971.

3 Amorphe Kieselsäure: vor allem in Opalsandsteinen und Flinten (Feuerstein); fein- und kryptokristalline Kieselsäure: in Porphyren, Tuffen, aber auch Graniten, Basalten; neuerdings haben sich auch gestresste Quarze als alkaliempfindlich erwiesen: faktisch alle silikatischen Gesteine, die mechanisch beansprucht wurden (Metamorphite, Grauwacken, gebrochene Gesteinskörnungen)

4 Bärbel Arnold: Oranienburg – die Restaurierung des Obelisken der Gedenkstätte Sachsenhausen; in: Brandenburgische Denkmalpflege 4 (1995) 1, S. 101 – 102.

5 Der Begriff Inhibitor bedeutet Hemmstoff und ist die von Inhibition (= Hindern, Hemmen, Einhalten, Verbot) abgeleitete Bezeichnung für eine Substanz, die eine Reaktion oder mehrere Reaktionen – chemischer, biologischer oder physiologischer Natur – dahingehend beeinflusst, dass diese verlangsamt, gehemmt oder verhindert wird bzw. werden.

6 Pia Lehmann: Untersuchungen zum Verwitterungsmechanismus bewehrter Kunststeinfiguren und Möglichkeiten zur Konservierung am Beispiel einer Figur des Jugendstilhauses der Kurfürstenstraße in Potsdam, Diplomarbeit an der FH Potsdam 1999.

7 Gudrun Simon: Die Erhaltung der Stahlbetonkonstruktion des Grabmals Wissinger auf dem Südwest-Kirchhof Stahnsdorf. Untersuchungen zur Auswahl einer geeigneten Injektionsmasse zur Schließung von Rissen, Diplomarbeit an der FH Potsdam 2004.

Jörg Freitag

Stahl und Beton – Erhaltungsprobleme der unlösbaren Materialkombination unter denkmalpflegerischen Aspekten

Wohl kaum ein Bauwerk, das im Wesentlichen aus Stahlbeton besteht, ist so bekannt und mit so vielen Emotionen beladen wie die Berliner Mauer. Nüchtern materialtechnisch betrachtet, ist sie ein Bauwerk aus den Komponenten Beton und Bewehrungsstahl, also aus einem Verbundwerkstoff.

Bei Verbundwerkstoffen können unterschiedliche Materialien aus ästhetischen Gründen oder aus Gründen des Schutzes vor Umwelteinflüssen kombiniert worden sein. Ein weiterer Grund ist das Erzielen bestimmter Werkstoffeigenschaften, wie sie durch ein Material allein nicht erreicht werden können. Erst die besondere Kombination der Materialien und das Sichergänzen von Materialeigenschaften ergibt eine völlig neue Werkstoffqualität. Im Falle des Stahlbetons kann die Eigenschaft der Druckfestigkeit des Betons mit der hohen Zugfestigkeit des Stahls vereinigt werden. Bei solchen Materialkombinationen können sehr ähnliche Werkstoffe (z. B. zwei Metalle) oder auch sehr unterschiedliche Werkstoffe aufeinandertreffen.

Erkauft werden müssen die Vorteile des Verbundwerkstoffes damit, dass die Werkstoffkomponenten in der Regel unlösbar miteinander kombiniert, d.h. verbunden werden. Die verschiedenen Komponenten haben natürlich ein sehr unterschiedliches Verhalten gegenüber chemischen und physikalischen Einflüssen. Daraus resultieren wiederum unterschiedliche Alterungsabläufe und Schadensvorgänge, die sich durch die besonderen Umstände des engen Kontaktes gegenseitig stark beeinflussen können.

Probleme bei der Konservierung von Verbundwerkstoffen

Wo Ingenieure für solche Werkstoffe und Bauteile eine nüchtern gerechnete Lebensdauer ansetzen, sind die Restauratoren angehalten, an einem Objekt sehr verschiedene Materialien als Komplex zu erhalten. Ihre üblichen und erprobten Arbeitsmethoden sind zumeist jedoch ganz speziell auf ein separates Material zugeschnitten. Bei Anwesenheit eines anderen Materials sind sie oft gar nicht ausführbar oder für dieses Material nicht zuträglich. Die Erhaltung von Kunstwerken und Denkmalen mit unlösbaren Materialkombinationen stellt daher eine besondere Herausforderung dar.

Während bei der Restaurierung und Konservierung oftmals das größte Augenmerk auf die Oberflächen – die »Haut der Dinge«, wie es van de Wetering einmal nannte[1] – gelegt wird, befinden sich die Problemzonen bei Materialkombinationen meist unsichtbar im Innern der Objekte. Ganz abgesehen vom Stahlbeton, trifft man im Bereich der Denkmalpflege recht häufig auf Objekte mit unlösbaren Materialkombinationen. Fast immer bereitet ihre Erhaltung große restaurierungsethische Probleme, und in der Regel sind die bisher erarbeiteten technischen Lösungen unbefriedigend. So lohnt, bevor man sich mit den konkreten Problemen der Berliner Mauer auseinandersetzt, ein Blick auf Probleme und Entwicklungen an anderen Materialkombinationen.

Einen solchen Verbundwerkstoff findet man beispielsweise an Plastiken aus Bleiguss. Obwohl Blei ein preiswertes Material war, wollte man die Figuren dünnwandig herstellen, da sie sonst extrem schwer würden. Blei ist jedoch so weich, dass die dünnen Wandungen schon das Eigengewicht nicht tragen könnten. Die Bleikörper wurden daher über einen Kern gegossen, den man im Gusskörper beließ. In

Abb. 2 – Bleiputto, Stiftung Stadtmuseum Berlin. Nach dem Aufreißen des Rückens geht Kernmasse verloren, und die gesamte Figur wird destabilisiert.

Reparatur Rumpf/ Arm

mehrlagiger Montageverguss

Vergussöffnung für Reparatur

Kernhalter aus Schmiedeeisen (verbleibt im Gusskörper und fungiert später als Stütze)

Kernmasse (Mischung aus Gips, Sand und Holzspänen)

Abb. 1 – Schematische Darstellung des Stützsystems und der Vergussmontage einer Bleifigur aus dem Heckentheater in Hannover-Herrenhausen

diesem Gusskern – einer Mischung aus Gips und Sand – waren als Kernhalter schmiedeeiserne Stäbe eingebettet, die später als Stützstreben fungierten. »Bleihaut« und Kernhalter ergeben auf diese Weise zusammen mit der Kernmasse als Füllstoff einen ausreichend festen Verbundwerkstoff. Durch Quellung der Kernmasse und Volumenvergrößerung der korrodierenden Stahlstäbe kommt es zum Aufreißen der Bleihaut, wodurch Wasser von außen ungehinderten Zutritt zum Plastikinnern erhält. Die Durchfeuchtung des Kernmaterials ist dann ungehemmt, was zur weiteren Quellung, Deformationen der Bleihaut und Korrosion der Stützstreben führt. In der Folge tritt die zerfallende Kernmasse aus, und die Stabilität des gesamten Systems wird gefährdet. Werden die Objekte in den Innenraum verbracht, könnten sie ohne schwerwiegende Eingriffe in die Originalsubstanz erhalten werden. Am ursprünglichen, freibewitterten Standort, an dem die Objekte auch standsicher sein müssen, ist das nicht möglich.[2]

Gut verdeutlichen lässt sich das Problem auch an den zahlreichen Kerngalvanoplastiken, die heute eine sehr schwierige und komplexe Restaurierungsaufgabe darstellen. Auch sie bestehen aus metallischen und mineralischen Komponenten und zeigen einen ganz ähnlichen Schadenshergang.

Diese Objekte wurden durch elektrolytische Abscheidung von metallischem Kupfer hergestellt. Dazu wurde ein imprägnierter Gipskern verkupfert, der im Innern der Plastik verblieb. Bei den meisten Figuren wurden die Gipskerne zusätzlich durch eingesteckte Stahlarmierungen stabilisiert. Insbesondere die Württembergische Metallwarenfabrik (WMF) war spezialisiert auf die serielle Produktion solcher Figuren und Figurengruppen als Baudekoration, Denkmal und Grabschmuck.

Auch hier wurden die Materialien im Sinne eines Verbundwerkstoffes genutzt. Die Kupferhaut – je nach Größe der Figur 0,3 bis 3 mm dick[3] – wird flächig vom Gipskern getragen, der wiederum durch Stahlstreben verstärkt wird.

Bei dem charakteristischen Schadensablauf dringt im Laufe der Zeit Feuchtigkeit in das Innere der Plastiken ein, wodurch die von dem Gipskern umschlos-

Abb. 3 – Kopf eines Grabengels der Firma WMF. Die aufgerissene und deformierte Kupferhaut und die herausfallende Kernmasse sind die typischen Schadensbilder an Kerngalvanoplastiken, 2004

senen Stahlarmierungen zu korrodieren beginnen. Durch die Volumenvergrößerung der Armierungen reißt der Gipskern, und mit ihm wird schließlich auch Kupferhaut gesprengt. Auf diese Weise entsteht ein typisches, herstellungsbedingtes Schadensbild. In den meisten Fällen sind die Plastiken derart beschädigt, dass sie demontiert werden müssen. Soll eine Kerngalvanoplastik am ursprünglichen Standort, also unter Freibewitterung erhalten werden, sind umfassende und teilweise strittige Restaurierungsmaßnahmen nötig. Da bisher keine Möglichkeiten zur Konservierung der tief im Innern liegenden Bewehrungsstähle, zur Sicherung des Gipskerns und dauerhaften Schließung der Kupferhaut gefunden wurden, müssen die Objekte in den meisten Fällen mechanisch aufgetrennt und vollständig entkernt werden.

Üblicherweise wird anschließend ein Stützgerüst aus korrosionsbeständigem Material eingebracht, welches das Eigengewicht der Kupferhaut trägt und die Stabilität der Figur wiederherstellt. Der entnommene Kern wird nicht ersetzt. Aus Sicht der Denkmalpfleger und Restauratoren besteht der Verbundwerkstoff des Objektes nicht nur technisch untrennbar aus verschiedenen Komponenten, er muss auch restaurierungsethisch als untrennbarer Verbund betrachtet werden. Die Erhaltungsstrategien müssten also eigentlich auf diesen Verbund abgestimmt sein. Im Fall der Kerngalvanoplastiken muss jedoch festgestellt werden, dass den Restauratoren gegenwärtig dazu keine befriedigende technische Lösung zur Verfügung steht.

Auch bei der Konservierung von unlösbaren Metall-Metall-Kombinationen stoßen die Metallkonservatoren oft an die Grenze des technisch noch Machbaren, aber restaurierungsethisch nicht mehr Vertretbaren. So geschehen bei der Restaurierung des Rubenow-Denkmals, das 1856 anlässlich der 400-jährigen Gründungsfeier der pommerschen Uni-

Abb. 4 – Oberflächendetail des rechten Arms der Figur des Herzogs Wartislaw IX. von Pommern-Wolgast am Rubenow-Denkmal vor der Restaurierung. Unter den pustelartigen Erhebungen der Kupferschicht befinden sich tiefe Lochfraßkrater im Zink, 2005

versität in Greifswald aufgestellt wurde. Das zwölf Meter hohe Denkmal wurde von der Gießerei Moritz Geiss in Berlin in Zink gegossen und – damals hochmodern – galvanisch verkupfert. Ein weiterer Kupferauftrag erfolgte 1927 im Zuge einer Restaurierung nach dem Schoop'schen Metall-Spritzverfahren. Aus korrosionstechnischer Sicht ist sofort offenbar, dass die Kombination des edlen Überzugmetalls Kupfer auf dem unedlen Trägermaterial Zink zu schweren Schäden am Zink führen muss. Am Denkmal finden sich dementsprechend auch Schäden durch bimetallische Korrosion[4] in Form von Lochfraß und Enthaftungen der Kupferschicht. Begleitet werden diese Schäden durch Risse und Brüche im Gussmaterial, die eine Folge von interkristalliner Korrosion, einer für historische Zinkgussmaterialien typischen Alterungserscheinung sind. Bei der Restaurierung des in den Jahren 2005/06 – natürlich wieder unter Frei-

Abb. 5 – Das von Friedrich August Stüler entworfene Rubenow-Denkmal nach seiner Restaurierung 2006 auf dem Platz vor dem Hauptgebäude der Universität Greifswald, 2006

bewitterung – erneut aufgestellten Denkmals setzte man im Wesentlichen auf eine Konservierung durch Beschichtung mit 2K-Acraylack. Da zu diesem Zeitpunkt allgemein bekannt war, dass die üblichen Materialien für den transparenten Korrosionsschutz weder von der Schutzwirkung noch von der Dauerhaftigkeit als optimal betrachtet werden können, wurden in einem von der Deutschen Bundesstiftung Umwelt geförderten Forschungsprogramm Untersuchungen durchgeführt. Es wurden verschiedene chemische Behandlungen und Beschichtungssysteme zur Konservierung getestet. Dazu wurden an der Fachhochschule Potsdam Probeplatten vorbereitet, die im Labor für Korrosionsschutztechnik der Fachhochschule Südwestfalen untersucht wurden.[5] Das Ziel, Verfahren und Materialien zu ermitteln, die aus restauratorischer und denkmalpflegerischer Sicht allen Ansprüchen an Effektivität, Lebensdauer, Objektverträglichkeit und Reversibilität usw. genügen, konnte nur eingeschränkt erreicht werden.

So wurden beispielsweise durch die eindeutig positiven Wirkungen der chemischen Vorbehandlungen wertvolle Anregungen gegeben, diesen Weg weiter zu verfolgen. Andererseits zeigten die guten Testergebnisse der Polyurethanbeschichtungen, dass derzeit nur mit diesem, nur bedingt reversiblen Material, die effektivste Konservierung erfolgen kann. Ein effektiver und nachhaltiger Schutz derartiger Kulturgüter ist jedoch unabdingbar, da langfristig solche Objekte durch die materialbedingte Schadensentwicklung existenziell bedroht sind. Die Umsetzung der Ergebnisse in die Praxis, die versuchsweise Anwendung eines getesteten Systems an einer Einzelfigur, wird ebenfalls als ein wichtiges Ergebnis des Projektes angesehen. Das im Labortest als bestes erkannte Konservierungssystem kann so unter realen Bedingungen beobachtet werden. Eine Anwendung des kaum reversiblen Polyurethans in größerem Maßstab ist gegenwärtig aber nicht zu befürworten. Jede übliche Art der Konservierung des Denkmals unter Freibewitterung wird also nur von mittelfristiger Dauer sein. Das bedeutet, dass bei den vielen noch folgenden Intervallen der Wiederbearbeitung und Konservierung mit weiteren Eingriffen und Verlusten an Originalsubstanz zu rechnen ist. Eine weitgehende Vermeidung von Eingriffen in die Originalsubstanz und gleichzeitige Erhaltung über lange Zeiträume von 200 bis 250 Jahre, was für Bronze kein Alter ist, wäre im Fall eines solchen Denkmals nur mit einer ganz anderen Schutzstrategie möglich. Auch wenn es vielleicht im ersten Augenblick undenkbar erscheint und dem Greifswalder Rubenow-Platz eine ganz neue Gestaltung geben würde; mit einer speziellen Einhausung könnte das Denkmal langfristig erhalten und die Originalsubstanz geschont werden. Für die Reste der Berliner Mauer ist das – zumindest aus heutiger Sicht – kaum akzeptabel. Man hätte dann kein Denkmal der Berliner Mauer, sondern ein Museum, in dem eine Mauer steht.

Abb. 6 – Oberflächendetail eines Stützwandelementes an der Bernauer Straße mit freiliegendem und teilweise freiliegendem Bewehrungsstahl. Schutz des Bewehrungsstahles vor Korrosion oder des Betons vor Abplatzung und Verlust?, 2009

Die Berliner Mauer: Erhaltungsprobleme an einem prominenten Verbundwerkstoff

Welche Probleme stehen nun aus der Sicht des Metallkonservators an der Berliner Mauer an? Zunächst einmal muss die Akzeptanz entwickelt werden, dass es sich nicht um ein Problem der Metallkonservierung oder Steinkonservierung handelt, sondern um eine Problemstellung, die unbedingt interdisziplinär betrachtet werden muss. Alle anstehenden Maßnahmen müssen gut aufeinander abgestimmt werden, denn würde ein Material bevorzugt konserviert, ginge zwangsläufig der authentische Zusammenhang verloren. Die ingenieurtechnischen Lösungsansätze müssen zunächst genau geprüft werden, ob sie am historischen Original angewandt werden können

oder ob sie ggf. modifizierbar sind. In der Regel sind die ingenieurtechnischen Lösungen pragmatisch auf die Verlängerung der Lebensdauer eines Bauteils gerichtet. Sie sind materialintensiv und zielen nicht gleichermaßen auf Substanzerhaltung ab.

Betrachtet man konkret die Bewehrungsstähle an den als vordere Sperrelemente aufgestellten Stützwandelementen (sogenannte Grenzmauer 75), so muss man von sehr unterschiedlichen Situationen ausgehen. Grundsätzlich ist die Korrosion der Bewehrungsstähle hier kein Schaden, der auf die üblichen Ursachen – Karbonatisierung, Chloridbelastung, mechanische Überbeanspruchung oder Ähnliches – zurückzuführen ist. Die korrodierten Oberflächen der Bewehrungsstähle sind Ergebnis der Umwelteinflüsse, nachdem die Stähle 1989 willentlich (durch sogenannte Mauerspechte) freigelegt wurden. Abgestimmt auf die Lage und den Zustand der Stähle, müssen mehre, individuelle Lösungen zur Konservierung erarbeitet werden. Das betrifft:

- Stahloberflächen, die vollständig freiliegen,
- Übergangszonen, in denen die freiliegenden Stähle in den Beton übergehen,
- Bewehrungsstähle, von denen nur Teile der Oberfläche freiliegen und
- Bewehrungsstähle, die infolge des Betonabtrags keine ausreichende Überdeckung mehr haben.

Bei der Konservierung der vollständig freiliegenden Stähle kann man sich an aktuellen Forschungsergebnissen zum transparenten Korrosionsschutz von Industriedenkmalen orientieren.[6] Auch an Industriedenkmalen besteht der Bedarf an Konservierung von gealterten Stahloberflächen ohne ästhetische Beeinträchtigung. Wesentlich schwieriger wird die Konservierung der zahlreichen Übergangszonen.

Mit Rückblick auf die geschilderten Probleme an anderen Verbundmaterialien im Bereich der Denkmalpflege kann man davon ausgehen, dass es bis zur Erarbeitung befriedigender technischer Lösungen ein sehr langer Weg sein wird. Um das Ganze zu erhalten, sind nicht nur kreative Lösungen gefragt, alle Beteiligten sollten auch offen sein für konstruktive Kompromisse.

Bildnachweise

Abbildung 1: Schematische Darstellung des Stützsystems und der Vergussmontage einer Bleifigur aus dem Heckentheater in Hannover-Herrenhausen, Jörg Freitag

Abbildung 2: Bleiputto, Stiftung Stadtmuseum Berlin. Nach dem Aufreißen des Rückens geht Kernmasse verloren und die gesamte Figur wird destabilisiert, Jörg Freitag

Abbildung 3: Kopf eines Grabengels der Firma WMF. Die aufgerissene und deformierte Kupferhaut und die herausfallende Kernmasse sind die typischen Scha-

densbilder an Kerngalvanoplastiken, 2004, Jörg Freitag

Abbildung 4: Oberflächendetail des rechten Arms der Figur des Herzogs Wartislaw IX. von Pommern-Wolgast am Rubenow-Denkmal vor der Restaurierung. Unter den pustelartigen Erhebungen der Kupferschicht befinden sich tiefe Lochfraßkrater im Zink, 2005, Jörg Freitag

Abbildung 5: Das von Friedrich August Stüler entworfene Rubenow-Denkmal nach seiner Restaurierung 2006 auf dem Platz vor dem Hauptgebäude der Universität Greifswald, 2006, Jörg Freitag

Abbildung 6: Oberflächendetail eines Stützwandelementes an der Bernauer Straße mit freiliegendem und teilweise freiliegendem Bewehrungsstahl. Schutz des Bewehrungsstahles vor Korrosion oder des Betons vor Abplatzung und Verlust?, 2009, Jörg Freitag

Anmerkungen

1 Ernst van de Wetering: Die Oberfläche der Dinge und der museale Stil. Restauro 88 (1982) 2, S. 98 – 102.

2 Maximilian Heimler: Die barocken Bleiplastiken des Heckentheaters im Herrenhäuser Garten. Aktuelle Restaurierungsmaßnahmen – ein Vorbericht; in: Berichte zur Denkmalpflege in Niedersachsen, 24 (2004) 2, S. 37 – 40; Georg Haber, Maximilian Heimler, Rolf-Jürgen Grothe: Aktuelle Restaurierungsmaßnahmen an den barocken Bleiplastiken des Heckentheaters in Hannover-Herrenhausen. Ein Zwischenbericht; in: Berichte zur Denkmalpflege in Niedersachsen. 25 (2005) 2, S. 45 – 48; Rolf-Jürgen Grothe, Maximilian Heimler: Die »Fechter Borghese« des Heckentheaters in Herrenhausen; in: Berichte zur Denkmalpflege in Niedersachsen. 28 (2008) 1, S. 6 – 8.

3 Lehle, Hans: Die Werkstätten der GB-Abteilung, handschriftliches Manuskript, angefertigt 1991 anlässlich der 7. Weihnachtsausstellung »Galvanoplastik der WMF 1890 – 1950«, Stadtarchiv Geislingen.

4 Früher als Kontaktkorrosion bezeichnet.

5 Konservierung von freibewitterten Zinkgussobjekten mit galvanisch oder spritzmetallisch aufgebrachten Metallüberzügen unter besonderer Berücksichtigung von Kontaktkorrosionserscheinungen. Modellhafte Restaurierung einer Plastik vom Rubenow-Denkmal der Universität Greifswald. Unveröffentlichter Abschlussbericht zum Forschungsprojekt 23320-45 der Deutschen Bundesstiftung Umwelt. Potsdam, Greifswald 2008.

6 Stefan Brüggerhoff: Korrosionsschutz für umweltgeschädigte Industriedenkmäler aus Eisen und Stahl (Modellvorhaben) Zusammenfassender Endbericht zum Vorhaben DBU-Az: 06834. Bochum 2001; Unveröffentlichter Forschungsbericht: Comparison of Conservation Materials and Strategies for Sustainable Exploitation of immovable Industrial Cultural Heritage made of Iron and Steel (CONSIST). A project supported by the European Commission under the 6th Framework Programme, Contract No. 513706, Duration: June 2005 – May 2008.

Teil 4

Das Konservierungskonzept für die Reste der Berliner Mauer an der Bernauer Straße

Das Konservierungskonzept für die Elemente der Grenzanlagen an der Bernauer Straße folgt dem fachübergreifenden Konsens, der Ergebnis der von der Stiftung im Jahr 2010 durchgeführten internationalen Tagung war. Ziel dieses Konzepts ist die langfristige Sicherung der überlieferten Substanz der hier befindlichen Grenzanlagen bei weitgehender Wahrung ihres visuellen Erscheinungsbilds. Die Konservierungsmaßnahmen werden in Kürze ausgeführt, die laufende Beobachtung der materiellen Substanz bleibt hingegen eine Daueraufgabe.

Jörg Haspel

Ergebnisse der Tagung »Erhaltungsstrategien für die Berliner Mauer – Status – Beispiele – Konzepte« am 25./26. Februar 2010

Die Stiftung Berliner Mauer hat am 25. und 26. Februar 2010 eine öffentliche und interdisziplinäre Tagung zu Erhaltungsstrategien für die Berliner Mauer durchgeführt, an der Fachleute aus Großbritannien, Frankreich sowie namhafte Denkmalpfleger, Gedenkstättenexperten, Bauingenieure, Betonsachverständige und Restauratoren teilgenommen haben. Vor dem Hintergrund einer besorgniserregenden aktuellen Schadensdiagnose für die einzelnen Elemente der Grenzanlagen an der Bernauer Straße war es Aufgabe dieser Tagung, übergreifende fachöffentliche Aufmerksamkeit für die komplexe Problemstellung zu erzeugen und grundsätzliche Übereinstimmung hinsichtlich der Lösungsstrategien herzustellen.

Die Stiftung ist sich darüber im Klaren, dass die überlieferten Reste der Berliner Mauer ein zeitgeschichtlich herausragendes Dokument und zugleich das bedeutendste Exponat der hier bestehenden und zu erweiternden Gedenkstätte sind, deren Erhalt für zukünftige Generationen die wichtigste Aufgabe der

Gedenkstätte ist. Die Stiftung sieht diese Aufgabe im Kontext der Bewahrung der übrigen noch erhaltenen Reste der Berliner Mauer (Niederkirchnerstraße, Invalidenfriedhof, East Side Gallery etc.) und in enger Verzahnung mit dem dezentralen Erinnerungskonzept zur Berliner Mauer, das der Berliner Senat 2006 beschlossen hat.

Die anwesenden Fachleute und das zahlreiche engagierte Fachpublikum kamen darin überein, dass das interdisziplinär zu erarbeitende, wissenschaftlich fundierte Konservierungskonzept für die erhaltenen Reste der Grenzanlagen an der Bernauer Straße sich an den folgenden Leitsätzen orientieren sollte:

1. Ziel der Konservierungskonzeption ist die möglichst vollständige Bewahrung und Sicherung der originalen Denkmalsubstanz am jetzigen Standort. Dies schließt die Akzeptanz für die nach 1989/90 erfolgten zeitgeschichtlichen Veränderungen dieser Substanz ein. Die Bewahrung geschieht auch mit dem Ziel, die Reste der Grenz-

anlagen als Gegenstand künftiger Forschung zu sichern.

2. Bei allen Maßnahmen gilt der Respekt vor dem vorgefundenen Zustand. Dieser ist sorgfältig, differenziert und vollständig zu dokumentieren.

3. Die Konservierungsmaßnahmen folgen der Leitlinie »So wenig Substanzverlust wie nötig – so viel Bewahrung der originalen Substanz wie möglich«. Die Konservierungsstrategie bezieht sich auch auf das Erscheinungsbild und seine visuelle Integrität.

4. Alle Konservierungsmaßnahmen sollen möglichst reversibel sein, um bei weiter voranschreitendem Stand der Technik bzw. des Wissens und bei geändertem Verständnis des Denkmalwerts möglichst ungeschmälert an den überlieferten Zustand anknüpfen zu können.

5. Ziel der Konservierungskonzeption soll die möglichst langfristige Sicherung der denkmalgeschützten Reste der Berliner Mauer im überlieferten Kontext als integrativer und wertvollster Bestandteil der öffentlich zugänglichen Dauerausstellung der Gedenkstätte auf dem ehemaligen Grenzstreifen sein.

6. Vorrang bei der Konservierung haben die traditionellen und bewährten Restaurierungstechniken. Neue Technologien, Werkstoffe etc. dienen der Bewahrung der originalen Substanz und sollen nur dann zum Einsatz kommen, wenn sie dem heutigen Stand der Technik entsprechen. Notwendige Hilfskonstruktionen dürfen nur dann verwendet werden, wenn sie das Denkmal in seinen Wirkungsmöglichkeiten nicht beschränken und wenn ihr Einsatz im richtigen Verhältnis zum Objekt und zu dessen zeitgeschichtlicher Bedeutung steht.

7. Gemäß dem Mehr-Augen-Prinzip muss das Konservierungskonzept vor seiner Umsetzung von den zuständigen Gremien (Beirat, Kuratorium, ggf. Landesdenkmalrat etc.) gebilligt und auch öffentlich vermittelt werden.

8. Wesentlicher Bestandteil des Konservierungskonzepts muss eine regelmäßige und über einen längeren Zeitraum ausgelegte Beobachtung (Monitoring) des Zustands und der Schadensbilder der vorhandenen Reste der Berliner Mauer sein, aus der sorgfältig dosierte und differenzierte Maßnahmen zur Bestandserhaltung abgeleitet werden können (»Pflegeversicherung«).

Günter Schlusche

Das Konservierungskonzept für die Mauerreste an der Bernauer Straße

Vorgehen und Umsetzung

Der Auftrag an die Stiftung Berliner Mauer zur Konservierung der Abschnitte und Reste der Grenzanlagen an der Bernauer Straße ist in den zusammenfassenden Thesen von Jörg Haspel deutlich beschrieben. Ziel ist die Bewahrung aller Elemente der Grenzanlagen an ihrem jetzigen Standort und in ihrer gegenwärtig überlieferten Form.

Es geht also weder um eine Musealisierung noch um die Wiederherstellung eines Status quo ante, sondern es geht um die weitestmögliche Erhaltung und Aussagekraft der authentischen Substanz im Rahmen eines gestalterisch avancierten Konzepts einer Gedenkstätte, die einen politisch, pädagogisch und fachlich klar umrissenen Auftrag hat. Die originalen Elemente der Grenzanlagen haben darin einen herausragenden Stellenwert – gerade in ihrem beschädigten Zustand. Denn diese Schäden sind nur partiell den üblichen Witterungseinflüssen, unzureichender baulicher Unterhaltung oder fehlerhaften Herstellungstechniken zuzuschreiben. Die gravierendsten

Schäden sind vielmehr Resultat der mechanischen Beschädigung der Mauer durch die sogenannten Mauerspechte, die in der Zeit nach dem 9. November 1989 aktiv waren und mit denen der Prozess von der punktuellen Öffnung zum endgültigen Fall und zur nahezu vollständigen Beseitigung der Mauer eine unwiderrufliche historische Dynamik erfuhr. Die Bewahrung dieses Schadensbilds transportiert damit die eminent wichtige politische Aussage, dass die Mauer eben nicht unbegrenzt stehengeblieben ist, sondern infolge des zivilen Widerstands geöffnet werden musste, immer mehr durchlöchert wurde und schließlich bis auf wenige Reste verschwand. Bei der Neugestaltung durch das Team der Architekten sinai und ONArchitektur wird übrigens auf dieses Schadensbild explizit Bezug genommen, indem die freigelegten Bewehrungseisen quasi als skelettierte Struktur gesehen werden, die in abstrahierter Form bei der Nachzeichnung der Grenzmauer durch die Stahlstäbe fortgeführt wird.

Denkmalpflegerische Vorgabe war es, bei der Konservierung möglichst auf bereits gemachte Erfahrungen bei vergleichbaren Objekten zurückzugreifen und den Einsatz experimenteller Verfahren und Baustoffe nur im Ausnahmefall zuzulassen.

Der Fundus an vergleichbaren Erfahrungen bei der Restaurierung und Instandsetzung von Stahlbeton bezieht sich vor allem auf die oft denkmalgeschützten Bauten des Neuen Bauens und der Moderne speziell aus der Zeit nach 1945 und ist in den letzten zwanzig Jahren enorm angewachsen.[1] Die Schäden an diesen Bauwerken sind ausführlich analysiert bzw. dokumentiert, und das bestehende Regelwerk für deren Behebung wurde infolge des großen Restaurierungsbedarfs in letzter Zeit weiterentwickelt und für diese

Aufgaben angepasst – gerade unter denkmalpflegerischen Aspekten. Die Beiträge in Teil II und III dieser Publikation stellen dies ausführlich dar und liefern somit wertvolle Hinweise auf die bei dieser Konservierungsaufgabe zu wählende Vorgehensweise.

Wenn man die Mauer als Bauwerk in diesem Kontext betrachtet, stellt man fest, dass sie – wohlgemerkt im bautypologischen Sinne – ein Bauwerk der Moderne ist. Die Berliner Mauer ist aus mit Stahl bewehrtem Beton, einem Baumaterial, das zwar schon seit Anfang des 19. Jahrhunderts existiert, aber erst durch die Moderne und den modernen Ingenieurbau des 20. Jahrhunderts popularisiert wurde. Die Flächen der Berliner Mauer sind in Sichtbeton ausgeführt, weniger aus materialästhetischen, sondern vielmehr aus

Abb. 1 – Blick von Osten auf die Hinterlandmauer an der Bergstraße vor Anlage des Wirtschaftshofs für den Sophienfriedhof, 2009

funktionalen und produktionstechnischen Gründen. Grenz- und Hinterlandmauer sind zudem elementiert und wurden industriell in speziellen Fertigteilfabriken hergestellt.[2] Nicht zuletzt zeigen auch viele der in den Beiträgen dieser Publikation ausführlich dokumentierten Schäden an den Abschnitten und Resten der Grenz- und Hinterlandmauer (Rissbildung, abplatzender Beton, fehlende Betonüberdeckung, korrodierender Stahl, Karbonatisierung) in der Bernauer Straße eine große Affinität zu den weithin bekannten Schadensbildern für Stahlbetonbauwerke.

So wichtig und unverzichtbar die vorliegenden Erfahrungen auch sind, so wurde andererseits auch deutlich, dass bei der Konservierung der Berliner Mauer eigene Wege zu beschreiten sind. Zum einen war klar, dass die übliche Restaurierungsmethode für Stahlbeton,[3] also das Freilegen der Schadensstellen, die Entrostung der Bewehrung, das Auffüllen der Fehlstellen mit Reparaturmörtel und die Wiederherstellung der ursprünglichen Oberfläche, in dieser Abfolge hier nicht zum Tragen kommen würde.[4] Zum anderen wurde schon sehr früh deutlich, dass der Nachweis der Standsicherheit angesichts der ausdrücklich erwünschten Beibehaltung eines nach herkömmlichen Normen eindeutigen Schadensbilds hier mit anderen Methoden zu führen war.

Bereits die erste gründliche Bestandsaufnahme der Mauerteile, die als wichtigstes Exponat der Gedenkstätte am originalen Standort stehen und ständig öffentlich zugänglich sind, hatte im Sommer 2009 ergeben, dass der Standsicherheitsnachweis rechnerisch nicht zu erbringen war.[5] Die entsprechenden Abschnitte der Grenz- und Hinterlandmauer wurden daher durch einen Bauzaun provisorisch gesichert. Bei der Hinterlandmauer wurde deshalb und darüber hinaus die oberste der drei Stahlbetonplatten vorübergehend entfernt und zwischengelagert, um die Absturzgefahr zu mindern.

Nach Auffassung der Gutachter und Experten, die unmittelbar nach Abschluss der Tagung von der Stiftung in eine interdisziplinäre Arbeitsgruppe für diese Fragen einberufen wurden, blieb für den Standsicherheitsnachweis nur die Form eines Experiments. Zu diesem Zweck wurden im Herbst 2010 fünf baugleiche Winkelelemente der Grenzmauer in der Forschungs- und Materialprüfungsanstalt der BTU

Abb. 2 – Auswahl baugleicher Grenzmauerelemente für die experimentellen Untersuchungen der BTU Cottbus in einem Zementwerk in Berlin-Spandau, 2010

Cottbus einem Belastungstest unterzogen (siehe Beitrag von Karen Eisenloffel und Klaus-Jürgen Hünger ab Seite 226).[6]

Dieser Test ergab, dass die Gefahr eines Abbrechens eines Winkelelements selbst bei Durchtrennung von allen 15 senkrechten Stäben der Zugbewehrung – also für einen Extremfall, der bei keinem der an der Bernauer Straße befindlichen Segmente vorzufinden ist – als recht gering einzuschätzen ist. Das Risiko des Kippens eines Segments durch Windlasten ist demgegenüber größer, kann aber durch relativ einfache Maßnahmen wie eine Kippsicherung am Fußpunkt deutlich vermindert werden. Auch die Untersuchung der vor Ort entnommenen Materialproben der Grenzmauer ergab, dass es sich um einen vergleichsweise hochwertigen Beton handelte, der trotz diverser Umwelteinflüsse noch keine schadensverursachende Konzentration von Sulfaten und Nitraten aufweist.[7]

Auf Basis dieser Befunde war es möglich, ein Konservierungskonzept zu erarbeiten, das mit den denkmalpflegerischen Vorgaben kompatibel war und den von den Experten aus der konkreten Schadensanalyse gewonnenen Empfehlungen entsprach. Dieses Konservierungskonzept besteht bei der Grenzmauer aus Maßnahmen zur Herstellung der Kippsicherheit in Form einer Bodenverankerung am Fußpunkt der Endelemente jedes Mauerabschnitts und aus punktuellen Maßnahmen zur Risssanierung an den vertikalen Betonoberflächen ausgewählter Segmente. Diese Risssanierungen sollen auch deswegen durchgeführt werden, um aus ihrer Beobachtung Erfahrungen für die Durchführung späterer Risssanierungen bei voranschreitenden Schäden zu gewinnen.

Für die Hinterlandmauer handelt es sich um eine Kombination von vier Maßnahmentypen, die entwickelt wurden, um die hierfür typischen Schadensbilder wie Neigung der Stahlträger, fehlende seitliche

Abb. 3, 4 – Experte der BTU Cottbus bei der Entnahme von Materialproben an dislozierten Grenzmauerelementen an der Bernauer Straße, 2010

Sicherung bzw. fehlende zentrische Lagerung sowie seitliche Deformation der Stahlbetonplatten zu kompensieren.

Zum einen werden die Stahlträger dort, wo ihr Fußpunkt durch Korrosion beschädigt ist, seitlich angeschient und im Boden fixiert. Zum anderen werden die Stahlträger durch seitliche Schrägabsteifungen gesichert und die Plattenfelder durch horizontale Gurte stabilisiert. Zum dritten werden die aufeinander stehenden Stahlbetonplatten in ihrer Lage fixiert, entweder indem die fehlende seitliche Fugenverfüllung wieder erneuert wird oder indem die Platten durch angeschweißte Stahlwinkel seitlich gehalten werden. Schließlich ist auch die Aussteifung der Wandfelder durch diagonal angeschweißte Stahlbänder möglich. Die letztendlich zu treffende Entscheidung zur Ausführung der jeweils individuell am Bauteil zu realisierenden Sicherungsmaßnahme fällt vor Ort im Rahmen der bauvorbereitenden Arbeiten. Ein wichtiger Gesichtspunkt wird dabei auch die möglichst geringe optische Beeinträchtigung des Erscheinungsbilds des jeweiligen Mauerteils sein.

Abb. 5 – Hinterlandmauer an der Brunnenstraße von der Nordseite, 2009

Ein weiterer Teil des Konservierungskonzepts betrifft die drei existierenden Abschnitte des sogenannten Vorfeldsicherungszauns, die auf dem Gelände des Sophienfriedhofs als Abgrenzung zwischen dem zu DDR-Zeiten nur eingeschränkt zugänglichen Friedhof und den Grenzanlagen erhalten geblieben sind. Dieser vollständig aus Metall gefertigte Vorfeldsicherungszaun war das erste Element der Grenzanlagen und ist nur hier erhalten geblieben. Die Bestandsuntersuchung ergab ein differenziertes Bild, das jedoch nicht einheitlich ist und bei den Zaunfeldern zwischen gutem und sehr schlechtem Zustand schwankte. Die Pfosten sind teilweise vollständig durchkorrodiert, und die Schutzbeschichtung von Pfosten und Zaunfeldern ist partiell völlig verschwunden.[8]

Das von der Arbeitsgruppe empfohlene Konservierungskonzept sieht auch hier den Ansatz des »conservation as found« vor und besteht aus den folgenden, nur reparierenden Maßnahmen: Die gebrochenen Pfosten werden dort, wo die Korrosion ansetzt, abgeschnitten und mit einem passenden Profil wieder auf Originalmaß verlängert. Die Zaunfelder werden

Abb. 6 – Hinterlandmauer zwischen Garten- und Bergstraße von der Nordseite, 2009

nach manueller Entrostung mit einem transparenten Schutzanstrich aus Polyurethan versehen und ebenfalls wieder montiert. Mit diesen Maßnahmen, bei deren Durchführung eine vorübergehende Demontage – anders als bei den Mauerabschnitten – akzeptabel ist, bleibt das vorgefundene Erscheinungsbild gewahrt. Gleichzeitig wird die Standsicherheit des Zauns wiederhergestellt, der im Abschnitt entlang des Postenwegs durch eine Taxushecke auf der Friedhofsseite gefasst ist. Ein Schutzanstrich aus Polyurethan ist auch die Maßnahme, die die Arbeitsgruppe für die Konservierung der Leuchtkörper und der in Sichthöhe angebrachten Farbmarkierungen an den Betonpfosten der sogenannten Lichttrasse empfiehlt.

Dieses Bündel an sorgfältig aufeinander abgestimmten Maßnahmen wird im Jahr 2011 bei ständiger fachlicher Begleitung baulich umgesetzt. Dabei gilt jedoch ein denkmalpflegerischer Leitsatz, der noch einmal in Erinnerung gerufen werden muss: Aufgabe der Denkmalpflege ist es nicht, die Verletzung ungeschehen zu machen und das Objekt dauerhaft zu sichern, sondern »den erodierenden Verfall zu steuern und zu verlangsamen«.[9] Daher ist es von großer Bedeutung, dass das nun vorliegende Konservierungskonzept nicht nur aus diesen kurzfristig zu realisierenden Maßnahmen, sondern aus einer Reihe von mittel- und langfristig zu realisierenden, z. T. jährlich zu wiederholenden Beobachtungs-, Kontroll- und Dokumentationsmaßnahmen besteht. Der Denkmalpflege- und Managementplan (conservation management plan, s. Beitrag von Leo Schmidt und Anja Merbach in dieser Publikation) fasst alle diese Maßnahmeebenen zusammen, bewertet sie und nimmt nicht zuletzt eine Einordnung des hier gewählten Vorgehens im internationalen Zusammenhang vor.

Nur wenn die Kohärenz und Kontinuität aller dieser Maßnahmen gewährleistet ist, wird das Konservierungskonzept greifen und sicherstellen, dass die Bestandteile und Reste der Grenzanlagen an der Bernauer Straße auch zukünftigen Generationen zur Verfügung stehen und von diesen gelesen bzw. verstanden werden können.

Bildnachweise

Abbildung 1: Blick von Osten auf die Hinterlandmauer an der Bergstraße vor Anlage des Wirtschaftshofs für den Sophienfriedhof, 2009, Axel Klausmeier
Abbildung 2: Auswahl baugleicher Grenzmauerelemente für die experimentellen Untersuchungen der BTU Cottbus in einem Zementwerk in Berlin-Spandau, 2010, Axel Klausmeier
Abbildung 3, 4: Experte der BTU Cottbus bei der Entnahme von Materialproben an dislozierten Grenzmauerelementen an der Bernauer Straße, 2010, Axel Klausmeier
Abbildung 5: Hinterlandmauer an der Brunnenstraße von der Nordseite, 2009, Axel Klausmeier
Abbildung 6: Hinterlandmauer zwischen Garten- und Bergstraße von der Nordseite, 2009, Axel Klausmeier

Anmerkungen

1   Vereinigung der Landesdenkmalpfleger in der Bundesrepublik Deutschland: Denkmal an Beton! Material – Technologie – Denkmalpflege – Restaurierung, Petersberg 2008.
2   Die winkelförmigen Segmente der Grenzmauer wurden ursprünglich für den Landwirtschaftsbau entwickelt, wo sie als seitliche Einfassung von Silagebehältern verwendet wurden. Der Röhrenaufsatz stammt hingegen aus der industriellen Röhrenproduktion für Wasser- bzw. Abwasserleitungen, und die unter der Asphaltdecke des Postenwegs befindlichen Gitterlochplatten wurden für den Landwirtschaftswegebau konzipiert. – Siehe unter: Leo Schmidt: Architektur und

Botschaft der »Berliner Mauer«; in: Deutsches Natio-
nalkomitee für Denkmalschutz: Die Berliner Mauer –
Vom Sperrwall zum Denkmal, Bd. 76/1, Berlin 2009,
S. 64 f.

3   Siehe hierzu: Hartwig Schmidt: Zwei Jahrzehnte
denkmalgerechte Betoninstandsetzung; in: Uta Hassler (Hg.): Was der Architekt von Stahlbeton wissen
sollte (Institut für Denkmalpflege und Bauforschung),
Zürich 2010, S. 101 f.

4   Bei dem Abschnitt der Grenzmauer, der sich zwischen
den zwei Stahlwänden des von den Architekten Kohlhoff und Kohlhoff entworfenen Denkmals befindet,
wurde diese Restaurierungsmethode angewandt, da es
hier zum Entwurfskonzept gehörte, die Grenzanlagen
in ihrer bis Ende 1989 bestehenden Form zu präsentieren.

5   Wetzel/von Seht, Ingenieurbüro für Bauwesen: Bestandsaufnahmen für die Abschnitte der Grenzmauer,
der Hinterlandmauer, die dislozierten Grenzmauerelemente und die Peitschenleuchten an Bernauer Straße,
Brunnenstraße und Liesenstraße, Gutachten im Auftrag der Stiftung Berliner Mauer, Berlin, November
2010 (endgültige Fassung).

6   Forschungs- und Materialprüfungsanstalt der BTU
Cottbus: Bericht zu den an der FMPA durchgeführten
Belastungstests an Bauelementen der Grenzmauer v.
11.11.2010, Gutachten im Auftrag der Stiftung Berliner Mauer, November 2010.

7   Forschungs- und Materialprüfungsanstalt der BTU
Cottbus: Bericht Nr. 10-116-201 v. 5.8.2010, Gutachten
im Auftrag der Stiftung Berliner Mauer, August 2010.

8   Haber & Brandner: Restauratorische Voruntersuchung
und Erarbeitung einer Restaurierungskonzeption für
Reste des Vorfeldsicherungszauns, Gutachten im Auftrag der Stiftung Berliner Mauer, November 2010.

9   Siehe hierzu den Beitrag von Sabine Ambrosius und
Thomas Drachenberg in dieser Publikation (ab Seite
100).

Bernd von Seht, David Fuentes Abolafio, Christian Heuschkel

Bestandsdokumentation für die Grenz- und Hinterlandmauer an der Bernauer, Brunnen-, Garten- und Liesenstraße

20 Jahre nach der Wiedervereinigung der beiden deutschen Staaten sind die sichtbaren Sperranlagen der ehemaligen innerdeutschen Grenze weitgehend zurückgebaut worden. Als historisches Zeugnis für 40 Jahre deutsche Teilung sollte in der heutigen Bundeshauptstadt – wo am 9. November 1989 mit dem Fall der Berliner Mauer die historische Wendung ihren Anfang nahm – ein Abschnitt des Grenzstreifens erhalten werden. Die Wahl fiel auf ein etwa 1,4 km langes Teilstück an der Bernauer Straße zwischen den Berliner Bezirken Wedding und Mitte. Als bedeutendstes »Exponat« ist dieser Mauerabschnitt eingebettet in die Gedenkstätte Berliner Mauer, für die ebenfalls an der Bernauer Straße ein Dokumentationszentrum und ein Besucherzentrum eingerichtet wurden.

Im Zuge der Planungen für die Außenanlagen ist das Ingenieurbüro Wetzel & von Seht unter anderem mit der Bestandsaufnahme und -dokumentation der Reste der Berliner Mauer an der Bernauer Straße be-

auftragt worden. Ziel der Aufnahme sind die Erfassung, Bewertung und Dokumentation der Schäden an der vorhandenen Konstruktion sowie die Erarbeitung von Sanierungskonzepten.

Im Rahmen der am 25. und 26. Februar 2010 durchgeführten interdisziplinären Tagung zu Erhaltungsstrategien für die Reste der Berliner Mauer sind die vorhandenen Schadensbilder der Grenz- und Hinterlandmauer dargestellt und erläutert worden.

Das Ingenieurbüro Wetzel & von Seht hat als Mitglied in der »Arbeitsgruppe Mauerkonservierung« der Stiftung Berliner Mauer konkrete Sanierungs- und Konservierungskonzepte erarbeitet, die in einem weiteren Beitrag beschrieben sind (ab Seite 238).

Die penible Bestandsaufnahme der Hinterland- und Grenzmauer ist als »handnahe Untersuchung« durchgeführt worden. Hierbei wird der Bestand aus etwa einer Armlänge Abstand ohne weitere Hilfsmittel (Laboruntersuchungen etc.) detailliert aufgenommen.

I. Beschreibung

Der Abschnitt der Berliner Mauer an der Bernauer Straße zeigt den typischen Aufbau mit Hinterlandmauer und Grenzmauer. Die Hinterlandmauer bildet den Abschluss der Grenzanlage nach Berlin-Ost, die Grenzmauer den Abschluss in Richtung Berlin-West. Bis zur Öffnung der Mauer wurden die Grenzanlagen mehrfach um- und ausgebaut. Der letzte Ausbau fand im Jahr 1980 stand und entspricht in etwa dem überlieferten Zustand.

Im Rahmen der Bestandsaufnahmen sind vier Abschnitte der Hinterlandmauer (an der Bernauer Straße, an der Kapelle der Versöhnung, an der Brunnenstraße 141, Mauer der Vorfeldsicherung an der Gartenstraße) sowie zwei Abschnitte der Grenzmau-

Abb. 1 – Ansicht der Grenzmauer Bernauer Straße

er (an der Bernauer Straße und an der Liesenstraße) untersucht worden.

I.1 Hinterlandmauer

Die Hinterlandmauer besteht aus Kragstützen im Abstand von 3 m mit dazwischengestellten Stahlbetonelementen.

Für die Stützen wurden Stahlprofile I 140 (teilweise I 100) verwendet, die in Einzel- oder Streifenfundamente eingespannt sind. Für die flächige Füllung kamen Stahlbetonfertigteile mit den Abmessungen Breite/Höhe/Dicke = ca. 300 cm/100 cm/8 cm zum Einsatz. Maximal drei Elemente wurden von oben

Abb. 2 – Handnahe Untersuchung

zwischen die Flansche zweier benachbarter Stützen eingeschoben und anschließend mit Mörtel verkeilt. Somit erreicht die Hinterlandmauer eine maximale Höhe von 3 m. Die Stahlbetonplatten haben eine konstruktive, mittig angeordnete Bewehrung.

I.2 Grenzmauer

Die Grenzmauer an der Bernauer Straße sowie an der Liesenstraße besteht aus aneinandergereihten Winkelstützelementen aus Stahlbetonfertigteilen mit einer Breite von 1,2 m und einer Höhe von 3,5 m. Die Wanddicke verjüngt sich von 21 cm am Wandfuß auf 18 cm am Wandkopf. Der Sporn am Wandfuß hat eine Länge von ca. 1,25 m.

Die Stahlbetonelemente sind am Wandkopf über Stahleinbauteile konstruktiv miteinander verbunden. Die vertikale Fuge zwischen den einzelnen Fertigteilen ist mit Mörtel ausgefugt. Die Bewehrung ist beidseitig kreuzweise verlegt. Am Wandkopf befindet sich ein Rundrohraufsatz. Dieser hat augenscheinlich keine statische Funktion, sondern dient der Mauer als Abschluss und sollte bei dem Versuch, die Grenzmauer zu überwinden, das Festhalten erschweren.

II Schadensbilder an den Mauerresten

Die vorgefundenen Reste der Berliner Mauer auf dem Gelände der Gedenkstätte befinden sich überwiegend in einem baulich schlechten Zustand. Grund hierfür sind die Verwitterung und die Zerstörung der tragenden Elemente nach Öffnung der Mauer, vermutlich durch sogenannte Mauerspechte.

II.1 Hinterlandmauer

An der Hinterlandmauer sind Schäden sowohl an den Stahlkragstützen als auch an den Stahlbetonplatten erkennbar. Die augenscheinlich ohne Korrosionsschutzanstrich versehenen Stahlprofile sind hauptsächlich im Übergangsbereich zur Gründung (Wasserwechselzone) korrodiert. Sie zeigen Lotabweichungen, sind verbogen bzw. lassen sich bereits durch manuelle Einwirkung bewegen.

Die Stahlbetonelemente zwischen den Kragstützen weisen eine sehr unebene Oberfläche auf, welche auf eine insgesamt inhomogene Konstruktion schließen lässt. An den Stahlbetonelementen sind Risse, Löcher und Fehlstellen mit freiliegender Bewehrung sowie gebogene bzw. gebrochene Stahlbetonelemente erkennbar.

Die kraftschlüssige Verfüllung zwischen den Stahlbetonplatten und den Stahlstützen durch Mörtel ist großflächig herausgebrochen. Die Stahlbetonplatten liegen zwischen den Flanschen der Stahlkragstützen frei und lassen sich händisch bewegen.

Abb. 3 – Ansicht der Hinterlandmauer, Seite zum ehemaligen Grenzstreifen

Als Ergebnis der handnahen Untersuchung ist zusammenfassend festzustellen, dass sowohl die korrodierten Stahlkragstützen als auch die fehlende horizontale Sicherung der Stahlbetonelemente an den Stahlkragstützen eine gravierende Beeinträchtigung der Standsicherheit und Dauerhaftigkeit darstellen. Risse und unebene Oberflächen an den Stahlbetonfertigteilen können bei Feuchteeintritt und korrosionsbedingter Volumenzunahme die Gebrauchstauglichkeit zunehmend beeinträchtigen.

Defekte Stahlbetonplatten müssen ersetzt bzw. gesichert werden. Mängel wie Risse und Fehlstellen können mit Hilfe eines geeigneten Betonersatzsystems behandelt werden. Freiliegende Bewehrung kann, soweit statisch nicht wirksam, gegen fortschreitende Korrosion geschützt werden.

Zur Abschätzung des statischen Systems werden die Stahlkragstützen ohne Berücksichtigung von Querschnittsschwächungen mit unterschiedlichen Ansätzen nachgerechnet. Die Berechnung unter Berücksichtigung von Windansätzen nach der heute gültigen Norm DIN 1055-4 (Ausgabe 03/200) zeigt, dass bereits unter Annahme eines intakten, nicht korrodierten Stahlprofils die rechnerisch ermittelten Spannungen im maßgeblichen Querschnitt am Stützenfuß bei einem Großteil der Stahlkragstützen nicht durch das vorhandene Stahlprofil aufgenommen werden können.

Auch unter Ansatz der Windlastansätze nach der zum Zeitpunkt der Herstellung der Hinterlandmauer gültigen Norm TGL 32274 (Ausgabe 12/1976, DDR) ergibt sich eine Überbeanspruchung des ungeschädigten Stahlquerschnittes am Stützenfuß.

Um eine akute Gefährdung von Besucherinnen und Besuchern an der Hinterlandmauer zu verhindern, wurde die sofortige Absperrung der betreffenden Bereiche veranlasst.

Abb. 4 – Defekte Stahlbetonelemente

Abb. 5 – Fehlende horizontale Sicherung

II.2 Grenzmauer

Schäden an den Stahlbetonfertigteilen sind hauptsächlich an den Wandflächen festgestellt worden. Die Fußplatte der Winkelstützwand ist augenscheinlich in einem guten Zustand. Auffällig ist das großflächige Fehlen von Beton auf der Seite zur Bernauer Straße bzw. Liesenstraße (Westseite), und zwar bis zu einer Höhe von ca. 2 m. Nach Grenzöffnung wurden wahrscheinlich durch sogenannte Mauerspechte Betonstücke herausgebrochen. Die Folge sind großflächig freiliegende Bewehrungsstäbe, ein reduzierter Betonquerschnitt sowie gänzlich fehlende Bewehrungsstäbe. Vereinzelt sind Risse im Beton oder auch Löcher erkennbar.

Auf der Mauerseite zum ehemaligen Grenzstreifen ist die Betonoberfläche weitestgehend intakt. Aufgrund mangelnder Betonüberdeckung liegt teilweise Bewehrung frei. Die Fuge zwischen den einzelnen Stahlbetonfertigteilen ist mit Mörtel verfüllt. Dieser fehlt vereinzelt. Einige Bewehrungsstäbe auf der Elementseite zur Bernauer Straße hängen frei vor dem Betonquerschnitt.

Als Ergebnis der handnahen Untersuchung ist zusammenfassend festzustellen, dass die freiliegende bzw. gänzlich fehlende Bewehrung sowie der reduzierte Betonquerschnitt eine gravierende Beeinträchtigung der Standsicherheit der Grenzmauer darstellen. Die Verbundwirkung im Werkstoff Stahlbeton – Übernahme der Druckkräfte durch den Betonquerschnitt bei gleichzeitiger Aufnahme der Zugkräfte durch den Bewehrungsstahl – ist bei Freiliegen oder Fehlen der statisch erforderlichen Bewehrung nicht mehr gegeben. Risse in den Betonfertigteilen führen infolge von Feuchteeintritt und Volumenzunahme zu Abplatzungen.

Das ursprüngliche, robuste System der Stahlbetonwinkelstützelemente ist zweifelsfrei ausreichend bemessen. In Anbetracht der massiven Schädigun-

Abb. 6 – Grenzmauer, freiliegende Bewehrung, fehlende Betonüberdeckung

Abb. 7 – Grenzmauer, fehlende Bewehrung

gen wurde jedoch eine weitergehend rechnerische Untersuchung des verbliebenen Resttragwerks unerlässlich. Die gestörte Verbundwirkung bzw. das Fehlen großer Teile der Bewehrung wird dabei über zwei Näherungsmodelle abgebildet: Zum einen erfolgt der Nachweis des Restquerschnittes am Wandfuß unter Ansatz einer rechnerisch vorhandenen Zugfestigkeit des Betons (Abweichung von der derzeit gültigen Norm DIN 1045-1 Ausgabe 2008, die dem Beton allein eine rechnerische Druckfestigkeit zuweist). In einem zweiten Ansatz werden die Stahlbetonelemente als Mauerwerkswand betrachtet (Begrenzung der klaffenden Fuge). Beide Rechenmodelle können die Standsicherheit der Winkelstützelemente unter Windlastansatz weder nach derzeit gültiger Norm (DIN 1055-4, 03/2005, BRD) noch nach zum Zeitpunkt der Errichtung gültiger Norm (TGL 32274, 12/1976, DDR) bestätigen. Zur Wahrung der Verkehrssicherungspflicht wurde daher eine sofortige Absperrung der Grenzmauer veranlasst.

Im Rahmen der Arbeitsgruppe Mauerkonservierung sind Belastungstests an baugleichen Winkelstützelementen durch die BTU Cottbus vorgenommen worden. Hierfür wurde ein vergleichbarer Zustand der Grenzmauer durch Entfernen der Betondeckung sowie mit Durchtrennen von Bewehrungsstahl erzeugt. An den vorbereiteten Elementen sind Belastungstests erfolgt.[1]

III. Maßnahmen zur Sanierung

Die Vorgabe des Denkmalamtes, die einstigen Sperranlagen »im Zustand der Überwindung« zu sanieren bzw. instand zu halten, schränkt den Katalog denkbarer Optionen stark ein.

Im vorliegenden Fall ist zwischen Maßnahmen zum Erreichen der Standsicherheit (Verkehrssicherungspflicht durch die Stiftung Berliner Mauer) und Maßnahmen zum Erreichen einer zu definierenden Dauerhaftigkeit (angestrebte Lebensdauer der verbleibenden Mauerreste) zu unterscheiden.

Werden zur Gewährleistung der Standsicherheit lediglich minimalinvasive Eingriffe vorgenommen, so muss im Gegensatz zu vollumfänglichen Maßnahmen für das Erreichen der Standsicherheit sowie der Dauerhaftigkeit (kompletter Korrosionsschutzanstrich, Verfüllen der Löcher, Verpressen von Rissen etc.) von einer geringeren Lebensdauer der Mauerreste ausgegangen werden. Mit Zunahme der Eingriffe ist das optische Erscheinungsbild der Mauer »im Zustand der Überwindung« unter Umständen nur noch bedingt erkennbar.

Über die Wiederherstellung der Standsicherheit hinausgehende Anforderungen an die Mauerreste sind durch die Stiftung in Abstimmung mit der Denkmalschutzbehörde und unter Berücksichtigung der Kostenoptionen zu definieren.

Mögliche Maßnahmen für die Hinterland- und Grenzmauer sind in der Arbeitsgruppe Mauerkonservierung mit allen Beteiligten diskutiert worden. Im Folgenden wird auf grundsätzlich mögliche Maßnahmen hingewiesen.

Für die Hinterland- und die Grenzmauer wird grundsätzlich eine zyklische Begutachtung und Überwachung empfohlen. Grundlagen für die Bewertung sowie Leitlinien für den denkmalpflegerischen Umgang (Monitoring) sind dem Beitrag von Leo Schmidt und Anja Merbach zu entnehmen (ab Seite 251).

III.1 Hinterlandmauer

Als kritischer Punkt der Hinterlandmauer sind die korrodierten Stahlkragstützen anzusehen, welche für die Wiederherstellung der Standsicherheit der Hinterlandmauer ertüchtigt bzw. ausgetauscht werden müssen. Bei Erhalt der vorhandenen Stahlprofile wird eine dahinterliegende Trag- und Stützkonstruktion bzw. eine Ertüchtigung der Stahlprofile am Fußpunkt (Einbringen und Anschließen eines zusätzlichen Stahlprofils) vorgeschlagen.

Grundsätzlich ist auch der komplette Austausch von Stahlkragstützen eine mögliche Alternative zur Wiederherstellung der Standsicherheit. Der kraftschlüssige Sitz der Stahlbetonplatten zwischen den Stahlträgern muss wiederhergestellt werden.

III.2 Grenzmauer

Wie bereits bei den Schadensbildern zur Grenzmauer dargestellt, kann der rechnerische Nachweis zum Erreichen der Standsicherheit ohne zusätzliche Maßnahmen nicht geführt werden.

Ergänzend zu den im Rahmen der Arbeitsgruppe Mauerkonservierung erfolgten Belastungsversuchen an baugleichen Winkelstützelementen sind grundsätzlich auch dahinterliegend angeordnete Tragkon-

Abb. 8 – Vorschlag für die Ertüchtigung der Grenzmauer durch eine dahinterliegende, schlanke Tragkonstruktion

struktionen zu erwähnen. Eine solche Konstruktion ist sichtbar, tritt in Kontrast zu dem historischen Denkmal und grenzt sich deutlich von diesem ab.

IV. Zusammenfassung

Die denkmalgeschützten Reste der Berliner Mauer sind Teil des Erinnerungsortes an die deutsche Teilung. Der Erhalt der Mauerreste ist von zentraler Bedeutung für die Gedenkstätte Berliner Mauer. Dabei müssen sich teilweise widersprechende Zielvorgaben zusammengeführt werden: auf der einen Seite die Sicherung bzw. Konservierung der Mauerreste unter Berücksichtigung denkmalpflegerischer Aspekte und auf der anderen Seite das Planen statisch erforderlicher Maßnahmen zur Gewährleistung von Standsicherheit und Dauerhaftigkeit der Konstruktion.

IV.1 Schadensbilder der Hinterlandmauer

In der Gedenkstätte Berliner Mauer sind im Rahmen der Bestandsaufnahme durch das Ingenieurbüro Wetzel & von Seht vier Abschnitte der Hinterlandmauer durch eine handnahe Untersuchung vor Ort aufgenommen und dokumentiert worden.

Die vorgefundenen Schäden an der Hinterlandmauer der Bernauer Straße, an der Kapelle der Versöhnung, an der Brunnenstraße 141 sowie der Mauer der Vorfeldsicherung an der Gartenstraße (Bauart analog Hinterlandmauer) sind nahezu identisch.

Die festgestellten Schäden sind in Schadensbildern zusammengefasst. Der im Rahmen der Arbeitsgruppe Mauerkonservierung erarbeitete Konservierungs- und Sanierungsvorschlag wird in einem weiteren Beitrag (ab Seite 238) näher erläutert.

Schadensbild 1 – fehlende horizontale Sicherung der Stahlbetonplatten

Die Stahlbetonelemente werden seitlich durch den Flansch der Stahlprofile fixiert. Die Halterung erfolgt durch Mörtel. Der Mörtel ist bei einem Großteil der Stahlbetonplatten nicht mehr bzw. nur teilweise vorhanden. Einige Stahlbetonplatten sind zwischen den Stahlträgern frei beweglich.

Abb. 8 – Schadensbild 1

Abb. 9, 10 – Schadensbild 1

Schadensbild 2 – Risse in den Stahlbetonplatten, vertikal und horizontal

Die Stahlbetonplatten weisen größtenteils vertikale Risse auf. Die Risse haben eine Länge von ca. 50 bis 70 cm und befinden sich in Feldmitte der Platten.

Schadensbild 3 – Abplatzungen an den Stahlbetonelementen

Die Stahlbetonplatten weisen hauptsächlich in den Randbereichen Betonabplatzungen auf. Bei den Abplatzungen liegt die eingelegte Bewehrung frei.

Abb. 11, 12 – Schadensbild 2

Abb. 13, 14 – Schadensbild 3

Schadensbild 4 – Gewölbte Stahlbetonplatten
Einige Stahlbetonplatten weisen eine Wölbung zu einer Seite auf. Dies hat zur Folge, dass die Stahlbetonelemente in Feldmitte nicht mehr komplett zentrisch übereinanderliegen. Bei den betroffenen Elementen ist weiterhin eine Aufstandsbreite unter den Elementen von weniger als 4 cm vorhanden.

Abb. 15 – Schadensbild 3   Abb. 16, 17 – Schadensbild 4

Schadensbild 5 – defekte Stahlbetonelemente
Einige Stahlbetonelemente weisen derartige Wölbungen bzw. Risse und Abplatzungen auf, so dass die Elemente eine zu geringe Aufstandsfläche für darüberliegende Elemente haben bzw. eine Sanierung nicht möglich ist.

Schadensbild 6 – Bewuchs in unmittelbarer Nähe der Stahlbetonelemente
Teilweise stehen Sträucher und Bäume in unmittelbarer Nähe der Hinterlandmauer. Bei einigen Abschnitten stoßen Äste der Bäume bei Wind gegen die Stahlbetonelemente bzw. wachsen starke Sträucher direkt an der Hinterlandmauer und zerstören durch Wurzel- und Wachstumsdruck die Stahlbetonelemente.

Abb. 18 – Schadensbild 5

Abb. 19 – Schadensbild 6

Schadensbild 7 – Stahlträger

Die Stahlträger zur Halterung der Stahlbetonelemente sind die Haupttragelemente der Hinterlandmauer. Sie wurden augenscheinlich ohne Korrosionsschutz verbaut.

Im Spritzwasserbereich OK Gelände ist die Korrosion der Stahlprofile stark fortgeschritten. Teilweise ist ein Farbanstrich auf den Stahlprofilen vorhanden. Somit ist der Grad der Korrosion optisch nicht abzuschätzen. Stahlstützen ohne beidseitigen Seitenhalt (Randstützen) stehen teilweise schief.

Abb. 20, 21, 22, 23 – Schadensbild 7

IV.2 Schadensbilder der Grenzmauer

Teil der Gedenkstätte Berliner Mauer sind die Grenz-mauern an der Liesenstraße und der Publikumsma-gnet an der Bernauer Straße. Der Zustand beider Grenzmauern wurde nach einer handnahen Unter-suchung dokumentiert. Die vorgefundenen Schäden der Grenzmauer an der Bernauer Straße sowie der Liesenstraße sind nahezu identisch. Schäden treten hauptsächlich im Wandbereich auf. Die Gründungs-platte ist optisch in einem guten Zustand. Die we-sentlichen Schäden resultieren wahrscheinlich von Mauerspechten, die aus dem Wandbereich Betonstü-cke herausgeschlagen haben. Die Schäden am Wand-bereich der Winkelstützelemente treten nahezu aus-schließlich auf der Seite zum ehemaligen West-Berlin auf.

Die fehlende Bewehrung beeinträchtigt in Ver-bindung mit dem reduzierten Betonquerschnitt die Standsicherheit der Grenzmauer erheblich, da die Ver-bundwirkung im Werkstoff Stahlbeton – Übernahme der Druckkräfte durch den Stahlbetonquerschnitt bei gleichzeitiger Aufnahme der Zugkräfte durch den Bewehrungsstahl – nicht mehr gegeben ist. Analog zu der Bestandsaufnahme der Hinterlandmauer sind die vorgefundenen Mängel der Grenzmauer in Scha-densbildern zusammengefasst. Der im Rahmen der Arbeitsgruppe Mauerkonservierung erarbeitete Kon-servierungs- und Sanierungsvorschlag wird in einem weiteren Beitrag (ab Seite 238) näher erläutert.

Schadensbild 1 – Risse, unebene Oberfläche

An den Rändern der Stahlbetonelemente sind ver-tikale, durchgehende Risse erkennbar. Die Risse re-sultieren wahrscheinlich aus dem Fehlen der erfor-derlichen Betonüberdeckung an den Bewehrungs-stäben sowie dem Fehlen der Randstecker, die das Abplatzen der freien Ränder verhindern sollen. Die Betonoberfläche ist uneben. Es ist anzunehmen, dass die Betonüberdeckung nicht gleichmäßig vorhanden ist.

Schadensbild 2 – fehlende Betondeckung, freiliegende Bewehrung

Aufgrund fehlender Betonüberdeckung liegt die vorhandene statisch erforderliche Bewehrung frei. Teilweise ist diese vom Betonrestquerschnitt gelöst und befindet sich ohne Verbund vor dem Betonquer-schnitt. Die großflächig freiliegende Bewehrung ist hauptsächlich auf der Elementrückseite (Seite zum ehemaligen West-Berlin) zu finden. Vereinzelt liegt auf der Elementvorderseite Bewehrung frei. Die Ver-bundwirkung (Übernahme der Druckkräfte durch den Betonquerschnitt, Aufnahme der Zugkräfte durch Bewehrungsstahl) der Stahlbetonkonstrukti-on ist nicht mehr gegeben.

Schadensbild 3 – fehlende Bewehrung

Die statisch erforderliche Bewehrung ist teilweise nicht mehr vorhanden. Dies betrifft bereichsweise einzelne Bewehrungseisen bzw. die komplette erste Bewehrungslage eines Elements.

Hauptsächlich im unteren Bereich der Stahl-betonwand (Einspannbewehrung der Wand in die Gründungsplatte) fehlt die Bewehrung. Die Ver-bundwirkung der Stahlbetonkonstruktion ist nicht mehr vorhanden.

Schadensbild 4 – reduzierter Betonquerschnitt

Der vertikale Teil der Winkelstützwand hat am Wand-fuß eine Bauteildicke von ca. 20 cm bis 21 cm. Die Wand verjüngt sich am Wandkopf auf ca. 18 cm. Der Betonquerschnitt ist bereichsweise um bis zu 8 cm auf der Elementrückseite (in Richtung Bernauer Straße/ ehemaliges West-Berlin) reduziert. Vereinzelt sind Bohrungen/Löcher in der Stahlbetonwand vorhan-den. Durch die Verminderung der Bauteildicke wird die statische Höhe reduziert, sodass die Tragfähigkeit der Stahlbetonkonstruktion vermindert ist.

Schadensbild 5 – Löcher und fehlende kraftschlüssige Verbindung zwischen den Elementen

In der Stahlbetonwand sind Löcher vorhanden. Bereichsweise fehlt die kraftschlüssige Verbindung mit Mörtel zwischen den Elementen.

Schadensbild 6 – Gefährdung durch herausgebogene Bewehrungsstäbe

Vereinzelt sind herausgebogene Bewehrungsstäbe vorhanden. Hier ist eine Gefährdung von Personen nicht auszuschließen.

Zusammenfassung

Aus statischer Sicht stellen die Schadensbilder 2, 3, 4 (fehlende Betondeckung, freiliegende Bewehrung, fehlende Bewehrung und reduzierter Betonquerschnitt) eine gravierende Beeinträchtigung der Standsicherheit und Dauerhaftigkeit der Grenzmauer dar. Das Schadensbild 1 (Risse, unebene Oberfläche) gefährdet hauptsächlich die Gebrauchstauglichkeit und Dauerhaftigkeit, da es durch Feuchteeintritt und Volumenzunahme im Winter zu Betonabplatzungen kommen kann. Die Grenzmauer an der Bernauer Straße ist in einen Abschnitt 1 und 2 aufgeteilt. Die Lage der Abschnitte ist dem Lageplan zu entnehmen.

Bildnachweise

Abbildung 1: Ansicht Grenzmauer Bernauer Straße, Ingenieurbüro Wetzel & von Seht
Abbildung 2: Handnahe Untersuchung, Ingenieurbüro Wetzel & von Seht
Abbildung 3: Ansicht Hinterlandmauer, Seite zum ehemaligen Grenzstreifen, Ingenieurbüro Wetzel & von Seht
Abbildung 4: defekte Stahlbetonelemente, Ingenieurbüro Wetzel & von Seht
Abbildung 5: fehlende horizontale Sicherung, Ingenieurbüro Wetzel & von Seht
Abbildung 6: Grenzmauer, freiliegende Bewehrung, fehlende Betonüberdeckung, Ingenieurbüro Wetzel & von Seht
Abbildung 7: Grenzmauer, fehlende Bewehrung, Ingenieurbüro Wetzel & von Seht
Abbildung 8: Vorschlag für die Ertüchtigung der Grenzmauer durch dahinterliegende, schlanke Tragkonstruktion, Ingenieurbüro Wetzel & von Seht

Anmerkungen

1   Hier wird auf den Beitrag »Ergebnisse der experimentellen Untersuchungen an Elementen der Grenzmauer« von Karen Eisenloffel und Klaus-Jürgen Hünger in dieser Publikation (ab Seite 226) verwiesen.

Schematische Darstellung der Schäden an der Grenzmauer Bernauer Straße

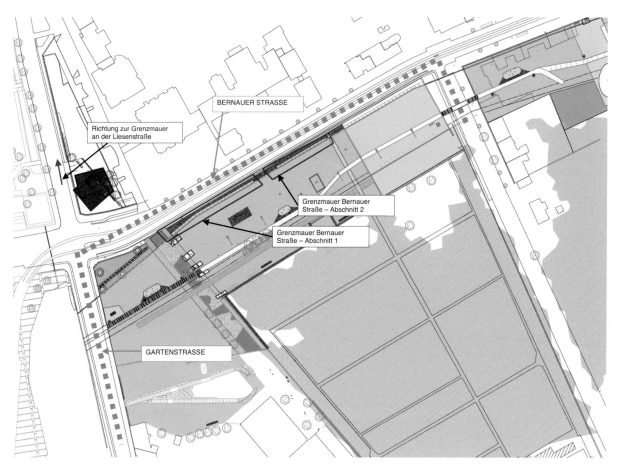

Skizze 1 – Lageplan Grenzmauer Bernauer Straße Abschnitt 1 und 2

Im Anschluss werden die Schadensbilder der Grenzmauer an der Bernauer Straße schematisch in einer Wandabwicklung für den Abschnitt 1 und 2 dargestellt. Dokumentiert sind hier die Schäden auf der Mauerseite zur Bernauer Straße. Unterhalb der Wandabwicklung ist der Zustand der Winkelstützelemente mit dem jeweiligen Foto erläutert. Die Fotos entsprechen der hier dargestellten Wandabwicklung.

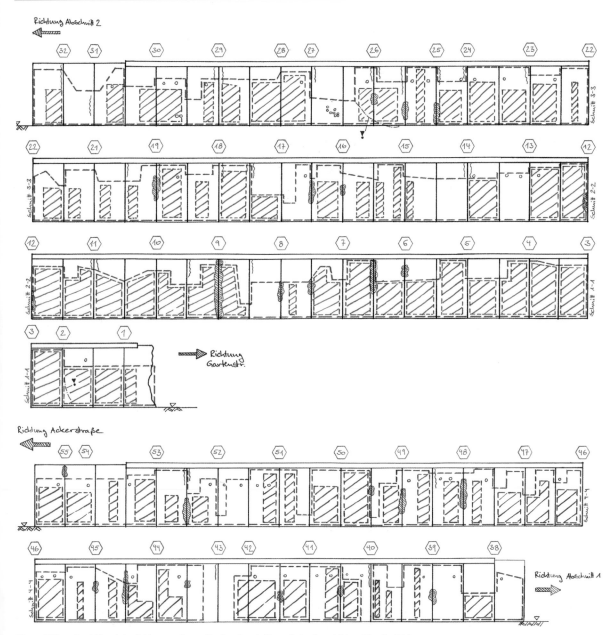

Oben: Skizze 2 – Wandabwicklung schematische Darstellung Schadensbilder Abschnitt 1
Unten: Skizze 3 – Wandabwicklung schematische Darstellung Schadensbilder Abschnitt 2

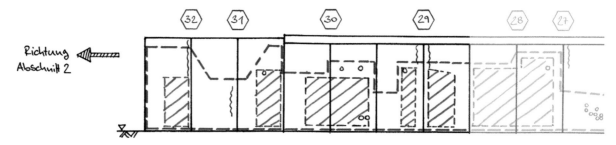

Richtung Abschnitt 2

Legende

Foto Ansicht 32 (Abschnitt 1)

Legende

⟨3⟩ Bildnummer Fotodokumentation

〜 Schadensbild 1 – Risse, unebene Oberfläche

⌐ ⌐ Schadensbild 2 – fehlende Betonüberdeckung, freiliegende Bewehrung
⌐ ⌐

L ‒ ‒ ⌐ Schadensbild 4 – reduzierter Querschnitt

▨▨▨ Schadensbild 3 – fehlende Bewehrung

○ ▨ Schadensbild 5 – Löcher, fehlende Verfugung zwischen Elementen

⸱⸝⸱ Schadensbild 6 – Gefährdung durch abstehende Bewehrungsstäbe

Zustand

Schadensbild 1: Risse, unebene Oberfläche

Schadensbild 2: fehlende Betonüberdeckung, freiliegende Bewehrung

Schadensbild 3: fehlende Bewehrung

Schadensbild 4: reduzierter Betonquerschnitt

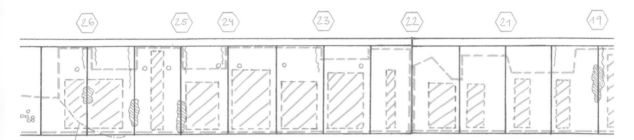

Foto Ansicht 31
(Abschnitt 1)

Foto Ansicht 30
(Abschnitt 1)

Foto Ansicht 29
(Abschnitt 1)

Zustand

Schadensbild 1: Risse, unebene
Oberfläche

Schadensbild 2: fehlende Betonüberdeckung, freiliegende Bewehrung

Schadensbild 3: fehlende Bewehrung

Schadensbild 4: reduzierter Betonquerschnitt

Zustand

Schadensbild 1: Risse, unebene
Oberfläche

Schadensbild 2: fehlende Betonüberdeckung, freiliegende Bewehrung

Schadensbild 3: fehlende Bewehrung

Schadensbild 4: reduzierter Betonquerschnitt

Schadensbild 5: Löcher, fehlende
Verfugung zwischen den Elementen

Zustand

Schadensbild 1: Risse, unebene
Oberfläche

Schadensbild 2: fehlende Betonüberdeckung, freiliegende Bewehrung

Schadensbild 3: fehlende Bewehrung

Schadensbild 4: reduzierter Betonquerschnitt

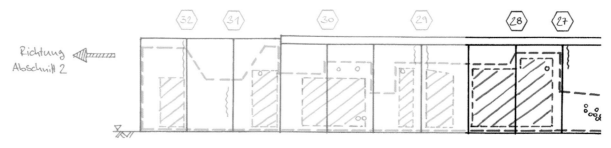

Richtung Abschnitt 2

Foto Ansicht 28
(Abschnitt 1)

Zustand

Schadensbild 1: Risse, unebene Oberfläche

Schadensbild 2: fehlende Betonüberdeckung, freiliegende Bewehrung

Schadensbild 3: fehlende Bewehrung

Schadensbild 4: reduzierter Betonquerschnitt

Foto Ansicht 27
(Abschnitt 1)

Zustand

Schadensbild 1: Risse, unebene Oberfläche

Schadensbild 2: fehlende Betonüberdeckung, freiliegende Bewehrung

Schadensbild 3: fehlende Bewehrung

Schadensbild 4: reduzierter Betonquerschnitt

Schadensbild 5: Löcher, fehlende Verfugung zwischen den Elementen

Foto Ansicht 26
(Abschnitt 1)

Zustand

Schadensbild 1: Risse, unebene Oberfläche

Schadensbild 2: fehlende Betonüberdeckung, freiliegende Bewehrung

Schadensbild 3,4: fehlende Bewehrung, reduzierter Betonquerschnitt

Schadensbild 5: Löcher, fehlende Verfugung zwischen den Elementen

Schadensbild 6: Gefährdung durch abstehende Bewehrungseisen

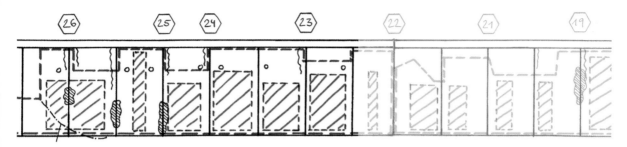

Foto Ansicht 25
(Abschnitt 1)

Foto Ansicht 24
(Abschnitt 1)

Foto Ansicht 23
(Abschnitt 1)

Zustand

Schadensbild 1: Risse, unebene Oberfläche

Schadensbild 2: fehlende Betonüberdeckung, freiliegende Bewehrung

Schadensbild 3: fehlende Bewehrung

Schadensbild 4: reduzierter Betonquerschnitt

Schadensbild 5: Löcher, fehlende Verfugung zwischen den Elementen

Zustand

Schadensbild 1: Risse, unebene Oberfläche

Schadensbild 2: fehlende Betonüberdeckung, freiliegende Bewehrung

Schadensbild 3: fehlende Bewehrung

Schadensbild 4: reduzierter Betonquerschnitt

Schadensbild 5: Löcher, fehlende Verfugung zwischen den Elementen

Zustand

Schadensbild 1: Risse, unebene Oberfläche

Schadensbild 2: fehlende Betonüberdeckung, freiliegende Bewehrung

Schadensbild 3: fehlende Bewehrung

Schadensbild 4: reduzierter Betonquerschnitt

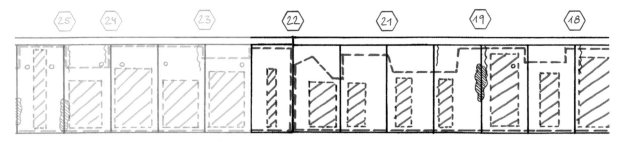

**Foto Ansicht 22
(Abschnitt 1)**

**Foto Ansicht 21
(Abschnitt 1)**

**Foto Ansicht 19
(Abschnitt 1)**

Zustand

Schadensbild 1: Risse, unebene Oberfläche

Schadensbild 2: fehlende Betonüberdeckung, freiliegende Bewehrung

Schadensbild 3: fehlende Bewehrung

Schadensbild 4: reduzierter Betonquerschnitt

Zustand

Schadensbild 1: Risse, unebene Oberfläche

Schadensbild 2: fehlende Betonüberdeckung, freiliegende Bewehrung

Schadensbild 3: fehlende Bewehrung

Schadensbild 4: reduzierter Betonquerschnitt

Zustand

Schadensbild 1: Risse, unebene Oberfläche

Schadensbild 2: fehlende Betonüberdeckung, freiliegende Bewehrung

Schadensbild 3: fehlende Bewehrung

Schadensbild 4: reduzierter Betonquerschnitt

Schadensbild 5: Löcher, fehlende Verfugung zwischen den Elementen

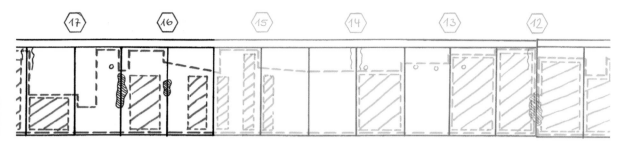

**Foto Ansicht 18
(Abschnitt 1)**

**Foto Ansicht 17
(Abschnitt 1)**

**Foto Ansicht 16
(Abschnitt 1)**

Zustand

Schadensbild 1: Risse, unebene Oberfläche

Schadensbild 2: fehlende Betonüber-deckung, freiliegende Bewehrung

Schadensbild 3: fehlende Bewehrung

Schadensbild 4: reduzierter Betonquer-schnitt

Zustand

Schadensbild 1: Risse, unebene Oberfläche

Schadensbild 2: fehlende Betonüber-deckung, freiliegende Bewehrung

Schadensbild 3: fehlende Bewehrung

Schadensbild 4: reduzierter Betonquer-schnitt

Schadensbild 5: Löcher, fehlende Verfugung zwischen den Elementen

Zustand

Schadensbild 1: Risse, unebene Oberfläche

Schadensbild 2: fehlende Betonüber-deckung, freiliegende Bewehrung

Schadensbild 3: fehlende Bewehrung

Schadensbild 4: reduzierter Betonquer-schnitt

Schadensbild 5: Löcher, fehlende Verfugung zwischen den Elementen

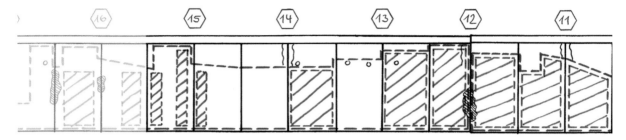

**Foto Ansicht 15
(Abschnitt 1)**

**Foto Ansicht 14
(Abschnitt 1)**

**Foto Ansicht 13
(Abschnitt 1)**

Zustand

Schadensbild 1: Risse, unebene Oberfläche

Schadensbild 2: fehlende Betonüberdeckung, freiliegende Bewehrung

Schadensbild 3: fehlende Bewehrung

Schadensbild 4: reduzierter Betonquerschnitt

Zustand

Schadensbild 1: Risse, unebene Oberfläche

Schadensbild 2: fehlende Betonüberdeckung, freiliegende Bewehrung

Schadensbild 3: fehlende Bewehrung

Schadensbild 4: reduzierter Betonquerschnitt

Zustand

Schadensbild 1: Risse, unebene Oberfläche

Schadensbild 2: fehlende Betonüberdeckung, freiliegende Bewehrung

Schadensbild 3: fehlende Bewehrung

Schadensbild 4: reduzierter Betonquerschnitt

Schadensbild 5: Löcher, fehlende Verfugung zwischen den Elementen

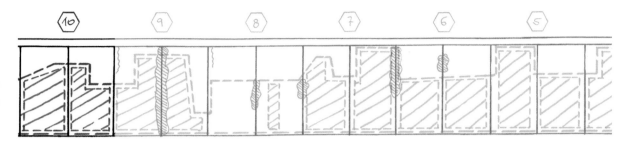

**Foto Ansicht 12
(Abschnitt 1)**

**Foto Ansicht 11
(Abschnitt 1)**

**Foto Ansicht 10
(Abschnitt 1)**

Zustand

Schadensbild 1: Risse, unebene Oberfläche

Schadensbild 2: fehlende Betonüberdeckung, freiliegende Bewehrung

Schadensbild 3: fehlende Bewehrung

Schadensbild 4: reduzierter Betonquerschnitt

Schadensbild 5: Löcher, fehlende Verfugung zwischen den Elementen

Zustand

Schadensbild 1: Risse, unebene Oberfläche

Schadensbild 2: fehlende Betonüberdeckung, freiliegende Bewehrung

Schadensbild 3: fehlende Bewehrung

Schadensbild 4: reduzierter Betonquerschnitt

Zustand

Schadensbild 1: Risse, unebene Oberfläche

Schadensbild 2: fehlende Betonüberdeckung, freiliegende Bewehrung

Schadensbild 3: fehlende Bewehrung

Schadensbild 4: reduzierter Betonquerschnitt

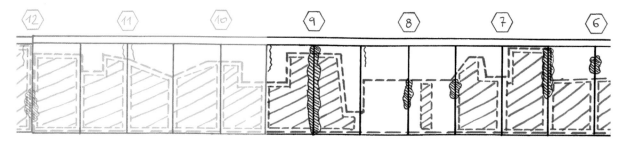

Foto Ansicht 9
(Abschnitt 1)

Foto Ansicht 8
(Abschnitt 1)

Foto Ansicht 7
(Abschnitt 1)

Zustand

Schadensbild 1: Risse, unebene Oberfläche

Schadensbild 2: fehlende Betonüberdeckung, freiliegende Bewehrung

Schadensbild 3: fehlende Bewehrung

Schadensbild 4: reduzierter Betonquerschnitt

Schadensbild 5: Löcher, fehlende Verfugung zwischen den Elementen

Zustand

Schadensbild 1: Risse, unebene Oberfläche

Schadensbild 2: fehlende Betonüberdeckung, freiliegende Bewehrung

Schadensbild 3: fehlende Bewehrung

Schadensbild 4: reduzierter Betonquerschnitt

Schadensbild 5: Löcher, fehlende Verfugung zwischen den Elementen

Zustand

Schadensbild 1: Risse, unebene Oberfläche

Schadensbild 2: fehlende Betonüberdeckung, freiliegende Bewehrung

Schadensbild 3: fehlende Bewehrung

Schadensbild 4: reduzierter Betonquerschnitt

Schadensbild 5: Löcher, fehlende Verfugung zwischen den Elementen

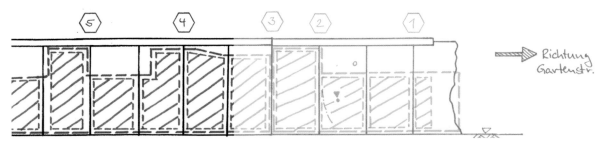

Foto Ansicht 6 (Abschnitt 1)

Foto Ansicht 5 (Abschnitt 1)

Foto Ansicht 4 (Abschnitt 1)

Zustand

Schadensbild 1: Risse, unebene Oberfläche

Schadensbild 2: fehlende Betonüberdeckung, freiliegende Bewehrung

Schadensbild 3: fehlende Bewehrung

Schadensbild 4: reduzierter Betonquerschnitt

Schadensbild 5: Löcher, fehlende Verfugung zwischen den Elementen

Zustand

Schadensbild 1: Risse, unebene Oberfläche

Schadensbild 2: fehlende Betonüberdeckung, freiliegende Bewehrung

Schadensbild 3: fehlende Bewehrung

Schadensbild 4: reduzierter Betonquerschnitt

Zustand

Schadensbild 1: Risse, unebene Oberfläche

Schadensbild 2: fehlende Betonüberdeckung, freiliegende Bewehrung

Schadensbild 3: fehlende Bewehrung

Schadensbild 4: reduzierter Betonquerschnitt

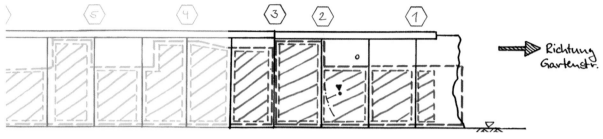

Foto Ansicht 3 (Abschnitt 1)

Zustand

Schadensbild 1: Risse, unebene Oberfläche

Schadensbild 2: fehlende Betonüberdeckung, freiliegende Bewehrung

Schadensbild 3: fehlende Bewehrung

Schadensbild 4: reduzierter Betonquerschnitt

Foto Ansicht 2 (Abschnitt 1)

Zustand

Schadensbild 1: Risse, unebene Oberfläche

Schadensbild 2: fehlende Betonüberdeckung, freiliegende Bewehrung

Schadensbild 3: fehlende Bewehrung

Schadensbild 4: reduzierter Betonquerschnitt

Schadensbild 6: Gefährdung durch abstehende Bewehrungseisen

Foto Ansicht 1 (Abschnitt 1)

Zustand

Schadensbild 1: Risse, unebene Oberfläche

Schadensbild 2: fehlende Betonüberdeckung, freiliegende Bewehrung

Schadensbild 4: reduzierter Betonquerschnitt

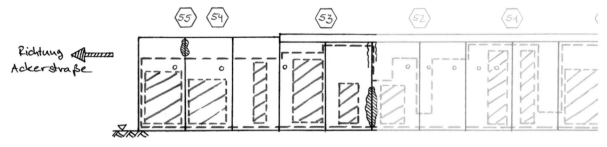

Foto Ansicht 55 (Abschnitt 2)

Zustand

Schadensbild 1: Risse, unebene Oberfläche

Schadensbild 2: fehlende Betonüberdeckung, freiliegende Bewehrung

Schadensbild 3: fehlende Bewehrung

Schadensbild 4: reduzierter Betonquerschnitt

Schadensbild 5: Löcher, fehlende Verfugung zwischen den Elementen

Foto Ansicht 54 (Abschnitt 2)

Zustand

Schadensbild 1: Risse, unebene Oberfläche

Schadensbild 2: fehlende Betonüberdeckung, freiliegende Bewehrung

Schadensbild 3: fehlende Bewehrung

Schadensbild 4: reduzierter Betonquerschnitt

Foto Ansicht 53 (Abschnitt 2)

Zustand

Schadensbild 1: Risse, unebene Oberfläche

Schadensbild 2: fehlende Betonüberdeckung, freiliegende Bewehrung

Schadensbild 3: fehlende Bewehrung

Schadensbild 4: reduzierter Betonquerschnitt

Schadensbild 5: Löcher, fehlende Verfugung zwischen den Elementen

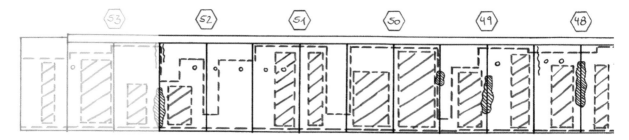

Foto Ansicht 52
(Abschnitt 2)

Foto Ansicht 51
(Abschnitt 2)

Foto Ansicht 50
(Abschnitt 2)

Zustand

Schadensbild 1: Risse, unebene Oberfläche

Schadensbild 2: fehlende Betonüberdeckung, freiliegende Bewehrung

Schadensbild 3: fehlende Bewehrung

Schadensbild 4: reduzierter Betonquerschnitt

Schadensbild 5: Löcher, fehlende Verfugung zwischen den Elementen

Zustand

Schadensbild 1: Risse, unebene Oberfläche

Schadensbild 2: fehlende Betonüberdeckung, freiliegende Bewehrung

Schadensbild 3: fehlende Bewehrung

Schadensbild 4: reduzierter Betonquerschnitt

Zustand

Schadensbild 1: Risse, unebene Oberfläche

Schadensbild 2: fehlende Betonüberdeckung, freiliegende Bewehrung

Schadensbild 3: fehlende Bewehrung

Schadensbild 4: reduzierter Betonquerschnitt

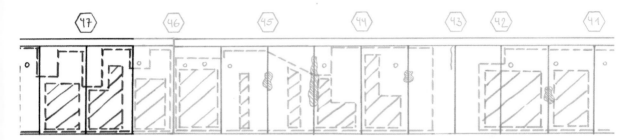

**Foto Ansicht 49
(Abschnitt 2)**

**Foto Ansicht 48
(Abschnitt 2)**

**Foto Ansicht 47
(Abschnitt 2)**

Zustand

Schadensbild 1: Risse, unebene Oberfläche

Schadensbild 2: fehlende Betonüberdeckung, freiliegende Bewehrung

Schadensbild 3: fehlende Bewehrung

Schadensbild 4: reduzierter Betonquerschnitt

Schadensbild 5: Löcher, fehlende Verfugung zwischen den Elementen

Zustand

Schadensbild 1: Risse, unebene Oberfläche

Schadensbild 2: fehlende Betonüberdeckung, freiliegende Bewehrung

Schadensbild 3: fehlende Bewehrung

Schadensbild 4: reduzierter Betonquerschnitt

Schadensbild 5: Löcher, fehlende Verfugung zwischen den Elementen

Zustand

Schadensbild 1: Risse, unebene Oberfläche

Schadensbild 2: fehlende Betonüberdeckung, freiliegende Bewehrung

Schadensbild 3: fehlende Bewehrung

Schadensbild 4: reduzierter Betonquerschnitt

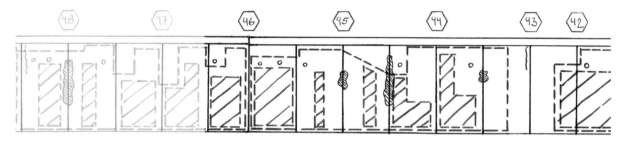

**Foto Ansicht 46
(Abschnitt 2)**

**Foto Ansicht 45
(Abschnitt 2)**

**Foto Ansicht 44
(Abschnitt 2)**

Zustand

Schadensbild 1: Risse, unebene Oberfläche

Schadensbild 2: fehlende Betonüberdeckung, freiliegende Bewehrung

Schadensbild 3: fehlende Bewehrung

Schadensbild 4: reduzierter Betonquerschnitt

Zustand

Schadensbild 1: Risse, unebene Oberfläche

Schadensbild 2: fehlende Betonüberdeckung, freiliegende Bewehrung

Schadensbild 3: fehlende Bewehrung

Schadensbild 4: reduzierter Betonquerschnitt

Schadensbild 5: Löcher, fehlende Verfugung zwischen den Elementen

Zustand

Schadensbild 1: Risse, unebene Oberfläche

Schadensbild 2: fehlende Betonüberdeckung, freiliegende Bewehrung

Schadensbild 3: fehlende Bewehrung

Schadensbild 4: reduzierter Betonquerschnitt

Schadensbild 5: Löcher, fehlende Verfugung zwischen den Elementen

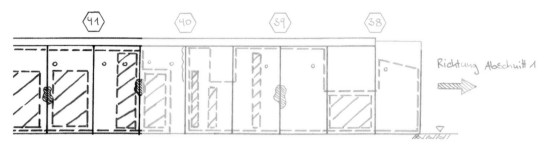

Foto Ansicht 43 (Abschnitt 2)

Foto Ansicht 42 (Abschnitt 2)

Foto Ansicht 41 (Abschnitt 2)

Zustand

Schadensbild 1: Risse, unebene Oberfläche

Schadensbild 2: fehlende Betonüberdeckung, freiliegende Bewehrung

Schadensbild 3: fehlende Bewehrung

Schadensbild 4: reduzierter Betonquerschnitt

Zustand

Schadensbild 1: Risse, unebene Oberfläche

Schadensbild 2: fehlende Betonüberdeckung, freiliegende Bewehrung

Schadensbild 3: fehlende Bewehrung

Schadensbild 4: reduzierter Betonquerschnitt

Schadensbild 5: Löcher, fehlende Verfugung zwischen den Elementen

Zustand

Schadensbild 1: Risse, unebene Oberfläche

Schadensbild 2: fehlende Betonüberdeckung, freiliegende Bewehrung

Schadensbild 3: fehlende Bewehrung

Schadensbild 4: reduzierter Betonquerschnitt

Schadensbild 5: Löcher, fehlende Verfugung zwischen den Elementen

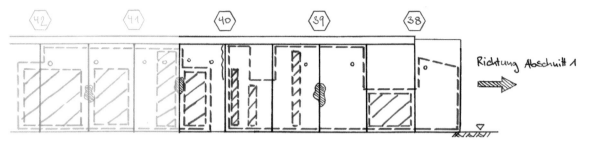

Foto Ansicht 40
(Abschnitt 2)

Foto Ansicht 39
(Abschnitt 2)

Foto Ansicht 38
(Abschnitt 2)

Zustand

Schadensbild 1: Risse, unebene Oberfläche

Schadensbild 2: fehlende Betonüberdeckung, freiliegende Bewehrung

Schadensbild 3: fehlende Bewehrung

Schadensbild 4: reduzierter Betonquerschnitt

Zustand

Schadensbild 1: Risse, unebene Oberfläche

Schadensbild 2: fehlende Betonüberdeckung, freiliegende Bewehrung

Schadensbild 3: fehlende Bewehrung

Schadensbild 4: reduzierter Betonquerschnitt

Schadensbild 5: Löcher, fehlende Verfugung zwischen den Elementen

Zustand

Schadensbild 1: Risse, unebene Oberfläche

Schadensbild 2: fehlende Betonüberdeckung, freiliegende Bewehrung

Schadensbild 3: fehlende Bewehrung

Schadensbild 4: reduzierter Betonquerschnitt

Schematische Darstellung der Schäden an der Grenzmauer Liesenstraße

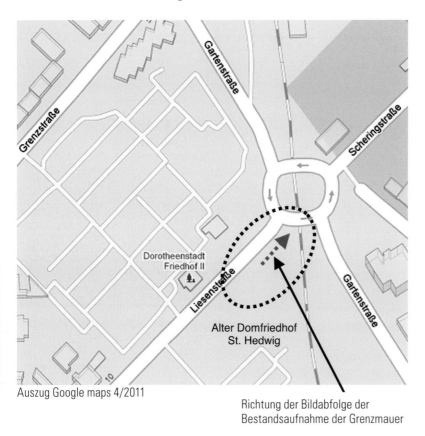

Auszug Google maps 4/2011

Richtung der Bildabfolge der
Bestandsaufnahme der Grenzmauer

Skizze 4 – Lageplan Grenzmauer Liesenstraße

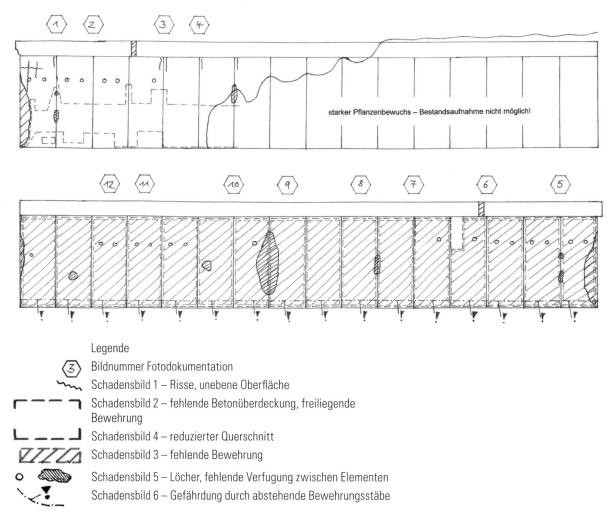

Legende

⬡ 3 Bildnummer Fotodokumentation

〰 Schadensbild 1 – Risse, unebene Oberfläche

⌐ ‑ ‑ ⌐ Schadensbild 2 – fehlende Betonüberdeckung, freiliegende
└ ‑ ‑ ┘ Bewehrung

▨▨▨ Schadensbild 3 – fehlende Bewehrung

o ▨ Schadensbild 5 – Löcher, fehlende Verfugung zwischen Elementen

Schadensbild 4 – reduzierter Querschnitt

⟍⟍ Schadensbild 6 – Gefährdung durch abstehende Bewehrungsstäbe

Skizze 5 – Wandabwicklung schematische Darstellung Schadensbilder,
oben: Wandvorderseite (zum Friedhof)
unten: Wandrückseite (zur Liesenstraße)

Im Anschluss werden die Schadensbilder der Grenzmauer an der Liesenstraße schematisch als Wandabwicklung für die Wandvorderseite (Seite zum Friedhof) und die Wandrückseite (Seite zur Liesenstraße) dargestellt. Unterhalb der Wandabwicklung ist der Zustand der Winkelstützelemente mit dem jeweiligen Foto erläutert. Die Fotos entsprechen der oben dargestellten Wandabwicklung.

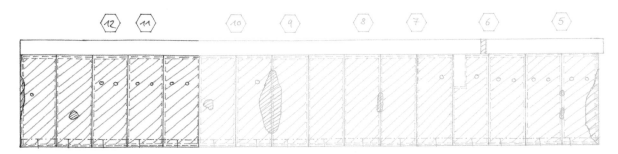

Foto Ansicht 12 (Rückseite)

Foto Ansicht 11 (Rückseite)

Zustand

Schadensbild 1: Risse, unebene Oberfläche

Schadensbild 2: fehlende Betonüberdeckung, freiliegende Bewehrung

Schadensbild 4: reduzierter Betonquerschnitt

Schadensbild 5: Löcher, fehlende Verfugung zwischen den Elementen

Schadensbild 6: Gefährdung durch abstehende Bewehrungseisen

Zustand

Schadensbild 1: Risse, unebene Oberfläche

Schadensbild 2: fehlende Betonüberdeckung, freiliegende Bewehrung

Schadensbild 4: reduzierter Betonquerschnitt

Schadensbild 5: Löcher, fehlende Verfugung zwischen den Elementen

Schadensbild 6: Gefährdung durch abstehende Bewehrungseisen

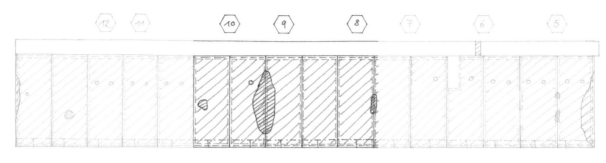

Foto Ansicht 10 (Rückseite)   **Foto Ansicht 9 (Rückseite)**   **Foto Ansicht 8 (Rückseite)**

Zustand

Schadensbild 1: Risse, unebene Oberfläche

Schadensbild 2: fehlende Betonüberdeckung, freiliegende Bewehrung

Schadensbild 4: reduzierter Betonquerschnitt

Schadensbild 5: Löcher, fehlende Verfugung zwischen den Elementen

Schadensbild 6: Gefährdung durch abstehende Bewehrungseisen

Zustand

Schadensbild 1: Risse, unebene Oberfläche

Schadensbild 2: fehlende Betonüberdeckung, freiliegende Bewehrung

Schadensbild 4: reduzierter Betonquerschnitt

Schadensbild 5: Löcher, fehlende Verfugung zwischen den Elementen

Schadensbild 6: Gefährdung durch abstehende Bewehrungseisen

Zustand

Schadensbild 1: Risse, unebene Oberfläche

Schadensbild 2: fehlende Betonüberdeckung, freiliegende Bewehrung

Schadensbild 4: reduzierter Betonquerschnitt

Schadensbild 5: Löcher, fehlende Verfugung zwischen den Elementen

Schadensbild 6: Gefährdung durch abstehende Bewehrungseisen

Foto Ansicht 7 (Rückseite)   **Foto Ansicht 6 (Rückseite)**   **Foto Ansicht 5 (Rückseite)**

Zustand	Zustand	Zustand
Schadensbild 1: Risse, unebene Oberfläche	Schadensbild 1: Risse, unebene Oberfläche	Schadensbild 1: Risse, unebene Oberfläche
Schadensbild 2: fehlende Betonüberdeckung, freiliegende Bewehrung	Schadensbild 2: fehlende Betonüberdeckung, freiliegende Bewehrung	Schadensbild 2: fehlende Betonüberdeckung, freiliegende Bewehrung
Schadensbild 4: reduzierter Betonquerschnitt	Schadensbild 4: reduzierter Betonquerschnitt	Schadensbild 4: reduzierter Betonquerschnitt
Schadensbild 5: Löcher, fehlende Verfugung zwischen den Elementen	Schadensbild 5: Löcher, fehlende Verfugung zwischen den Elementen	Schadensbild 5: Löcher, fehlende Verfugung zwischen den Elementen
Schadensbild 6: Gefährdung durch abstehende Bewehrungseisen	Schadensbild 6: Gefährdung durch abstehende Bewehrungseisen	Schadensbild 6: Gefährdung durch abstehende Bewehrungseisen

Karen Eisenloffel, Klaus-Jürgen Hünger

Ergebnisse der experimentellen Untersuchungen an Elementen der Grenzmauer

Die Grenzmauer der letzten Generation in der Bernauer Straße besteht aus Betonfertigteilen der Typenbezeichnung »UL 12.41« – 1,20 m breite Stützmauerelemente mit asymmetrischem Fuß. Die Elemente waren eigentlich zum Zweck der Lagerung von Schüttgut entwickelt worden: Die aufgehende Mauer hält das Schüttgut zurück, gleichzeitig dient das Gewicht des Schüttguts als Ballast auf dem langen Fuß und verhindert das Umkippen des Elements.

Die Grenzmauerelemente in der Bernauer Straße sind auf der Geländeoberkante entgegen der Regel so angeordnet, dass der lange Mauerfuß zum (politischen) Westen zeigte. Nach der friedlichen Revolution von 1989 haben die Mauerspechte auch in der Bernauer Straße gearbeitet: Auf der West-Berliner Seite der Grenzmauer wurde der Beton großflächig mehrere Zentimeter tief ausgebrochen, somit wurden die stählernen Bewehrungsstäbe freigelegt, bereichsweise auch entfernt.

Im Rahmen der Erweiterung der Gedenkstätte

soll der Mauerstreifen begehbar und die Geschichte der Mauer erlebbar sein. Dazu muss die Standsicherheit des Restquerschnitts der Grenzmauerelemente in ihrem heutigen Zustand nachgewiesen werden, allerdings ist ein rechnerischer Nachweis unter Berücksichtigung des starken und unterschiedlichen Beschädigungsgrades nur schwer möglich: In Bereichen, in denen die Bewehrungsstäbe entfernt wurden, ist die Beanspruchung des Stahlbetonquerschnitts auf Biegung rechnerisch gar nicht nachzuweisen. Im Bereich des sogenannten »Denkmals« im benachbarten Abschnitt der Mauer wurde das Problem 1998 durch eine umfassende Betonsanierung gelöst – die Maueroberflächen wurden durch Ergänzung der Bewehrung und Spritzbeton saniert. Dadurch wurde in etwa der ursprüngliche Zustand wiederhergestellt. Da für den hier in Rede stehenden Mauerabschnitt jedoch die Zielstellung die Konservierung im aktuellen Zustand ist, musste eine andere Lösung gefunden werden. Der Lehrstuhl für Tragwerkslehre und

Tragkonstruktionen wurde, zusammen mit der Forschungs- und Materialprüfanstalt (FMPA) der BTU Cottbus, beauftragt, Vorschläge für die experimentelle Untersuchung der Bauteile vor Ort zu entwickeln.

Der maßgebliche Lastfall für ein mögliches Versagen der beschädigten Elemente ist eine Horizontallast infolge von Wind. Die vertikalen Bewehrungsstäbe nehmen bei Windlast an der dem Wind zugewandten Seite der Elemente die Biegezugkräfte auf. Wenn die Bewehrung fehlt, ist rechnerisch gar keine Lastabtragung möglich.

In der experimentellen Statik werden Bauteile direkt belastet, um ihre Tragfähigkeit nachzuweisen. Wenn eine mit Sicherheitsabstand definierte, höhere Last als die nach Norm anzusetzende vom Bauteil getragen wird, dann gilt der Nachweis der Standsicherheit als erbracht. Da die Rechenmodelle nur eine vereinfachte Abbildung der tatsächlichen Lastabtragung sind, können durch experimentelle Belastung gegebenenfalls Reserven im Tragverhalten des Bauteils entdeckt werden. Neben der rechnerisch nicht anzusetzenden, aber in geringem Maße vorhandenen Zugfestigkeit des Betons war in diesem Fall auch eine Tragwirkung der Bewehrungsstäbe auf der anderen Querschnittsseite (welche eigentlich für die andere Windlastrichtung wirksam sind) zu erwarten.

»Winds of Change«, so sangen einst die »Scorpions«, haben 1989 die Mauer zum politischen Sturz gebracht – die Menschen haben in ihrer Begeisterung über die friedliche Revolution der Mauer tatsächliche Zerstörung zugefügt, die bis heute sichtbar ist. Nun soll die Mauer in der Bernauer Straße als Baudenkmal und Mahnmal in diesem Zustand erhalten bleiben. Da die Stiftung Berliner Mauer in der Verkehrssicherungspflicht ist, muss sichergestellt werden, dass keine künftigen Windböen die Mauerelemente schwer beschädigen oder gar zum Einsturz bringen.

Materialuntersuchungen an Elementen in der Bernauer Straße

Im August 2010 wurden durch die Fachgruppe Betontechnologie Materialuntersuchungen an ausgewählten Mauerelementen im Erweiterungsgelände der Bernauer Straße durchgeführt. Neben der zerstörungsfreien Ermittlung der oberflächennahen Bewehrung wurden sechs Materialproben (Bohrkerne) an verschiedenen Elementen entnommen, um die Materialeigenschaften des Betons feststellen zu können.

Aus den Untersuchungen geht hervor, dass die bekannten, durch Mauerspechte verursachten großflächigen Betonausbrüche auf der Rückseite (Fußseite) der Elemente bis in 90 mm Tiefe reichen – dort sind die vertikalen Bewehrungsstäbe (und teilweise auch die dahinterliegenden horizontalen Bewehrungsstäbe) nicht nur fast flächendeckend freigelegt, sondern es fehlen bereichsweise mehrere benachbarte Stäbe. An der Fußoberseite sowie der Vorderseite sind nur geringfügige Schäden festzustellen. An der Betonoberfläche beider Wandansichtsflächen zeigt sich eine flächendeckende netzartige Rissbildung bis zu 0,3 mm Breite.

Die im Labor durchgeführten Materialuntersuchungen haben ergeben, dass die Betonfestigkeit der eines guten Standardbetons (C30/37) entspricht. Die korrosionsbeeinflussenden Faktoren, wie Salzgehalt und Karbonatisierung, sind für die im Beton liegenden Bewehrungsstäbe noch unbedenklich.

Die bereits genannte auf beiden Seiten der Mauer vorzufindende netzartige Rissbildung in der Größenordnung von Haarrissen ist ebenfalls unbedenklich. Die freigelegten Stäbe weisen zwar Oberflächenrost auf, sind aber bisher nicht weiter korrodiert, abblätternder Rost wurde nicht vorgefunden.

Belastungsversuche an baugleichen Elementen in der FMPA

Gleichzeitig mit den Untersuchungen vor Ort wurden baugleiche Grenzmauerelemente, die in einem Zementwerk in Berlin-Spandau auf den ursprünglich vorgesehenen Nutzungszweck des Elementtyps zurückgeführt worden waren, an die BTU Cottbus geliefert. Das Ziel war, im Prüflabor an der BTU eine Prüfvorrichtung zu entwickeln, welche in der Bernauer Straße vor Ort eingesetzt werden sollte, um die beschädigten Elemente dort direkt zu prüfen.

Als Ersatzlast für die anzusetzenden Windlasten wurde eine Einzellast nahe am Mauerkopf aufgebracht, welche die gleiche Biegebeanspruchung am Mauerfuß verursacht.

Die Elemente waren miteinander verbunden, um eine durchgängige, lückenlose Grenzmauer herzustellen bzw. zu simulieren. Somit konnte die reale Situation in der Bernauer Straße nachgestellt werden, ohne die in situ befindlichen Elemente selbst zu belasten. In der Gedenkstätte existieren zwei Mauerabschnitte mit 27,60 m bzw. 15,60 m Länge.

Die Größe der Windeinwirkungen entlang einer freistehenden Mauer ist veränderlich (Bereiche A, B und C in der Abbildung), dabei sind aufgrund von Verwirbelungseffekten die höchsten Windlasten am freien Wandende anzusetzen, die Belastung in Wandmitte ist nur halb so groß.

Das durch Wind verursachte Moment an der Unterkante der Wand (an der Einspannstelle zum Fuß) ist maßgeblich für Biegeversagen, das Moment an der Elementunterkante für Kippversagen verantwortlich.

In der Tabelle 1 werden die Norm-Windlasten und die daraus resultierenden charakteristischen Momente an den beiden maßgeblichen Stellen angegeben.

Die fünf an der BTU Cottbus untersuchten, baugleichen Elemente waren weitestgehend intakt und mussten entsprechend dem vorliegenden Schadens-

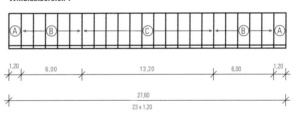

Windlastbereich 1

1,20   6,00   13,20   6,00   1,20

27,60
23 x 1,20

Windlastbereich 2

1,20   6,00   1,20   6,00   1,20

15,60
13 x 1,20

Abb. 1, 2 – Auswahl baugleicher Grenzmauerelemente in einem Zementwerk in Berlin-Spandau, 2010

Abb. 3 – Ansicht Abwicklung der Grenzmauerabschnitte in der Bernauer Straße mit Eintragung der Windlastbereiche

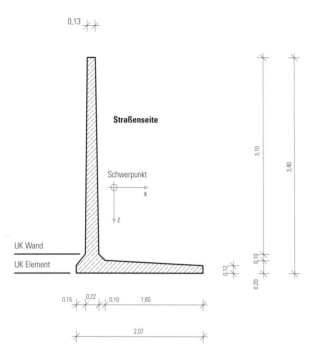

Abb. 4 – Querschnitt des Grenzmauerelements und für die Standsicherheit maßgebliche Stellen

bild der Grenzmauerelemente in der Gedenkstätte Berliner Mauer vorbereitet werden: Es wurde im Bereich der Wandeinspannung in den Wandfuß (dort wo das maximale Moment eintritt) ein 20 bis 30 Zentimeter hoher Streifen über die gesamte Elementbreite 5 bis 6 Zentimeter tief herausgebrochen.

Die nun freigelegten Bewehrungsstäbe wurden dann im weiteren Versuchsablauf nach und nach durchtrennt.

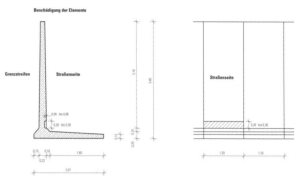

Abb. 5 – Querschnitt Grenzmauerelement mit Angaben zur Vorbeschädigung

Tab. 1 – Charakteristische Momente infolge Einwirkung durch Wind (nach DIN 1055 Teil 4 – März 2005)

Windlast-bereich	Windlast w	Moment UK Wand	Moment UK Element
A	2,08 kN/m²	10,0 kNm/m	12,0 kNm/m
B	1,30 kN/m²	6,63 kNm/m	7,50 kNm/m
C	1,04 kN/m²	5,00 kNm/m	6,00 kNm/m

Hinweise zur Tabelle 1:
Die Windlastgröße wurde anhand des Mauerabschnittes 1 ermittelt (maßgeblich aufgrund der größeren Länge),
$M_{UK\ Wand} = w \times (3{,}10\ m)^2 / 2$, $M_{UK\ Element} = w \times (3{,}40\ m)^2 / 2$

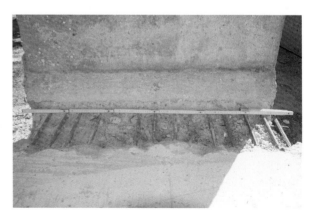

Abb. 6 – Die Rückseite eines vorbeschädigten Elementes

Versuchsaufbau

Der Versuchsaufbau der FMPA ist nachfolgend abgebildet.

Mit Hilfe des Flaschenzugs (2) wurde eine horizontale Kraft am Punkt (7) der Mauer eingeleitet und am Punkt (4) die Größe der Kraft gemessen.

Mit Hilfe der Messtechnik wurde die horizontale Wandauslenkung am Punkt (8) gemessen, wobei eine Abbruchschranke von L/100 (3,40 cm am Wandkopf) definiert wurde. Außerdem wurde das Abheben des Wandfußes (Umkippen) am Punkt (9) gemessen, was sich im weiteren Verlauf als maßgebend herausstellte.

Abb. 7 – Versuchsaufbau an der FMPA der BTU Cottbus, 2010

Bilderläuterungen:
eingespannte Stütze als horizontales Widerlager
1   Flaschenzug 30 kN
2   Lastgurt
3   Kraftmessdose (vertikal auf Stehleiter gelagert)
4   Lastgurt
5   Gabelstapler als Kippsicherung gegen spontanes Versagen des Elements
6   Lasteinleitung Horizontalkraft (H = 3,25 m)
7   Induktiver Wegaufnehmer bei 2,00 m Kragarmlänge
8   Induktiver Wegaufnehmer Kontrolle Kippen
9   Messtechnik

Abb. 8.1 – 8.7 – Standbilder der experimentellen Untersuchung an Elementen der Grenzmauer an der FMPA der BTU Cottbus, 2010

Ablauf und Ergebnisse der Versuche an der FMPA

Die Versuche wurden an zwei Elementen im September 2010 und an einem dritten Element am 9. November 2010 in der FMPA durchgeführt. Der Ablauf der Versuche lässt sich wie folgt zusammenfassen:

Elemente 1 und 2: Die Kipplast des Elements wurde erreicht. Nach Beschwerung gegen das Umkippen wurde die Last vergrößert, bis eine Auslenkung von L/100 der vertikalen Wand erreicht wurde.

– Das Durchtrennen der kompletten Zugbewehrung führte auch bei Verformungen von bis zu 3,40 cm am Wandkopf (Auslenkung/Wandhöhe = 1/100) nicht zum Biegeversagen. Auf Grund der veränderten Steifigkeit nahmen die Verformungen deutlich zu. Die Druckzone blieb intakt (keine Abplatzungen des Betons).

– Nach zusätzlicher Entfernung der Betonsubstanz von der Druckzone (insgesamt rund 30 cm) nahmen die Verformungen bei Belastung weiter zu. Ein Versagen der Betondruckzone konnte nicht erreicht werden.

– Bei Element 3 wurde das Kippen vollständig behindert und nach sukzessiver Entfernung der Bewehrungsstäbe die Horizontallast bis zum Biegeversagen des Elementquerschnitts an der Einspannstelle gesteigert. Das daraus ermittelte Biegemoment ist mehr als doppelt so groß wie das charakteristisch einwirkende maximale Moment am Wandende.

Abb. 9 – Vollständig freigelegte und durchtrennte Zugbewehrung Wandrückseite, 2010

Abb. 10 – Komplettes Biegeversagen des Elements an der Einspannstelle der aufgehenden Mauer im Fuß, 2010

Das maßgebliche Versagenskriterium der untersuchten Elemente war stets das Kippen des Elements.

In Tabelle 2 werden aus den vorliegenden Versuchsergebnissen charakteristische Momente abgeleitet, welche direkt mit den anzusetzenden Einwirkungen verglichen werden können.

Die Erkenntnisse aus den vorliegenden Ergebnissen lassen sich wie folgt zusammenfassen:

Der Vergleich der Werte in der Spalte »Moment UK Element« der Tabelle 2 mit dem anzusetzenden maximalen Windmoment in Tabelle 1 zeigt, dass freistehende Einzelelemente (Elemente 1 und 2) bei der vorgeschriebenen Windbelastung bereits umkippen.

Durch Beschwerung des Wandfußes wurde an den Elementen 1 und 2 das Kippen behindert und es konnten höhere Biegemomente erreicht werden. Nach Erreichen einer vordefinierten maximalen Auslenkung wurde der Versuch jeweils abgebrochen. Zu einem Biegeversagen der Elemente ist es bei den ersten beiden geprüften Elementen nicht gekommen, obwohl das Schadensbild dem der Mauerteile in der Bernauer Straße vollständig nachgestellt wurde, also

durch zusätzliche Schädigung der Betondruckzone und trotz Durchtrennung aller Bewehrungsstäbe.

Bei Element 3 wurde das Kippen vollständig verhindert und die maximale Horizontallast bis zum Biegeversagen ermittelt. Das beim Versagen erreichte Biegemoment ist mit 20,6 kNm/m mit Abstand größer als der charakteristische Wert des Windmomentes an der Stelle (10,0 kNm/m). Somit lag die Sicherheit gegenüber dem Biegeversagen bei einem Faktor 2,06, obwohl die gesamte Bewehrung entfernt wurde.

Schlussfolgerung

Ursprünglich war vorgesehen, in einer weiteren Phase Belastungstests an den Mauerabschnitten in der Bernauer Straße durchzuführen. Die Ergebnisse aus den Versuchen an baugleichen Mauerelementen erlaubten jedoch, auf weitere Untersuchungen (welche auch Eingriff und Veränderung der Substanz bedeuten würden) zu verzichten.

Die geprüften Elemente wurden bezüglich der

Tab. 2 – Zusammenfassung der Versuchsergebnisse

Element Nr.	Teilversuch	Prüflast: Horizontallast H	Moment$_{UK Wand}$	Moment$_{UK Element}$
1	ohne Kippsicherung	3,5 kN	8,60 kNm/m	9,48 kNm/m
	mit Kippsicherung	4,4 kN	10,8 kNm/m	–/–
2	ohne Kippsicherung	4,1 kN	10,1 kNm/m	11,1 kNm/m
	mit Kippsicherung	6,2 kN	15,2 kNm/m	–/–
3	ohne Kippsicherung	4,7 kN	11,5 kNm/m	12,7 kNm/m
	mit Kippsicherung	8,4 kN	20,6 kNm/m	–/–

Hinweise zur Tabelle 2: Lasteinleitung in einer Höhe von 3,25 m über UK Element; Elementbreite b = 1,20 m; $M_{UK Wand}$ = H × 2,95 m / 1,20 m; $M_{UK Element}$ = H × 3,25 m / 1,20 m; »ohne Kippsicherung« – Laststeigerung bis zum Kippversagen; »mit Kippsicherung« – Element 1+2: bis zu einer horizontalen Wandverformung von L/100; Element 3: bis zum Versagen der Betondruckzone

inneren Tragfähigkeit stärker als die vorhandenen Mauerreste in der Bernauer Straße beschädigt – es wurden sämtliche Bewehrungsstäbe durchtrennt, zusätzlich wurde eine Reduzierung der Druckzone vorgenommen. Außerdem wirkt die maximal anzunehmende Windlast nur auf einen sehr kleinen Mauerabschnitt am Wandanfang und Wandende. Für diesen ungünstigsten Fall konnte bei einem der Elemente eine etwa zweifache Sicherheit gegenüber dem Biegeversagen nachgewiesen werden. Die übrigen Teile wurden nicht bis zum Bruch belastet. In einem großen Bereich der Wandmitte ist die anzusetzende Windlast nur halb so groß, dadurch wird die Sicherheit erhöht.

Der maßgebliche Versagensfall war in allen geprüften Fällen das Kippen. Gegenüber der maximal anzusetzenden Windlast am Wandende ist anhand der Belastungstests eine Kippsicherheit am Einzelelement gar nicht bzw. nur mit unzureichender Sicherheit nachzuweisen. Die Elemente am Wandende werden über die Verbindung mit den geringer belasteten Nachbarelementen gegen Kippen gesichert, so dass der Wandabschnitt nur in seiner Gesamtheit gegen Umkippen gesichert werden kann.

Anhand der Ergebnisse ist davon auszugehen, dass der Versagensfall Kippen vor dem Versagensfall Biegeversagen eintritt. Ohne grundsätzliche Eingriffe in das vorhandene, denkmalgeschützte Bauwerk (Verankerung im Boden) ist jedoch keine größere Kippsicherheit zu erzielen. Daher macht es auch wenig Sinn, die vorhandene höhere Biegetragfähigkeit genauer zu untersuchen. Kurz: Ein Mauerelement fällt im Belastungsfall also eher um als dass es bricht.

Im Zuge der Konservierung der Mauer im heutigen Zustand ist daher auf jeden Fall sicherzustellen, dass die vorhandene Verbindung zwischen den Mauerelementen erhalten bleibt. Ursprünglich gab es eine Verbindung über die Verfüllung der vertikalen Fugen zwischen den Elementen mit Beton, in vielen Fällen ist der Fugenbeton inzwischen ausgebrochen. Am Wandkopf sind die Elemente durch ein Stahlprofil verbunden, welches an Bewehrungsstäbe beider Elemente angeschweißt ist. Diese Verbindung wird durch das Betonrohr am Mauerkopf abgedeckt und geschützt, das Rohr ist in den meisten Fällen noch vorhanden und kann weiterhin den Schutz dieser Verbindung vor der Witterung leisten, an offenen Stellen muss im Rahmen der Konservierung geprüft werden, ob die Stahlverbindung noch in Ordnung ist.

Die von den Mauerspechten beschädigte Oberfläche im »Westen« der Bernauer Straße kann nur schwer vor der langsamen Verwitterung geschützt werden – an der verbleibenden rauen Oberfläche sammelt sich Feuchtigkeit und kann in den Beton einziehen und bei Frost weitere Abplatzungen verursachen. Die noch vorhandenen freigelegten Bewehrungsstäbe sind – vor allem an der Stelle, wo sie unten wieder in den Beton »eintauchen« – davon ebenfalls betroffen und werden weiter korrodieren. Allerdings wird dieser Prozess sehr lange dauern. Es gibt technische Möglichkeiten, die Oberfläche zu schützen, wobei diese Methoden die Optik verändern und dem denkmalpflegerischen Ziel widersprechen.

Wir hoffen, mit unseren Untersuchungen dazu beigetragen zu haben, dass im Sinne von William Morris so wenig wie möglich an der Mauer in der Bernauer Straße verändert werden muss, um sie zu konservieren. Nach unserer Auffassung soll und kann sie unverändert in ihrem heutigen Zustand als Erinnerung nicht nur an die Mauerzeit, sondern vor allem an die aufregende Zeit nach dem Mauerfall bestehen und ohne Eingriffe weiter altern.

Bildnachweise

Abbildung 1, 2: Auswahl baugleicher Grenzmauerelemente in einem Zementwerk in Berlin-Spandau, 2010, Axel Klausmeier

Abbildung 3: Ansicht Abwicklung der Grenzmauerabschnitte in der Bernauer Straße mit Eintragung der Windlastbereiche, 2010, Robert Maziul

Abbildung 4: Querschnitt des Grenzmauerelements und für die Standsicherheit maßgebliche Stellen, 2010, Robert Maziul

Abbildung 5: Querschnitt Grenzmauerelement mit Angaben zur Vorbeschädigung, 2010, Robert Maziul

Abbildung 6: Die Rückseite eines vorbeschädigten Elementes, 2010, Robert Maziul

Abbildung 7: Versuchsaufbau an der FMPA der BTU Cottbus, 2010, Robert Maziul

Abbildung 8.1 – 8.7: Standbilder der experimentellen Untersuchung an Elementen der Grenzmauer an der FMPA der BTU Cottbus, 2010, Tina Schaller

Abbildung 9: Vollständig freigelegte und durchtrennte Zugbewehrung Wandrückseite, 2010, Robert Maziul

Abbildung 10: Komplettes Biegeversagen des Elements an der Einspannstelle der aufgehenden Mauer im Fuß, 2010, Ralf Schuster

Bernd von Seht, David Fuentes Abolafio, Christian Heuschkel

Das Konservierungskonzept für die Reste der Grenz- und Hinterlandmauer an der Bernauer Straße

Das Sanierungs- und Konservierungskonzept für die Grenz- und Hinterlandmauer

Das Ziel der im Frühjahr 2010 von der Stiftung Berliner Mauer eingerichteten »Arbeitsgruppe Mauerkonservierung« ist unter anderem die Erarbeitung eines Konservierungs- und Sanierungskonzeptes für die Grenz- und Hinterlandmauer der Gedenkstätte Berliner Mauer gemäß der Leitlinie »So wenig Substanzverlust wie nötig – so viel Bewahrung der originalen Substanz wie möglich«.

In den präzisen Bestandsaufnahmen der Grenz- und Hinterlandmauer wurden die vorgefundenen Schäden festgestellt, lokalisiert und dokumentiert. Die Bestandsaufnahme ist Grundlage des Konservierungskonzeptes. Es wird zwischen den Maßnahmen für die Wiedergewinnung der Standsicherheit und den Maßnahmen zur Konservierung der einzelnen Mauerelemente unterschieden. Die »Arbeitsgruppe Mauerkonservierung« versteht das Sanierungs- und

Konservierungsmaßnahmen umfassende Konzept als eine zeitlich begrenzte Lösung gegen den Verfall der Mauerreste. Essentiell ist dabei jedoch, dass der Bestand in regelmäßigen zeitlichen Abständen kontrolliert und begutachtet wird (Monitoring), um möglicherweise neue Konservierungsmaßnahmen festzulegen. Die jetzt gewählten Maßnahmen stellen die Standsicherheit der Konstruktion vorläufig sicher.

Sanierungs- und Konservierungskonzept für die Hinterlandmauer

Die kritischen Bereiche für die Standsicherheit der Hinterlandmauern sind die am Fußpunkt (Spritzwasserbereich) korrodierten bzw. unzureichend dimensionierten Stahlkragstützen. Teilweise lässt sich die Hinterlandmauer händisch durch Gegendrücken bewegen. Zur Sicherstellung der Standsicherheit werden die Stahlkragstützen ertüchtigt. Durch die Ertüchtigungsmaßnahmen wird der Fußpunkt der

Stahlkragstützen verstärkt. Defekte Stahlbetonelemente zwischen den Stahlkragstützen werden ausgetauscht, die Mörtelverfugungen zwischen Stahlträger und Stahlbetonplatten erneuert.

Das vorhandene Bestandsstahlprofil trägt weiterhin zum Lastabtrag bei. Alle ausgeführten Maßnahmen sind in regelmäßigen Abständen vor Ort zu kontrollieren und bei Fortschreiten des Verfalls der Bestandskonstruktion gegebenenfalls zu ergänzen.

Für die Ertüchtigung der Stahlkragstützen werden zwei Varianten vorgeschlagen:
- Ertüchtigung des Fußpunkts durch seitliche zusätzliche Stahlträger,
- Schrägabsteifung der Stahlträger.

Ertüchtigung des Fußpunkts durch seitliche zusätzliche Stahlträger

In vom Publikum stark frequentierten Abschnitten beziehungsweise bei angrenzenden, nicht stiftungseigenen Grundstücken werden die Fußpunkte der Stahlkragstützen ertüchtigt. Hierbei werden zusätzliche Stahlträger neben den Bestandsstahlträgern in einem neuen Stahbetonfundament im Boden eingespannt und an die bestehenden Stahlkragstützen angeschlossen. Diese Maßnahme erfolgt an jedem betroffenen Stahlprofil. Vor Ausführung sind die Bestandsfundamente zu erkunden, um die Geometrie der zusätzlichen Stahlkonstruktion am Fußpunkt festzulegen.

Schrägabsteifung der Stahlträger

Im Bereich stark korrodierter und bereits wackelnder Stahlkragstützen wird eine seitliche Schrägabsteifung der Stahlprofile zu der vom Publikum schwach frequentierten Seite vorgeschlagen. Hierbei wird ein zusätzlicher Stahlträger zwischen Kopfbereich der

Stahlkragstütze und dem zusätzlichen Stahlbetonfundament geführt. Durch die Maßnahme wird das statische System des Bestandsstahlträgers von einer Kragstütze zu einem Einfeldträger mit kurzem Kragarm verändert. Das bedeutet für den kritischen Fußpunkt des Bestandsstahlprofils eine Entlastung.

Für die Ausführung der Maßnahme hat sich die Arbeitsgruppe darauf verständigt, aus optischen Gesichtspunkten die Ertüchtigung nicht an jedem Stahlprofil auszubilden. Es wird etwa 1 Meter unter der Oberkante der Stahlträger ein horizontaler, parallel zur Hinterlandmauer verlaufender Verteilungs-

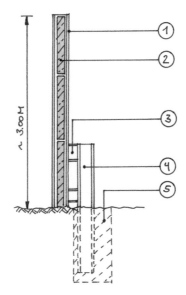

Abb. 1 – Prinzipskizze für die Ertüchtigung – Fußpunkt
1 Stahlkragstütze im Bestand
2 Stahlbetonelemente zwischen Stahlkragstützen
3 Distanzstück zwischen Stahlkragstütze und Fußpunktertüchtigung
4 Zusätzliches Stahlprofil im Boden eingespannt, an Bestandsstütze angeschlossen
5 Zusätzliches Stahlbetonfundament zur Verankerung des Stahlprofiles der Ertüchtigungsmaßnahme

träger angeordnet. Dieser erlaubt die Ausbildung der Schrägabsteifung in einem größeren Raster (so beispielsweise nur jeder zweite Stahlträger). Eine Anordnung der Schrägabsteifung erfolgt nach Inaugenscheinnahme der Konstruktion vor Ort.

Sicherung der Endfelder der Hinterlandmauer

Die Bestandskragstützen an den Endfeldern stellen einen besonderen Gefahrenbereich dar, denn sie sind größtenteils verbogen. Die Lagesicherung der dazwischenliegenden Stahlbetonelemente ist nicht gegeben. Um ein Abdriften des Stahlprofiles zu unterbinden, wird ein diagonales Stahlzugband aus Flachstahl

auf die Stahlprofile geschweißt. Somit ist der Stützenkopf der Randstahlstütze gehalten. Die Sicherungsmaßnahme erfolgt bei jedem Endfeld.

Wiederherstellung der Lagesicherung der Stahlbetonplatten

Für die Lagesicherung der Stahlbetonplatten zwischen den Stahlkragstützen wird die vorhandene Verfugung mit Mörtel ausgetauscht beziehungsweise ergänzt. Die Verfugung trägt zusätzlich zur Verringerung der Korrosionsgefahr der Bestandsstahlprofile bei, da sich ein alkalisches Milieu ausbildet, das den Korrosionsprozess verlangsamt. Neben den Maß-

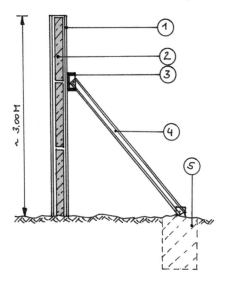

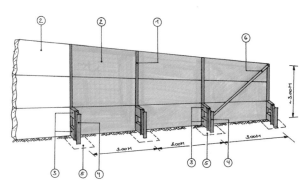

Abb. 3 – Isometrie Ertüchtigung Fußpunkt
1   Stahlkragstütze im Bestand
2   Stahlbetonelemente zwischen Stahlkragstützen
3   Distanzstück zwischen Stahlkragstütze und Fußpunktertüchtigung
4   Zusätzliches Stahlprofil im Boden eingespannt, an Bestandsstütze angeschlossen
5   Zusätzliches Stahlbetonfundament zur Verankerung des Stahlprofiles der Ertüchtigungsmaßnahme
6   Sicherung der Endfelder durch Stahlzugband aus Flachstahl

Abb. 2 – Prinzipskizze für die Schrägabsteifung
1   Stahlkragstütze im Bestand
2   Stahlbetonelemente zwischen Stahlkragstützen
3   Horizontales Stahlprofil zur Lastverteilung auf die Schrägabsteifung
4   Stahlprofil der Schrägabsteifung
5   Zusätzliches Stahlbetonfundament zur Verankerung des Stahlprofiles der Schrägabsteifung

nahmen zur Sicherung und Wiederherstellung der Standsicherheit der Hinterlandmauer werden auch Maßnahmen zur Konservierung der Bestandskonstruktion gewählt.

Konservierung der Stahlprofile und Stahlbetonelemente

Durch Risse und Löcher in den Stahlbetonplatten tritt Feuchtigkeit ein. Durch Volumenzunahme bei Frosteinwirkung können weitere Betonstücke herausplatzen. Weiterhin wird die Korrosion der vorhandenen Bewehrung durch ungehinderten Feuchteintritt verstärkt. Die ungeschützten Bestandsstahlkragstützen werden, gerade im Bereich der Spritzwasserzone, weiter korrodieren. Zusätzliche Korrosionsschutzanstriche der Flansche der Stahlprofile werden vorgeschlagen. Die durchzuführenden Maßnahmen zur Konservierung dieser Bauteile werden vor Ort entschieden.

Das Sanierungs- und Konservierungskonzept für die Grenzmauerelemente

Die erhaltenen Reste der Grenzmauer an der Liesenstraße und an der Bernauer Straße sind in einem vergleichbaren Zustand. Auf der ehemals West-Berlin zugewandten Seite (Nordseite) ist großflächig der Betonquerschnitt verringert, und die vorhandene Bewehrung hängt ohne Verbund zum Beton vor der Stützwand bzw. ist durch Mauerspechte entfernt worden.

Um die originalen Mauerteile in situ zu schonen, wurde entschieden, die Standsicherheit des Restquerschnittes an baugleichen Winkelstützelementen in Versuchen nachzuweisen. Das Ergebnis dieser durch die Materialprüfanstalt der Brandenburgischen Technischen Universität Cottbus (BTU) durchgeführten

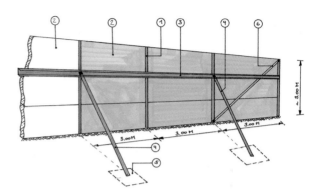

Abb. 4 – Isometrie Schrägabsteifung
1 Stahlkragstütze im Bestand
2 Stahlbetonelemente zwischen Stahlkragstützen
3 Horizontales Stahlprofil zur Lastverteilung auf die Schrägabsteifung
4 Stahlprofil der Schrägabsteifung
5 Zusätzliches Stahlbetonfundament zur Verankerung des Stahlprofiles der Schrägabsteifung
6 Sicherung der Endfelder durch Stahlzugband aus Flachstahl

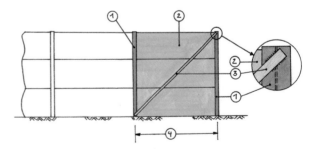

Abb. 5 – Prinzipskizze für die Sicherung der Endfelder
1 Stahlkragstütze im Bestand
2 Stahlbetonelemente zwischen Stahlkragstützen
3 Diagonales Stahlzugband aus Flachstahl im Endfeld
4 Endfeld der Hinterlandmauer

Belastungsversuche ist,[1] dass der maßgebliche Versagensfall für die Mauersegmente das Kippen der Elemente ist. Der verbleibende Restquerschnitt der Winkelstützwand ist ausreichend tragsicher, so dass vor dem Versagen des Restquerschnittes durch Biegung eher ein Kippen der Elemente auftritt.

Die gewählten Maßnahmen für die Standsicherheit stellen eine temporäre Maßnahme dar, da das bestehende Winkelstützelement mit dem verminderten Betonquerschnitt und der großflächig einseitig fehlenden Bewehrung weiterhin die Lasten abträgt. Deshalb gilt auch hier, die ausgeführten Maßnahmen in regelmäßigen Abständen vor Ort zu kontrollieren und bei Fortschreiten des Verfalles der Bestandskonstruktion gegebenenfalls zu ergänzen.

Kippsicherung der Endfelder durch Stahlträger am Fuß

Ferner wurde festgestellt, dass die maximalen Windlasten aufgrund von Luftverwirbelungen in den Randbereichen der Mauer auftreten. Zur Verhinderung des Umkippens von Mauerelementen werden die letzten drei Winkelstützelemente am Winkelstützfuß miteinander verbunden. Hierdurch findet eine Lastverteilung statt und das kippgefährdete Randelement wird durch die benachbarten Winkelstützelemente gehalten. Für die Verankerung werden Edelstahlwinkel an dem Winkelstützfuß befestigt.

Konservierung Winkelstützelemente

Durch Risse und Löcher in der Winkelstützwand tritt Feuchtigkeit in den Stahlbetonquerschnitt ein. Durch Volumenzunahme bei Frost können weitere Betonstücke herausplatzen. Weiterhin wird die Korrosion der vorhandenen Bewehrung durch ungehinderten Feuchteeintritt verstärkt.

Für die Konservierung der Grenzmauer werden zur Wiederherstellung der Gebrauchstauglichkeit (im Sinne der reinen Standsicherheit) bereichsweise Risse in der Stahlbetonwand saniert. Diese Maßnahme erfolgt versuchsweise an ausgewählten Elementen.

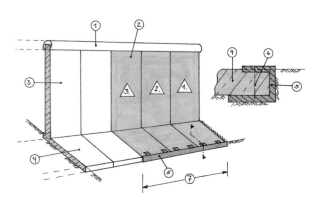

Abb. 6 – Isometrie Kippsicherung der Grenzmauer
1   Rundrohraufsatz auf Grenzmauer
2   Stahlbetonwinkelstützelemente der Grenzmauer
3   Vertikaler Wandbereich des Winkelstützelementes
4   Horizontaler Fußbereich des Winkelstützelementes
5   Edelstahlwinkel an den letzten 3 Winkelstützelementen zur Kippsicherung
6   Ggf. Sicherung mittels Bolzen
7   Kippsicherung an den letzten 3 Winkelstützelementen

Bildnachweise

Abbildung 1: Prinzipskizze für die Ertüchtigung – Fußpunkt, Ingenieurbüro Wetzel & von Seht
Abbildung 2: Prinzipskizze für die Schrägabsteifung, Ingenieurbüro Wetzel & von Seht
Abbildung 3: Isometrie Ertüchtigung Fußpunkt, Ingenieurbüro Wetzel & von Seht
Abbildung 4: Isometrie Schrägabsteifung, Ingenieurbüro Wetzel & von Seht
Abbildung 5: Prinzipskizze für die Sicherung der Endfelder, Ingenieurbüro Wetzel & von Seht
Abbildung 6: Isometrie Kippsicherung der Grenzmauer, Ingenieurbüro Wetzel & von Seht

Anmerkungen

1   Siehe hierzu den Beitrag von Karen Eisenloffel und Klaus-Jürgen Hünger (ab Seite 226).

Jörg Freitag

Vorfeldsicherungszaun

Restauratorische Voruntersuchung und Erhaltungskonzept

1. Vorfeldsicherungszaun – Kurzbeschreibung

Mehrere Abschnitte der Gedenkstätte Berliner Mauer werden zum ehemaligen Ost-Berlin hin von einem Stahlzaun begrenzt. Dieser sogenannte Vorfeldsicherungszaun war Teil der ehemaligen Grenzanlage und grenzte die gestuften Sperranlagen zum Hinterland ab.

Die noch erhaltenen Abschnitte der Zaunreihen teilen jetzt das Gelände der Gedenkstätte vom Sophienfriedhof ab. Erfasst wurden die Teile des Vorfeldsicherungszaunes in vier Abschnitten:

Abschnitt A: Die Felder A1–A24 befinden sich am östlichen Ende des im Bereich der Gedenkstätte liegenden Teils der Bergstraße.

Abschnitt B: Die Felder B1 – B13 schließen sich im Winkel unmittelbar an den Abschnitt A an und führen entlang des Postenweges in Richtung Nordosten.

Abschnitt C: Die Felder C1 – C32 bilden die Abgrenzung zwischen dem Kohlhoff-Denkmal und dem Sophienfriedhof.

Abschnitt D: Die Zaunfelder und Pfosten (D1 – D16) sind ausgebaut und liegen auf dem Lagerplatz an der Gartenstraße (Flurstück 52). Ursprünglich waren sie in Fortführung des Abschnitts B montiert.

Die Zaunanlage besteht aus rechteckigen Zaunfeldern von 150 cm Höhe und 200 cm Breite, die mit je vier Schrauben an Pfosten aus U-Profilen befestigt sind. Die Zaunfelder sind aus je vier verschweißten Winkelprofilen gefertigt, in die ein Maschendrahtgewebe eingefügt wurde. Während die Winkelprofile der Zaunfelder Walzprofile sind, bestehen die U-Profile der Pfosten aus abgekanteten Blechen.

2. Zustandsbeurteilung

Grundlage für die Erarbeitung des Erhaltungskonzeptes war eine restauratorische Voruntersuchung und Befunderhebung am Bestand.[1]

Mit dieser Untersuchung sollte geklärt werden, welche mechanischen Schäden und Korrosionsschäden bestehen und in welchen Größenordnungen diese zu verzeichnen sind.

Dabei wurde Folgendes untersucht und dokumentiert:
– mechanische Schäden (Fehlteile, Deformationen, Risse, Brüche usw.),
– Korrosionsschäden (Materialverluste, Durchrostungen, lokale Verteilung von Korrosionszonen),
– Beschichtungsaufbau und Farbigkeit an exemplarischen Oberflächen,

– Zustand der Beschichtung an für typische Zonen ausgewählten Bereichen (Unterrostung, Blasenmenge usw.).

Korrosionsschäden

Durch Korrosion ist es zur großflächigen Enthaftung und zum Verlust der Beschichtungen gekommen. Von einem großen Teil der verbliebenen Beschichtung muss angenommen werden, dass sie bereits unterkorrodiert ist. Der Beschichtungsverlust hat an den oberen und seitlichen Winkeln der Zaunfelder zu einer mehr oder weniger ebenmäßigen Korrosion

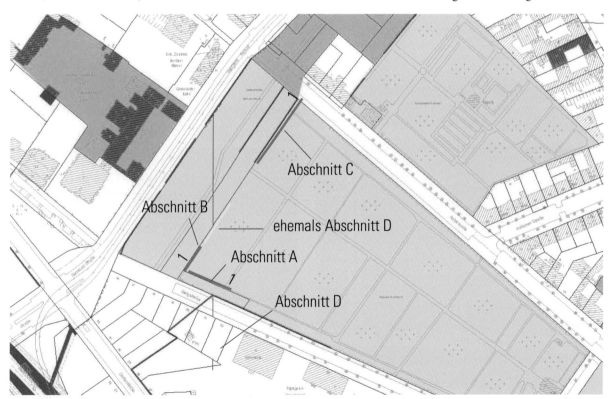

Abb. 1 – Die Skizze zeigt die Lage der innerhalb des Geländes der Gedenkstätte Berliner Mauer erhaltenen Abschnitte des Vorfeldsicherungszaunes

geführt. Sie sehen in ganz typischer Weise »verrostet« aus. Der Materialverlust ist moderat, so dass sich daraus derzeit keine Stabilitätsprobleme ergeben. Die in Bodennähe befindlichen Teile der Gitterrahmen sind durchgehend flächig korrodiert. Entsprechend der korrosiven Belastung ist hier der Materialverlust höher. Im Abschnitt C ist es trotz der erneuerten Beschichtung an einigen Stellen wieder zu Korrosion und Beschichtungsverlusten gekommen. Ein generelles Problem bilden die Fußpunkte der Pfosten aus 3 mm dickem Stahlblech. An der Grenzfläche Boden/Luft bildet sich ein typisches Belüftungselement, wodurch sie am Punkt höchster Belastung am stärksten korrodiert werden. Zahlreiche Pfosten sind in dieser Zone nicht nur geschädigt, sondern vollständig durchkorrodiert und haben keine Standsicherheit mehr.

Beschichtung

Die Oberflächen der Zaunfelder und originalen Pfosten wurden mehrfach beschichtet. Auf einer Rostschutzgrundierung waren ursprüngliche graue Deckschichten aufgetragen.[2]

Die Beschichtungsverluste sind im Wesentlichen auf Enthaftung durch Korrosion zurückzuführen. Im Bereich A ist die Beschichtung auf den Zaunfeldern im Durchschnitt zu 30 % erhalten. Der Erhaltungszustand des Bereichs B ist deutlich schlechter als der des Bereichs A. Hier sind durchschnittlich höchstens 15 % der Beschichtung erhalten. Sehr ähnliche Ausmaße haben die Beschichtungsverluste im Abschnitt D, in dem die Beschichtung durchschnittlich nur noch zu 15 % erhalten ist. Ein ganz anderes Bild zeigt sich im Abschnitt C. Die Zaunfelder und Pfosten dieses Abschnitts sind größtenteils in gutem Zustand. An den meisten Feldern ist 90 % der Beschichtung erhalten. Vermutlich wurde der Abschnitt C erst vor einigen Jahren neu beschichtet.

Abb. 2 – Das Feld 20 aus dem Abschnitt A zeigt den typischen Zustand der Zaunanlage. Rahmen und Gitter des Feldes sind korrodiert, die Pfosten wurden bereits durch neue U-Profile ersetzt.

Abb. 3 – Abschnitt C des Vorfeldsicherungszaunes, bestehend aus 31 Feldern. Der Abschnitt grenzt das Gelände der Gedenkstätte Berliner Mauer innerhalb der Denkmalzone zum Sophienfriedhof ab.

Mechanische Schäden

In einigen Feldern des Abschnitts A sind Gitterstäbe oder Rahmenteile leicht verformt. Auch im Abschnitt B und C finden sich viele kleinere Deformationen, nur der Rahmen von Feld B 12 ist stark verformt. Ein ähnliches Bild zeigt sich im Abschnitt D. Neben vielen kleineren Deformationen weisen hier nur drei Felder starke Verformungen des Rahmens auf. Es sind keine mechanischen Schäden zu verzeichnen, die die Standsicherheit oder Funktion der Zaunanlage beeinträchtigen.

Reparaturen/Neuteile

Im Abschnitt A wurden – mit einer Ausnahme – alle Pfosten durch neue, feuerverzinkte Pfosten ersetzt.

3. Erhaltungskonzept

Die konzeptionellen Lösungen für den Vorfeldsicherungszaun müssen sich in den Maßnahmenkatalog zum Erhalt des gesamten Bestandskomplexes einfügen. Ziel der Maßnahmen soll im Wesentlichen sein, unter Wahrung der originalen Substanz und Authentizität den Bestand der Objekte langfristig zu sichern.

Dem Leitkonzept für die Gesamtanlage Gedenkstätte Berliner Mauer, also der »conservation as found« folgend, ist daher eine Rekonstruktion des ursprünglichen Erscheinungsbildes nicht Ziel der Maßnahmen. Der vorgefundene Zustand beschreibt unverfälscht die Geschichte des Vorfeldsicherungszauns bis zum Zeitpunkt seiner Dokumentation und Konservierung.

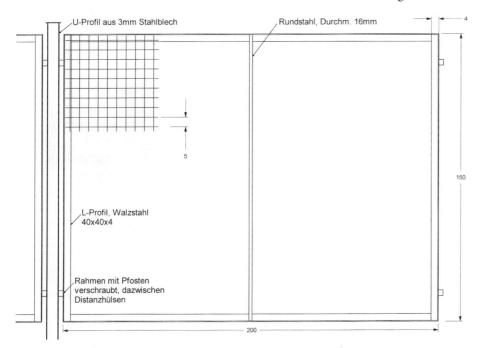

Abb. 4 – Schema der Zaunkonstruktion mit Angabe der Hauptmaße

Das bedeutet, dass durch die restauratorischen und konservatorischen Maßnahmen das Erscheinungsbild des Objektes nicht verändert werden darf. Der gealterte Zustand, gezeichnet von rostigen Oberflächen und fehlender Beschichtung, muss erhalten bleiben. Bei einer langfristigen Konservierung der Zaunanlage nach heutiger Norm würde man die Oberfläche durch Strahlen entrosten und ein System aus pigmentierten Beschichtungen aufbringen. Dadurch würde zwangsläufig eine neue Farbigkeit entstehen. Der Vorfeldsicherungszaun als Teil der ehemaligen Sperranlage hätte dann die Erscheinung eines gewöhnlichen Zauns, welcher der Abgrenzung des Denkmalgeländes dient. Für kaum einen Besucher wäre die technisch unspektakuläre Zaunanlage dann noch als Teil des Denkmals erkennbar. Nur das ganz offensichtlich gealterte, von Rost, Farbresten und leichten Deformationen bestimmte Erscheinungsbild macht das intuitiv und unmittelbar erfahrbar.

Prinzipiell ist eine unverfälschte Erhaltung des Erscheinungsbildes nur mit einem transparenten Korrosionsschutz möglich. Da diese Systeme hinsichtlich ihrer Schutzdauer den pigmentierten Beschichtungen unterlegen sind, gab es verschiedene Bemühungen, ein gealtertes Erscheinungsbild trotzdem zu erhalten.

So wurden etwa im Bereich des Hochofens der Henrichshütte[3] in Hattingen im April/Mai 2010 Stahlbau- und Korrosionsschutzarbeiten durchgeführt. Einige Bleche und Träger wurden zum Korrosionsschutz metallisch blank gestrahlt und mit einem mehrschichtigen, pigmentierten Korrosionsschutzsystem nach Stand der Technik versehen. Während der Betriebszeit waren diese Bauteile, z. B. Hitzeschutzbleche, nicht konserviert. Sie sahen ursprünglich also immer rostig aus. Um den Bauteilen trotz Neubeschichtung die ursprüngliche Farbigkeit zu verleihen, wurden einige Teile versuchsweise

zusätzlich mit einem speziellen Rostlack beschichtet.[4]

Durch eingelagerte Eisenpartikel kann er im Laufe von etwa einem Jahr eine natürliche Rostpatina ausbilden. Der Lack hat keine Schutzwirkung und dient ausschließlich als optische Spezialbeschichtung.[5] Durch die Verwendung eines solchen Patinierlacks ist es möglich, rostende Objekte dauerhaft vor Korrosion zu schützen und ihnen dennoch eine Rostpatina mit natürlichen Farbschattierungen zu verleihen.

Ein ähnliches, technisch jedoch anders ausgeführtes Konzept wurde an einem Kohleturm der Völklinger Hütte verfolgt.[6]

Bei dem Kohleturm handelt es sich um eine Stahlkonstruktion von 19 m Höhe und circa 10 m Durchmesser. Da der 1897 errichtete und 1942 stillgelegte Silo für Feinkohle eines der ältesten Anlagenteile der Hüttenkokerei ist, wird ihm ein sehr hoher Denkmalwert beigemessen. Im Rahmen des regelmäßigen Monitorings der denkmalgeschützten Objekte im Weltkulturerbe Völklinger Hütte stellte man 2007 schwere Schäden fest, die eine Sanierung unumgänglich machten. Ziel sollte es sein, die Originalbauteile weitgehend zu erhalten bei gleichzeitiger Wahrung des überkommenen historischen Erscheinungsbilds (d. h. insbesondere der rostigen Behälteroberfläche). Definiert wurde das als »Erhaltung des Stilllegungszustandes von 1986«. Das Konzept sollte aber auch berücksichtigen, dass innerhalb eines Pflegeintervalls von circa 20 Jahren keine zusätzlichen Finanzmittel notwendig würden. Da die langfristige Konservierung des bereits schwer geschädigten Objekts nur durch ein pigmentiertes Korrosionsschutzsystem möglich ist, wird mit der neuen Farbigkeit das Erscheinungsbild komplett verändert, und der Kohlenturm verliert seinen Charakter als »rostige Ruine«. Planer, Denkmalpflegebehörde und Bauherr entschlossen sich daher, die neu korrosionsgeschützten

Flächen farbig so zu fassen, dass wieder der Eindruck der »rostigen Ruine« entstand. Der Kohleturm erhielt auf der frei bewitterten Außenoberfläche ein normgerechtes Korrosionsschutzsystem, auf das zum Schluss eine restauratorische Retusche lasierend aufgetragen wurde.[7] Die Retusche imitiert das korrodierte Erscheinungsbild des Stahlkohleturms, so dass bei normalem Betrachtungsabstand der Eindruck einer korrodierten Stahloberfläche entsteht.

Bei beiden Konzepten ist das Ergebnis eigentlich keine Erhaltung, sondern eine rekonstruktive Annäherung an das ursprüngliche Erscheinungsbild. Was für aus der Ferne betrachtete Großobjekte eine gute Lösung sein kann, würde der hier diskutierten Zaunanlage so viel Authentizität nehmen, dass sie kaum mehr als das überkommene Objekt begreifbar wäre. Ein transparenter Korrosionsschutz ist daher unverzichtbar. Bei der Auswahl von Verfahren und Materialien kann man sich an aktuellen Forschungsergebnissen zum transparenten Korrosionsschutz von Industriedenkmalen orientieren.[8] Aus dem Bedarf heraus, gealterte Stahloberflächen ohne ästhetische Beeinträchtigung zu konservieren, sind in diesem Bereich mehrere Forschungsprojekte durchgeführt worden.

Die Ergebnisse zeigten, dass transparente Systeme Schutz gewährleisten, wenn auch mit geringeren Standzeiten als Standard-Korrosionsschutzsysteme. Die sehr sorgfältige, individuelle Behandlung der Oberflächen ist dabei ein wichtiger Faktor für die Qualität der Konservierung. Neben Schutzwachsen haben sich Polyurethane als dauerhaft und mit hoher Schutzwirkung erwiesen. Die Problematik der Polyurethane liegt in der größeren Schwierigkeit, sie bei Bedarf wieder vom Untergrund zu lösen und die Fläche neu zu behandeln. In geschützten Oberflächenbereichen sind Wachse durchaus konkurrenzfähig, zumal sie sehr viel einfacher zu »reparieren« sind.

Beim Einsatz von Wachsen sind solche mit Inhibitorzusätzen in ihrer Schutzfunktion effizienter als reine Wachsmischungen.

Beide Systeme – Lacke und Wachse – bieten eine ganze Reihe von Vor- und Nachteilen. Die Entscheidung, welches Material zur Konservierung für den Vorfeldsicherungszaun verwendet werden sollte, fiel zugunsten des Polyurethansystems. Polyurethane sind in gewissen Grenzen tolerant gegenüber Restrost und können in größeren Schichtstärken appliziert werden als Wachse. Mit einer längeren Standzeit und wesentlich höherer mechanischer Beanspruchbarkeit ergeben sich daraus entscheidende Vorteile des Lacksystems auf Polyurethan-Basis gegenüber einem Wachs. Die Belastung durch Feuchtigkeit und mechanische Einflüsse ist an den Zaunelementen sehr unterschiedlich. Besonders hoch sind die Belastungen an allen bodennahen Bauteilen und im Bereich des Pflanzenbewuchses. Wachse würden an diesen exponierten Stellen nach etwa zwei Jahren ihre schützende Wirkung verlieren. Sie können mit relativ geringem Aufwand erneuert werden, jedoch wird somit eine dauernde Pflege in kurzen Zeitabständen nötig. Die Standzeit der Lacke (geschätzte 5 – 8 Jahre) ist deutlich länger als die der Wachse.

4. Maßnahmenkonzept

Da eine sachgerechte Bearbeitung der Zaunfelder und Pfosten im bodennahen Bereich in situ nicht möglich ist, werden die Zaunfelder zur Bearbeitung demontiert. Die Oberflächenvorbereitung erfolgt danach durch schonendes Strahlen mit einem Niederdruck-Strahlgerät unter Verwendung von weichen Strahlmitteln (z. B. Kunststoff). Unterkorrodierte und enthaftete Beschichtungen werden dabei entfernt. Die Schicht aus Korrosionsprodukten (»Rost«) wird nur ausgedünnt, auf keinen Fall aber vollständig abgetragen. Zur Konservierung wird ein mehrschichtiges, transparentes Korrosionsschutzsystem auf PUR-Basis appliziert.

Alle Pfosten, die in gutem Zustand sind, werden belassen und vor Ort bearbeitet. Um die Standsicherheit der Zaunanlage zu gewährleisten, werden alle stark oder durchkorrodierten Fußpunkte der Pfosten wieder ertüchtigt. Die geschädigten Bereiche werden ausgeschnitten und Neuteile gleicher Abmessung eingeschweißt. Da die kleineren Deformationen die Standsicherheit und Funktion der Zaunanlage nicht beeinträchtigen, werden sie belassen. Auch auf die Ergänzung der wenigen Fehlteile soll verzichtet werden.

Bildnachweise

Abbildung 1: Die Skizze zeigt die Lage der innerhalb des Geländes der Gedenkstätte Berliner Mauer erhaltenen Abschnitte des Vorfeldsicherungszaunes, Katharina Kosak

Abbildung 2: Das Feld 20 aus dem Abschnitt A zeigt den typischen Zustand der Zaunanlage. Rahmen und Gitter des Feldes sind korrodiert, die Pfosten wurden bereits durch neue U-Profile ersetzt, Ulrich Stahn

Abbildung 3: Abschnitt C des Vorfeldsicherungszaunes, bestehend aus 31 Feldern. Der Abschnitt grenzt das Gelände der Gedenkstätte Berliner Mauer zum Sophienfriedhof ab, Jörg Freitag

Abbildung 4: Schema der Zaunkonstruktion mit Angabe der Hauptmaße, Jörg Freitag

Anmerkungen

1 Haber & Brandner GmbH: Restauratorische Voruntersuchung und Erarbeitung einer Restaurierungskonzeption für Reste des Vorfeldsicherungszauns, Berlin 2010.

2 Ebenda, S. 7.

3 Die 1854 gegründete Henrichshütte wurde 1987 stillgelegt. Aus dem ältesten Hochofen des Ruhrgebiets wurde ein Museumsstandort.

4 Freundliche Mitteilung von Herrn Mathias Conrads, Conrads Lacke GmbH & Co. KG, Wuppertal.

5 CONRADS® VI-739909, patentierter Rostlack. Bei dem Versuchsprodukt handelt es sich um einen grauen Speziallack auf Basis acrylmodifizierter Mischpolymerisate der Fa. Conrads Lacke GmbH & Co. KG, Wuppertal.

6 Siehe hierzu: Kornelius Götz und Axel Böcker: Wir malen eine Ruine!; in: Helmut Venzmer (Hg.): Europäischer Sanierungskalender, Berlin 2010, 5. Jg., S. 415 – 422.

7 Der Korrosionsschutz erfolgte gemäß DIN EN ISO 12944 durch Strahlen mit dem Reinheitsgrad SA 2 durch dreifaches Beschichten. Die Stahloberfläche auf der Innenseite des Kohleturms blieb unbehandelt. Geschützte Teilbereiche auf der vom Wetter abgewandten Seite des Bauwerks wurden als Primärdokument im Erscheinungsbild unverändert erhalten. Gut erhaltene Bleche von 30 m² wurden ohne Korrosionsbeschichtung und Retusche erhalten. Dort wurde auf den nach P St 2 vorbereiteten Untergrund Korrosionsschutzwachs aufgetragen.

8 Siehe hierzu: Stefan Brüggerhoff: Korrosionsschutz für umweltgeschädigte Industriedenkmäler aus Eisen und Stahl (Modellvorhaben). Zusammenfassender Endbericht zum Vorhaben DBU-AZ: 06834. Bochum 2001; Unveröffentlichter Forschungsbericht: Comparison of Conservation Materials and Strategies for Sustainable Exploitation of immovable Industrial Cultural Heritage made of Iron and Steel (CONSIST). A project supported by the European Commission under the 6th Framework Programme, Contract No. 513706, Duration: June 2005 – May 2008.

Leo Schmidt, Anja Merbach

Denkmalwerte der Berliner Mauer und Leitlinien für den denkmalpflegerischen Umgang

Conservation means all the processes of looking after a place so as to retain its cultural significance.[1]

Mit dieser Definition des Begriffes »Denkmalpflege« arbeitet die Charta von Burra in einem einzigen prägnanten Satz heraus, worauf es ankommt: Was immer man an oder mit einem als bedeutsam erkannten Objekt macht, muss dem Zweck dienen, dessen Denkmalwert zu erhalten. Wie so viele wichtige und richtige Leitsätze klingt auch dieser selbstverständlich. Seine Bedeutung liegt aber darin, dass er klarmacht: In der denkmalpflegerischen Praxis, im erhaltenden oder restaurierenden Umgang mit den Objekten gibt es nicht die eine richtige Methode oder die eine korrekte Art des Umgangs. Den Denkmalpflegern steht vielmehr ein großer und vielfältig bestückter Werkzeugkasten zur Verfügung. Die Entscheidung, welches Werkzeug, welche Methode an einem Objekt eingesetzt wird, kann nicht schematisch erfolgen, sondern hängt davon ab, wie die »cultural signifi-cance«, die Denkmaleigenschaft des jeweiligen Objektes, begriffen wird. Eine Herangehensweise und praktische Intervention, die an dem einen Objekt richtig und zielführend ist, kann an einem anderen, auf den ersten Blick ähnlichen Objekt, ganz falsch sein und – nach dem alten Spruch »Operation gelungen, Patient tot« – genau die Aspekte unleserlich machen oder auslöschen, die das Objekt bedeutsam machen. Nehmen wir beispielsweise ein gründerzeitliches Mietshaus in Berlin mit löchriger, maroder Stuckfassade. Im einen Fall handelt es sich bei den Schäden ganz schlicht um die Folgen von unterlassener Bauunterhaltung. Hier wird es sinnvoll sein, die Löcher in handwerklich und materiell adäquater Manier zu flicken und die Schäden zu reparieren. Im anderen Fall sind die Löcher Zeugen des Häuserkampfes in den letzten Tagen des Zweiten Weltkrieges: Sie völlig unsichtbar zu machen, wäre eine bedauerliche Auslöschung von emotional nachvollziehbaren, eindrucksvollen Geschichtsspuren.

Die richtige oder beste Methode des Umgangs mit einem Objekt lässt sich also nur finden, wenn man zuerst ermittelt hat, worauf seine Denkmaleigenschaft genau beruht. Seit John Ruskin (1819 – 1900) gehört es zum Credo der Denkmalpflege, die Denkmaleigenschaft eines Objektes in seiner *Substanz* zu sehen, doch Tilmann Breuer betont: »Der materielle Gegenstand ist nichts; erst dadurch, dass bewusst gemacht wird, welche Botschaft er auf welche Weise in die Gegenwart trägt, wird er zum Denkmal.«[2] Die Substanz ist unverzichtbar als Träger, als Medium von Denkmaleigenschaft, aber die eigentlichen Werte liegen in der Botschaft oder den Botschaften, die das Objekt auf manchmal ganz unterschiedlichen und vielfältigen Ebenen zu vermitteln vermag, wenn es – und dies ist ein wichtiges Element von Breuers Satz – durch den denkenden und fühlenden Menschen befragt und interpretiert wird. Denkmalwert entsteht letztlich durch Wahrnehmung, Reflexion und Kommunikation der Eigenschaften und Qualitäten, die einem Objekt zuerkannt werden.

Jeder Denkmalpflege-Managementplan verhan-

Abb. 1 – Beispiel von Kriegsschäden an einer Fassade der Burg im Stadtteil Buda von Budapest – Einschusslöcher aus dem Zweiten Weltkrieg, 2003

delt deshalb zunächst, so eingehend und differenziert, wie es dem Objekt angemessen ist, den Punkt »Understanding the Site«. Er arbeitet also die Geschichte eines Ortes auf, wie und wozu er entstanden ist, genutzt und verändert wurde, wer daran mitgewirkt hat, welche Wahrnehmungen und Wertungen sich an den Ort knüpfen, wie er in den heutigen, vorgefundenen Zustand gekommen ist. Darauf folgt »Assessing Significance«, sicherlich die verantwortungsvollste Aufgabe im Umgang mit dem Denkmal, denn hier geht es darum, die Werte einzuschätzen, die dem Objekt in seinem vorgefundenen Bestand und Zustand innewohnen. Eine solche Bewertung kann ihrem Wesen nach nie völlig objektiv sein, sind doch die Bewertenden immer auch Kinder ihrer Zeit mit individuellen Vorlieben, Abneigungen, Wissenslücken und Interessen. Aber gerade deshalb ist das Instrument des Denkmalpflege-Managementplans im Sinne der Charta von Burra so wertvoll, denn es zwingt die Handelnden dazu, sich selbst, der Öffentlichkeit und der Nachwelt über ihre Wahrnehmung und Beurteilung des Objektes und seiner Qualitäten Rechenschaft abzulegen und dazu alle Aspekte des Objektes erst einmal in den Blick zu nehmen, zu durchdenken und sich zu ihnen zu äußern.

Wie wertvoll und wichtig dieser Schritt ist, kann jeder einschätzen, der sich einmal mit der Restaurierungsgeschichte bedeutender Bauwerke beschäftigt hat. Hier kann man meist nur aus den – manchmal einschneidenden – Veränderungen am jeweils vorgefundenen Bestand interpretierend herauslesen, was die jeweils Handelnden am Denkmal interessant und wichtig gefunden und was sie, meist völlig kommentarlos, als unwichtig abqualifiziert haben. In ungezählten Fällen hat diese Herangehensweise dazu geführt, dass die relativ jüngsten Schichten eines Objektes als offenkundig wertlos vernichtet wurden, ohne dass sich die Handelnden verpflichtet fühlten,

sie zuerst einmal genauer in Augenschein zu nehmen und auf ihre Werte zu befragen.[3] Aus dieser gewissenhaft vorzunehmenden Bewertung heraus sind dann die konkreten Leitvorstellungen für den Umgang mit einzelnen Bereichen oder Bestandteilen des Gesamtobjektes zu entwickeln – immer mit dem Ziel, die vorher herausgearbeiteten Denkmalwerte zu bewahren oder zu unterstreichen. Der Sinn des Ganzen liegt darin, eine mit allen verantwortlichen Stellen abgestimmte Geschäftsgrundlage für den denkmalpflegerischen Umgang mit dem jeweiligen Objekt zu erarbeiten, die für eine gewisse Zeit vorausplant, was konkret geschehen soll. Damit versucht man zu vermeiden, dass die Restaurierungsgeschichte eines Objektes letztlich zu einer sprunghaft wirkenden Folge von Ad-hoc-Entscheidungen wird, bei denen immer wieder versucht wird, die jeweils jüngste Restaurierung zu konterkarieren.

Über die Ermittlung und Diskussion der spezifischen Denkmalwerte der Berliner Mauer hinaus klärt der Denkmalpflege-Managementplan einige Grundfragen, die für die denkmalpflegerischen Zielvorgaben von entscheidender Bedeutung sind. So zum Beispiel die Frage, welche Erscheinungsform, welcher materielle Zustand der Berliner Mauer eigentlich als der definierende, bestimmende anzusehen ist. Die Frage zu stellen, heißt auch zu erkennen, dass es einen solchen Moment der Geschichte, eine allein gültige Zeitebene für dieses Monument nicht geben kann. Nichts charakterisiert die Mauer doch so sehr wie gerade ihre Vielgestaltigkeit, die Tatsache, dass sie immer wieder aufs Neue umgebaut, erneuert, verändert wurde. Der Erstzustand von 1961 war schon wenige Jahre später durch ein völlig anderes Erscheinungsbild abgelöst, von dem sich wiederum der Zustand von 1989 aufs Dramatischste unterscheidet. Aber auch der letzte Zeitpunkt der vollständig intakten und funktionsfähigen Grenzanlage zum Zeitpunkt des Mauerfalls eignet sich nicht als theoretische Bezugsgröße, denn dies würde bedeuten, die Schleifung des Grenzwalls als Beschädigung abzuqualifizieren. Tatsächlich ist aber der Fall der Mauer, also ihre letztlich überraschende Überwindung durch eine unblutige Revolution, wohl als der weltgeschichtlich bedeutendste Moment in ihrer ganzen Geschichte zu sehen, und der materielle Abbau kann folgerichtig nur als aussagekräftiges Erscheinungsbild, als neue historische Schicht begriffen werden, die Teil der komplexen Denkmalwerte des Gesamtmonuments geworden ist. In ähnlicher Weise sind auch diverse Interventionen der nachfolgenden Jahre in der Bernauer Straße auf den Prüfstand zu stellen: die Errichtung des offiziellen »Denkmals« der Stuttgarter Architekten Kohlhoff und Kohlhoff aus dem Jahre 1998 mit seiner künstlerischen Fas-

sung und Interpretation eines durch zwei hohe Stahlwände gleichsam herausgeschnittenen Bereichs der Grenze ebenso wie die umstrittene Dislozierung einer Reihe von Grenzmauersegmenten aus dem Jahre 1997. Ebenso behandelt werden muss der Neubau der Kapelle der Versöhnung (Einweihung am 9. November 2000) und zuletzt die Neudefinition des Geländes als Erinnerungslandschaft.

An keiner Stelle findet sich ein Zeitpunkt, an dem sich ein statisches Verständnis des Denkmals andocken ließe; ein Zustand, der als verbindlich anzusehen wäre und der somit genau so zu bewahren wäre.[4] Bei der Berliner Mauer ist somit der prozesshafte Charakter des Denkmals herauszustreichen; eine Eigenschaft, die auch für den weiteren Umgang mit dem Monument relevant ist.

Abb. 2 – Gedenkstätte Berliner Mauer – 1. Baumodul im Rahmen der Erweiterung der Gedenkstätte Berliner Mauer, 2010

Dass nur ein geringer Prozentsatz der Grenzanlagen erhalten geblieben ist, ist also Teil der Aussage und der Denkmalbedeutung der Mauer in der Bernauer Straße. An einem bestimmten Aspekt spitzt sich diese Betrachtung zu, nämlich an den abgepickten Oberflächen der Grenzmauer, an den Spuren der Mauerspechte, die hier – wie an vielen Orten in Berlin – Millionen von Fragmenten aus der Mauer hackten, die dann ihren Weg in Vitrinen und Schubladen in aller Welt fanden. Dieses Phänomen ist so einzigartig, dass seine zerstörerischen Spuren am authentischen, in situ verbliebenen Bauwerk ganz offensichtlich nicht einfach als Schadensbild abqualifiziert werden können. Wären sie als Schadensbild zu beurteilen, dann hätte die Grenzmauer spätestens in dem Moment, als ihre Standsicherheit im Jahre 2009 in Frage gestellt wurde, in konventioneller Weise einer Betonsanierung unterzogen werden müssen, also einer Wiederherstellung des strukturellen und optischen Urzustands. Im Sinne der Charta von Burra wäre dies eine Rekonstruktion gewesen, definiert als »Rückführung eines Objektes in einen bekannten früheren Zustand ... [sie] unterscheidet sich von Restaurierung durch die Einführung von neuem Material in die Substanz.«[5]

Bei vielen anderen Denkmalen wäre eine solche Vorgehensweise als richtig und begrüßenswert zu beurteilen; bei der Mauer hätte sie die Vernichtung von geschichtlich relevanten Spuren bedeutet, und mehr noch: die Vernichtung von Aura. Das Authentische, das von manchmal weit, manchmal weniger weit zurückliegenden, bedeutenden Ereignissen spricht und das uns hilft, die vergangene Zeit emotional zu empfinden, ist ein hohes Gut und gleichzeitig eine enorm empfindliche Eigenschaft, die allzu leicht durch wohlmeinende Maßnahmen unwiederbringlich zerstört werden kann.

Das Mittel der Rekonstruktion in die Palette der

Abb. 3 – Schadensbild – freiliegende Bewehrungseisen, fehlende Betonabdeckung – der Mauer an der Bernauer Straße, 2010

möglichen Maßnahmen an der Bernauer Straße aufzunehmen, hätte Konsequenzen, die letztlich fatal wären. Rekonstruktionen sind verführerisch; es ist leicht, sie zu beginnen, aber sehr schwer, ein Ende zu finden.[6] Rekonstruktionen sind überdies missverständlich. Der Fachmann mag in der Lage sein, Original und rekonstruierende Zutat auseinanderzuhalten; das Publikum ist es nicht. Für die nicht fachlich vorgebildeten Besucher ist vielmehr jeder erkennbare rekonstruierende Eingriff – und sei er im Einzelfall noch so eingängig – sofort Anlass dazu, alles in Frage und unter Generalverdacht zu stellen: Wenn an einer Stelle rekonstruiert worden ist, dann kann auch alles andere rekonstruiert sein. Einmal in Frage gestellt, ihrer Aura des Authentischen und des unbezweifelten Geschichtszeugnisses beraubt, wären die Reste der Grenzanlagen nur noch banale, unerfreuliche Gebilde aus Beton und Stahl.

Besteht also der »richtige« denkmalpflegerische Umgang mit der Mauer somit nur darin, den langsam, aber sicher fortschreitenden Verfall der Substanz zu begleiten und zu dokumentieren? Müssen wir, im Sinne einer puristischen, ja fundamentalistischen Position, der letzten Konsequenz von Riegls Alters-

wert,[7] nämlich der materiellen Auflösung des Objektes, entgegenwarten? Oder sind nicht doch konkrete erhaltende Maßnahmen möglich und auch nötig, die ein Maximum der Denkmaleigenschaft für eine möglichst lange Zeit bewahren?

Das Prinzip der »minimal intervention«[8] vor Augen, kann dies erfordern, möglichst begrenzte Beeinträchtigungen des Erscheinungsbildes zugunsten von lebensverlängernden Maßnahmen hinzunehmen. Dennoch sollten ebenso minimale wie behutsame Eingriffe, die Verfallsprozesse verzögern können, nicht gänzlich ausgeschlossen werden. Dazu zählen beispielsweise Maßnahmen des Rostschutzes oder etwa kaum wahrnehmbare Versiegelungen von Abplatzungen, um etwa weiteres Eindringen von Feuchtigkeit und Wasser zu verhindern und um so weiteres Ausbrechen von Material, gerade im Winter, auszuschließen. Diese Maßnahmen sind sehr wohl abzuwägen und ausschließlich durch Einzelfallentscheidungen herbeizuführen. Der Idealfall ist natürlich, wenn relativ aufwendige Untersuchungen, wie etwa zur Standsicherheit der Grenzmauer in der Bernauer Straße, letztlich zu dem – für manche unerwarteten – Ergebnis führen, dass man auf stabilisierende Eingrif-

Abb. 4, 5 – Schadensbild – freiliegende Bewehrungseisen, fehlende Betonabdeckung – der Mauer an der Bernauer Straße, 2010

fe verzichten kann, weil die geschädigte Grenzmauer doch weit mehr Stabilität aufweist, als rechnerisch nachzuweisen war.[9] In anderen Fällen, etwa bei der Frage der Standsicherheit der Hinterlandmauer, ist eine Kombination aus punktuellen Reparaturen, Ergänzungen und Stützen im Sinne von John Ruskins »Krücke«[10] die Methode der Wahl, da ein Nichtstun nicht nur zum mittelfristigen Verlust der ganzen Mauer führen würde, sondern auch aus Sicherheitsgründen eine weiträumige Absperrung der betroffenen Bereiche erfolgen müsste.

Das Verständnis eines prozesshaften Denkmals, im Gegensatz zur Vorstellung von einem statischen »Original«, bringt es mit sich, dass man eine Interventionsschwelle definiert, bis zu der man Veränderungen duldet. Das oft dramatisch missverstandene Konzept »Tolerance for Change« bedeutet nicht etwa gleichmütiges Dulden jeder Art von Veränderungen, sondern im Gegenteil die Definition eines Spielraums ganz im Sinne der notwendigen Toleranzgrenzen bei Bauteilen: Bei einem Spielraum von null Prozent passen Schraube und Mutter ebenso wenig zusammen wie bei allzu großer Toleranz.

Ein Beispiel für die Toleranzgrenzen wäre etwa der Umgang mit den Graffiti auf der Hinterlandmauer. Die im Lauf der Jahre aufgetragenen Graffiti zu

Abb. 6 – Gedenkstätte Berliner Mauer – dislozierte Mauerelemente, 2010

entfernen und die Mauerflächen auf den Ursprungs-zustand zurück zu restaurieren wäre zwar technisch möglich, würde aber dem Grundverständnis wider-sprechen, dass der bisherige Umgang mit den Resten der Grenzanlage zum selbstverständlichen Teil ihrer Identität geworden ist. In diesem Sinne ist die gele-gentliche Hinzufügung eines neuen Graffitos, anstel-le der langsam verwitternden alten, sicher kein Scha-den, der sofort beseitigt werden müsste – es sei denn, es wäre inhaltlich völlig unzumutbar. Eine ähnliche Toleranzschwelle gilt für materielle Schäden durch Verfall und Verwitterung. Unter Umständen richtet beispielsweise die verfrühte Reparatur feiner Risse,

die im Beton der Grenzmauer auftreten, ernsthafte Schäden an der Denkmaleigenschaft an, weil die Re-paratur mit durchaus nennenswertem Substanzver-lust verbunden ist und überdies das Erscheinungsbild und damit die Aura der gealterten Oberflächen beein-trächtigt.

»Tolerance for Change« funktioniert indessen nur in Kombination mit dem Prinzip regelmäßiger Beobachtung, also mit einem regelmäßigen und dau-erhaften Monitoring-System, das die Veränderungen des Zustands aller Elemente des Denkmals im Auge behält. Die Ergebnisse und Dokumentationen der aktuellen Bestandserfassung und -analyse müssen

Abb. 7 – Gedenkstätte Berliner Mauer – Schadensbild an der Hinterlandmauer, 2008

im Abstand von mehreren Jahren aktualisiert und abgeglichen werden, so dass alarmierende Tendenzen rechtzeitig erkannt und – möglichst undramatische – Gegenmaßnahmen entwickelt werden können, ganz im Sinne von John Ruskins Mahnung, »take proper care of your monuments, and you will not need to restore them!«[11]

Bildnachweise

Abbildung 1: Beispiel von Kriegsschäden an einer Fassade der Burg im Stadtteil Buda von Budapest – Einschusslöcher aus dem 2. Weltkrieg, 2003, Axel Klausmeier

Abbildung 2: Gedenkstätte Berliner Mauer – 1. Baumodul im Rahmen der Erweiterung der Gedenkstätte Berliner Mauer, 2010, Günter Schlusche

Abbildung 3, 4, 5: Schadensbild – freiliegende Bewehrungseisen, fehlende Betonabdeckung – der Mauer an der Bernauer Straße, 2010, Jürgen Hohmuth

Abbildung 6: Gedenkstätte Berliner Mauer – Dislozierte Mauerelemente, 2010, Jürgen Hohmuth

Abbildung 7: Gedenkstätte Berliner Mauer – Schadensbild an der Hinterlandmauer, 2008, Axel Klausmeier

Anmerkungen

1 Denkmalpflege meint alle Verfahren der Fürsorge für ein Objekt mit dem Ziel, seine kulturelle Bedeutung zu bewahren. Charta von Burra, Artikel 1.4. Zitiert nach: Leo Schmidt: Einführung in die Denkmalpflege, Darmstadt, Stuttgart 2008, S. 157.

2 Tilmann Breuer: Erfassen und Dokumentieren. Wissenschaftliche Methoden zur wertenden Darstellung geschichtlicher Überlieferung; in: Erfassen und Dokumentieren im Denkmalschutz (Schriftenreihe des Deutschen Nationalkomitees für Denkmalschutz; 16) Bonn 1982, S. 13.

3 Siehe hierzu exemplarisch: Leo Schmidt: Identitätskrisen eines Kulturdenkmals. Das Dominikanerkloster auf der Insel vor Konstanz; in: Deutsche Kunst und Denkmalpflege 46 (1988), S. 129 ff.

4 Ein Denkmal-Ort, bei dem der ruinöse Zustand auf einen genau definierten Zeitpunkt verweist, ist beispielsweise Oradour-sur-Glane, das am 10. Juni 1944 von SS-Truppen zerstört und dessen Bevölkerung fast vollständig umgebracht wurde. Die Konservierung des ruinösen Dorfes zeigt enorme denkmalpflegerische Probleme.

5 Charta von Burra, Art. 1.8.

6 Siehe hierzu: Adrian von Buttlar et al. (Hg.): Denkmalpflege statt Attrappenkult: Gegen die Rekonstruktion von Baudenkmälern – eine Anthologie, Basel, Gütersloh, Berlin 2010.

7 »Der Kultus des Alterswertes verdammt hiernach nicht allein jede gewaltsame Zerstörung durch Menschenhand als frevelhaften Eingriff in die gesetzliche Auflösungstätigkeit der Natur, sondern wenigstens im Prinzip auch jede konservierende Tätigkeit, jede Restaurierung als nicht minder unberechtigten Eingriff in das Walten der Naturgesetze, wodurch der Kultus des Alterswertes einer Erhaltung des Denkmals direkt entgegenarbeitet.« Zitiert nach: Norbert Huse (Hg.): Denkmalpflege. Deutsche Texte aus drei Jahrhunderten, München 1996, S. 136.

8 Charta von Burra, Art. 3.1: »Conservation is based on a respect for the existing fabric, use associations and meanings. It requires a cautious approach of changing as much as necessary but as little as possible.«

9 Siehe hierzu den Beitrag von Karen Eisenloffel und Klaus-Jürgen Hünger (ab Seite 226).

10 »... better a crutch than a lost limb« – Zitiert nach: John Ruskin: The Seven Lamps of Architecture, London 1849 (Reprint der Ausgabe von 1880) New York 1989, S. 196 f.

11 Ebenda, S. 196.

Autorenverzeichnis

Sabine Ambrosius

Geboren 1964, M.A., Studium der Kunstwissenschaft und Romanistik an der TU Berlin. Seit 1994 Gebietsdenkmalpflegerin der Unteren Denkmalschutzbehörde Potsdam. Unter anderem zuständig für die Betreuung der Sanierung des ehemaligen Untersuchungsgefängnisses der sowjetischen Spionageabwehr, heute Gedenkstätte Leistikowstraße.

Bärbel Arnold

Geboren 1951, Dr., Chemiestudium an der Friedrich-Schiller-Universität Jena. Promotion bei Otto Henning an der Bauhaus-Universität Weimar über das Hydratationsverhalten von Portlandzementen. Seit 1989 in der Denkmalpflege tätig, zunächst am Institut für Denkmalpflege der DDR, dann am Brandenburgischen Landesamt für Denkmalpflege. Zahlreiche Publikationen und intensive Auseinandersetzung zu und mit der Problematik der Verwitterung und Konservierung von Naturstein, Putzen und Beton.

Rainer Auberg

Prof. Dr.-Ing., Bauingenieursstudium und Promotion an der Universität Duisburg-Essen. Seit 2005 Honorarprofessur am Lehrstuhl für Materialwissenschaft und Bauphysik der Universität Duisburg-Essen. Forschungsschwerpunkte: Lebensdauer und Dauerhaftigkeit von Stahlbeton, zerstörungsfreie Prüfung von Baustoffen und Bauteilen. Verantwortlich für Referenzobjekte der WISSBAU, u. a. die Betoninstandsetzung des Berliner Olympiastadions und des Weltkulturerbes Kohlenwäsche in Essen.

Andrew Barber

Geboren 1958, BA, Studium an der University of Exeter in Südwestengland und am Study Centre for the

History of the Fine and Decorative Arts in London. Seit 1990 umfangreiche Tätigkeiten für den britischen National Trust im Rahmen der Wiederherstellung und Bewahrung englischer Herrenhäuser, dabei sowohl Teilnahme an größeren strukturellen Planungen wie auch an detaillierten Projekten im Bereich der Innenarchitektur. Seit 2002 Kurator des National Trust für die Region East Midlands.

Gabi Dolff-Bonekämper

Geboren 1952, Prof. Dr. phil., Promotion mit einer Arbeit über die Geschichte der Denkmalpflege in Marburg. Seit 1985 Denkmalpflegerin in Berlin. Lehraufträge an der TU Berlin und der Humboldt-Universität zu Berlin. November 2001 bis Januar 2002 Guest-Scholar am Getty Conservation Institute Los Angeles. Professorin am Institut für Stadt- und Regionalplanung der TU Berlin. Mitherausgeberin der *Schriftenreihe Stadtentwicklung und Denkmalpflege*. Arbeitsschwerpunkte und zahlreiche Veröffentlichungen zu Theorien der Denkmalpflege, Denkmalen der Zeitgeschichte und zur Erinnerungskultur.

Thomas Drachenberg

Geboren 1962, Dr. phil., Studium der Kunstgeschichte an der Humboldt-Universität zu Berlin. Promotion an der FU Berlin zur Stadtbaugeschichte von Luckenwalde von 1918 bis 1933. Seit 1989 in der Denkmalpflege tätig. Abteilungsleiter im Brandenburgischen Landesamt für Denkmalpflege und des Archäologischen Landesmuseums. Unter anderem verantwortlich für die Betreuung der Sanierung des ehemaligen Untersuchungsgefängnisses der sowjetischen Spionageabwehr, heute Gedenkstätte Leistikowstraße. Zahlreiche Publikationen zu unterschiedlichen Aspekten der Bauwerkserhaltung und Denkmalpflege.

Karen Eisenloffel

Geboren 1961, Prof. M. Sc., Bachelor of Science in Architecture an der Ohio State University und Master of Science in Civil Engineering. 1995 bis 2000 Wissenschaftliche Mitarbeiterin an der Hochschule der Künste Berlin im Fachbereich Architektur. Seit 2000 Professur am Lehrstuhl für Tragwerkslehre und Tragkonstruktionen im Fachbereich Architektur, Bauingenieurwesen und Stadtplanung der BTU Cottbus. Geschäftsführerin der EiSat GmbH. Statische Planung und Betreuung von diversen Hoch- und Umbauprojekten. Veröffentlichungen im Bereich der Tragwerkslehre.

Jörg Freitag

Geboren 1957, Prof. Dipl.-Rest., Lehre als Feinmechaniker und anschließend ein Fachschul-Fernstudium am Museum für Deutsche Geschichte in der Spezialisierung Restaurierung von Kunst- und Kulturgut aus Metall. Restaurator am Bezirksamt Potsdam und Tätigkeit bei der Stiftung Preußische Schlösser und Gärten. Seit 2003 Professur für Metallkonservierung im Studiengang Restaurierung an der Fachhochschule Potsdam. Veröffentlichungen im Bereich der wissenschaftlichen Untersuchung und Entwicklung von Konservierungs- und Restaurierungsmethoden von denkmalpflegerischen Objekten und musealem Sammlungsgut aus Metall.

David Fuentes Abolafio

Geboren 1973, Dipl.-Ing., Studium des Bauingenieurwesens an der RWTH Aachen. Seit 2010 Partner im Ingenieurbüro Wetzel & von Seht (Hamburg/Berlin). Verantwortlich tätig für Referenzprojekte wie den Neubau der Tierärztlichen Hochschule in

Hannover 2004 bis 2008, Neubau und Erweiterung des Hessischen Landesmuseums in Darmstadt seit 2008, die Erstellung von Fachgutachten für die Neue Nationalgalerie in Berlin sowie seit 2009 die Errichtung des Humboldt-Forums.

Rolf P. Gieler

Geboren 1955, Prof. Dr.-Ing., Promotion zur Rissüberbrückungsfähigkeit spezieller Beschichtungssysteme an Fassaden. 1983 bis 1988 Lehrtätigkeit am Lehrstuhl Konstruktive Bauphysik der Universität Dortmund. Sachverständigentätigkeit auf den Gebieten Betoninstandsetzung, Korrosionsschutz und Bauphysik. Seit 2007 Honorarprofessur an der Fakultät Bauingenieurwesen der Bauhaus-Universität Weimar. Arbeits- und Forschungsschwerpunkt: Korrosionsschutz von Beton und Stahl. Verschiedene Veröffentlichungen zu Themen der Bauinstandsetzung und der Bauphysik.

Julian Harrap

Dip Arch RIBA FRSA, Architekturausbildung und Förderung unter der Anleitung von Sir Lesley Martin, Sir James Sterling und Colin St John Wilson. Inhaber eines Architekturbüros mit Spezialisierung auf die Rekonstruktion und Restaurierung historischer Gebäude sowie auf Konzeption und Ausführung von Erweiterungen und Anbauten in einem historischen Kontext. Referenzprojekte sind u. a. Neues Museum in Berlin, Royal Pavillion in Brighton und The Monument in London. 2009 ausgezeichnet mit dem RIBA (Royal Institute of British Architects) Award. Lehraufträge in ganz Europa über die Theorie und Techniken der konservatorischen Instandsetzung.

Jörg Haspel

Geboren 1953, Prof. Dr. phil. Dipl.-Ing., Studium der Architektur und Stadtplanung an der Universität Stuttgart sowie der Kunstgeschichte und Empirischen Kulturwissenschaft an der Universität Tübingen. Seit 1992 Landeskonservator und Leiter der Fachabteilung Bau- und Gartendenkmalpflege der Senatsverwaltung für Stadtentwicklung und Umweltschutz Berlin/Landesdenkmalamt Berlin. Lehraufträge für Architekturgeschichte und Denkmalpflege an der TU und FU Berlin sowie Humboldt-Universität zu Berlin. Zahlreiche Publikationen zur Bau- und Kunstgeschichte des 19. und 20. Jahrhunderts sowie zur Denkmalpflege.

Norbert Heuler

Geboren 1952, Dipl.-Ing., Architekturstudium an der TU Berlin. Seit 1993 im Landesdenkmalamt zuständig für den Bezirk Mitte. Im Rahmen dieses Zuständigkeitsbereichs u. a. verantwortlich für die denkmalpflegerische Begleitung des Neuen Museums, Bodemuseums, der Nationalgalerie und des Pergamonmuseums. Weitere Referenzprojekte waren die konservierende Erhaltung des Mauerabschnitts an der Niederkirchnerstraße und der Hinterlandmauer auf dem Nordbahnhofgelände.

Christian Heuschkel

Geboren 1979, Studium des Bauingenieurwesens an der HafenCity Universität Hamburg. 2005 bis 2007 studentischer Mitarbeiter, seit 2007 Mitarbeiter im Ingenieurbüro Wetzel & von Seht (Hamburg/Berlin). Mitarbeit u. a. an folgenden Projekten: Erweiterung und Umbau des Dienstsitzes des Bundesumweltministeriums Berlin, Planung der Open-Air-Ausstellung der Gedenkstätte Berliner Mauer sowie seit 2009 die Errichtung des Humboldt-Forums.

Klaus-Jürgen Hünger

Geboren 1957, Prof. Dr. rer. nat., Dr.-Ing. habil., Dissertation über die Bildung von Gipsfaserkristallen und deren Eigenschaften und Nutzung im Bauwesen, Habilitation auf dem Gebiet der Baustoffe mit einer Arbeit zum Reaktionsmechanismus von präkambrischen Grauwacken im Beton. Leiter des Fachgebietes Baustoffe/Bauchemie an der BTU Cottbus und Direktor der Forschungs- und Materialprüfanstalt. Arbeits- und Forschungsschwerpunkt: Bildung, Eigenschaften und Veränderungen mineralischer Bau- und Werkstoffe, CO_2-reduzierte Materialien, Schadensmechanismen mineralischer Baustoffe, Prüfung von Baustoffen, Entwicklung von Prüfverfahren. Leiter des Arbeitskreises Prüfverfahren im Unterausschuss Alkalireaktion des DAfStb (Deutscher Ausschuss für Stahlbeton).

Axel Klausmeier

Geboren 1965, Dr. phil., Studium der Kunstgeschichte, Neueren und Mittelalterlichen Geschichte in Bochum, München und Berlin. Dissertation über den englischen Architekten Thomas Ripley (1682–1758). Seit 2009 Direktor der Stiftung Berliner Mauer. Arbeits- und Forschungsschwerpunkte: »Unbequeme Baudenkmale« sowie der Umgang mit und die Vermittlung von politisch belastetem baulichen Erbe. Zahlreiche Publikationen zur Dokumentation, Vermittlung und zum Umgang mit historischer Bausubstanz und historischen Kulturlandschaften, insbesondere zur Geschichte und Bedeutung der Berliner Mauer.

Rainer E. Klemke

Geboren 1948, Dipl. pol., 1978 bis 1991 Leiter der Pressestelle der Hochschule der Künste (UdK), 1991 bis 1995 Leiter der Pressestelle der Berliner Kulturverwaltung, seit 1995 Leiter der Arbeitsgruppe Museen mit Bundesbeteiligung, Gedenkstätten und Zeitgeschichte in der Berliner Kulturverwaltung, Dozent für Pressearbeit an der Berliner Journalistenschule, u. a. Autor und zuständig für die Umsetzung des »Gesamtkonzepts Berliner Mauer« des Senats von Berlin. Zahlreiche Publikationen zu unterschiedlichen Aspekten des Kulturmanagements.

Volkhard Knigge

Geboren 1954, Prof. Dr., Studium der Geschichte, Germanistik und Erziehungswissenschaften in Oldenburg und Paris. Promotion über Geschichtsbewusstsein und verstehenden Geschichtsunterricht. Direktor der Stiftung Gedenkstätten Buchenwald und Mittelbau-Dora. Seit 2002 Honorarprofessor für Geschichte und Öffentlichkeit an der Friedrich-Schiller-Universität Jena. Zahlreiche Veröffentlichungen zur Geschichtsdidaktik und Kunst, Gedenkstätten und Erinnerungskultur.

Werner Koch

Geboren 1949, Prof. Dipl.-Rest., Professur im Studiengang Restaurierung des Fachbereichs Architektur und Städtebau der Fachhochschule Potsdam. Leiter der Studienrichtung Wandmalerei und historische Architekturfarbigkeit und des Instituts für Bauforschung und Bauerhaltung IBB. Publikationen u. a. zur Erhaltung von Architekturoberflächen und zur Architekturpolychromie.

Anja Merbach

Geboren 1978, Ass. jur., M. A., Studium der Rechtswissenschaften, Tätigkeit als Rechtsanwältin in Berlin. Masterstudium World Heritage Studies an der BTU Cottbus. Wissenschaftliche Mitarbeiterin am Lehrstuhl Denkmalpflege der BTU Cottbus. Arbeits- und Forschungsschwerpunkte: Denkmalpflege und Management der Berliner Mauer, Strategien in Denkmalpflege und Management, insbes. interdisziplinäre Ansätze des Kulturerbe-Managements, öffentliche Partizipation, demokratische Rechte und Nachhaltigkeit in Kulturmanagementprozessen.

Günter Schlusche

Geboren 1950, Dr.-Ing., M. Sc., Studium der Architektur an der TU Berlin und der Stadt- und Regionalplanung an der London School of Economics. 1982 bis 1987 Projektkoordinator der Internationalen Bauausstellung, Berlin, 1996 Promotion zum Dr.-Ing. an der TU Berlin. 1996 bis 2005 Planungs- und Baukoordination für das Denkmal für die ermordeten Juden Europas. Seit 2005 Projektleitung für die Erweiterung der Gedenkstätte Berliner Mauer. Veröffentlichungen über verschiedene Themen der Stadtentwicklung, Gedenkstätten- und Erinnerungskultur.

Leo Schmidt

Geboren 1953, Prof. Dr., Kunsthistoriker und Denkmalpfleger. Inhaber des Lehrstuhls Denkmalpflege an der BTU Cottbus. Mitglied des Beirats der Stiftung Berliner Mauer, Fellow der Society of Antiquaries of London. Zahlreiche Publikationen über verschiedene Themen der Denkmalpflege, über britische Landhäuser des 18. Jahrhunderts und über problematische Denkmale wie die Berliner Mauer.

Bernd von Seht

Geboren 1958, Dipl.-Ing., Studium des Bauingenieurwesens an der Fachhochschule Hamburg. Zusatzqualifikationen u. a. Kontaktstudiengang »Projektleitung im Bauwesen«, Schweißfachingenieurlehrgang an der SLV Hamburg sowie seit 1995 Prüfingenieur für Baustatik. Partner bei Wetzel & von Seht (Hamburg/Berlin). Referenzprojekte sind u. a. von 2003 bis 2007 der Neubau des Dokumentationszentrums für die Gedenkstätte Bergen-Belsen und 2008 bis 2009 der Neubau des Informationspavillons der Gedenkstätte Berliner Mauer sowie seit 2009 die Errichtung des Humboldt-Forums.

Franz Stieglmeier

Geboren 1951, Dipl.-Ing., Bauingenieursstudium an der TU Berlin. Seit 1995 Gesellschafter und Geschäftsführer der PICHLER Ingenieure GmbH. Verantwortlich tätig für Referenzprojekte wie den Umbau und die Sanierung des Deutschen Historischen Museums von 1998 bis 2004, die Entwurfsplanung von zwei Universitätsinstituten der Al Fatah University in Tripolis von 2008 bis 2009 und seit 2009 u. a. in Zusammenarbeit mit Wetzel & von Seht Ingenieurbüro die Wiedererrichtung des Berliner Schlosses – Bau des Humboldt-Forums.

Beiträge zur Geschichte von Mauer und Flucht

Manfred Wilke: Der Weg zur Mauer
Stationen der Teilungsgeschichte
472 Seiten, Festeinband, 15 x 21 cm,
ISBN 978-3-86153-623-9, 39,90 € (D), 41,10 € (A), 53,90 sFr (UVP)

Der lange Weg zur Berliner Mauer begann 1945. Stalin
beauftragte die Kommunisten, in der Sowjetischen Besatzungszone die Macht zu übernehmen; die drei Westmächte
sicherten ihren Einflussbereich. Als 1949 zwei deutsche
Staaten entstanden, blieb Berlin in vier Sektoren geteilt,
und West-Berlin lag fortan als lockendes Schaufenster des
Westens mitten in der DDR. Nach der gescheiterten Blo-
ckade 1948/49 folgte 1958 bis 1960 die zweite Berlin-Krise,
bei der Moskau ultimativ den Abzug der Westmächte und
die Schaffung einer »Freien Stadt« verlangte. Die Entscheidung zur Grenzschließung fiel schließlich durch Nikita
Chruschtschow, der dem anwachsenden Flüchtlingsstrom
entgegenwirken wollte.
Für die Rekonstruktion der internationalen Vorgeschichte
des Mauerbaus konnte der Autor erstmals die Gesprächs-
protokolle zwischen Ulbricht und Chruschtschow nutzen, die
bislang der Forschung nicht zugänglich waren.

Jochen Maurer: Dienst an der Mauer
Der Alltag der Grenztruppen rund um Berlin
272 Seiten, Festeinband, 15 x 21 cm,
ISBN 978-3-86153-625-3, 29,90 € (D), 30,80 € (A), 41,90 sFr (UVP)

Die Berliner Mauer und ihre Bewacher, die Grenztruppen der
DDR, bildeten eine eigene, abgeschottete Lebenswelt. Diejenigen, die den Freiheitsdrang der DDR-Bürger unterbinden
sollten, wurden bewusst ausgewählt und waren dennoch
unter ständiger Kontrolle.
Die Betrachtung eines konkreten Grenzregiments (GR 33
in Berlin-Treptow) erlaubt einen Einblick in den Alltag des
Grenzdienstes. Es geht dabei um die Rolle des Ministeriums
für Staatssicherheit ebenso wie um die Motive der Grenzsoldaten und -offiziere für ihren Dienst. Behandelt wird auch
das besondere Ausbildungsprogramm der Grenztruppen,
die gezielt auf die Eroberung West-Berlins vorbereitet
wurden. Durch die Bewaffnung mit Granatwerfern und
Artillerie entwickelten sich die Grenztruppen insgeheim zu
einer vierten Waffengattung neben den Land-, Luft- und
Seestreitkräften, was in dieser Ausführlichkeit erstmals
dargestellt wird.

Ch. Links Verlag, Schönhauser Allee 36, 10435 Berlin, www.christoph-links-verlag.de

Weitere Veröffentlichungen der Stiftung Berliner Mauer

Maria Nooke / Lydia Dollmann (Hg.): Fluchtziel Freiheit. Berichte von DDR-Flüchtlingen über die Situation nach dem Mauerbau
166 Seiten, 26 Abbildungen, Broschur, 19,5 x 21 cm,
ISBN 978-3-86153-620-8, 14,90 € (D), 15,40 € (A), 21,90 sFr (UVP)

Gerhard Sälter, Tina Schaller und Anna Kaminsky (Hg.):
Weltende – Die Ostseite der Berliner Mauer
108 Seiten, 84 Abbildungen, Broschur, 19,5 x 21 cm,
ISBN 978-3-86153-622-2, 14,90 € (D), 15,40 € (A), 21,90 sFr (UVP)

Der Mauerbau im August 1961 wurde für viele DDR-Bürger zur Frage der Entscheidung: Sollten sie im Land bleiben und sich den politischen Bedingungen anpassen oder trotz aller Gefahren eine Flucht in den Westen wagen? Vielen gelang diese mit Hilfe der studentischen Fluchthilfegruppe um Detlef Girrmann, Dieter Thieme und Bodo Köhler. Die danach aufgezeichneten Berichte der DDR-Flüchtlinge geben einen unmittelbaren Eindruck von den Maßnahmen der SED-Führung zur inneren Absicherung des Mauerbaus wieder. Sie zeigen, dass sich der Druck auf alle gesellschaftlichen Bereiche erstreckte, insbesondere in Betrieben, Schulen und Universitäten ansetzte, um Proteste gegen den Mauerbau zurückzudrängen und die DDR-Bürger zur Anpassung zu zwingen. Die Geschichte der Fluchthilfegruppe und die Biografien der drei führenden Köpfe dieser Gruppe verdeutlichen darüber hinaus ihr Engagement für die Betroffenen und eine erstaunliche Kreativität bei dem Versuch, dem Grenzregime Widerstand entgegenzusetzen.

Die Berliner Mauer hatte eine bunte und spektakuläre Fassade auf westlicher Seite. Dagegen war ihre Wirkung nach Osten hin eine andere: Sie schränkte die Bewegungsfreiheit und damit auch den Erfahrungsraum der Ostdeutschen ein, sie markierte das Ende der Welt.
Dass es so wenige Bilder von der tristen Ostseite der Mauer und dem davor befindlichen Grenzgebiet gibt, liegt vor allem daran, dass es verboten war, dort Fotos zu machen. Vor diesem Hintergrund präsentieren die Herausgeber die 1986/87 illegal aufgenommenen Bilder des Fotografen Detlef Matthes, den bisher einzigen größeren Bestand an Bildern der Ostseite der Mauer. Ihnen sind die Bedingungen ihrer heimlichen Entstehung deutlich anzusehen. Diese fotografische Bestandsaufnahme wird begleitet von sechs Essays, die unterschiedliche Wahrnehmungen der Mauer beschreiben. Sie stammen von Elena Demke, Anna Kaminsky, Detlef Matthes, Lutz Rathenow, Gerhard Sälter und Leo Schmidt.

Ch. Links Verlag, Schönhauser Allee 36, 10435 Berlin, www.christoph-links-verlag.de